Hildegard Holtstiege · Montessori-Pädagogik und soziale Humanität

Hildegard Holtstiege

Montessori-Pädagogik und soziale Humanität

Perspektiven für das 21. Jahrhundert

Herder Freiburg · Basel · Wien

Gedruckt auf umweltfreundlichem,
chlorfrei gebleichtem Papier

Titelfoto: © Arnold Brunner

Alle Rechte vorbehalten – Printed in Germany
© Verlag Herder Freiburg im Breisgau 1994
Herstellung: Freiburger Graphische Betriebe 1994
ISBN 3-451-23356-8

Inhalt

C. Kommentierte Bibliographie zur Montessori-Pädagogik Deutschsprachige Sekundärliteratur 1970–1992 (A. Thies)

Vorwort

Dieses Buch verdankt seinen Anstoß in besonderer Weise Generationen von Studierenden aus über 20 Jahren, die durch ihr nachhaltiges und intensives Interesse an reformpädagogischer Thematik allgemein und der Montessori-Pädagogik im besonderen meine Forschungsarbeiten zur Montessori-Pädagogik herausgefordert und beeinflußt haben.

Verwoben in ein Netz von KollegInnen und MitarbeiterInnen an meinen Wirkungsstätten, der EWH Rheinland-Pfalz/Worms, der Universität Mainz, der PH Ruhr/Dortmund, der PH Westfalen-Lippe/Münster und der Universität Münster, verdankt dieses Buch auch viele Impulse solchen Arbeitszusammenhängen.

Hinzu kommen die Anregungen und Auseinandersetzungen im Bereich der Fort- und Weiterbildung, insbesondere der Montessori-Dozentenkonferenz der Montessori-Vereinigung e.V. mit Sitz in Aachen. Im Rahmen der Montessori-Diplomausbildung sowie der Fort- und Weiterbildung im deutschen Sprachgebiet konnten die Grundgedanken dieses Buches bereits vorgestellt und diskutiert werden.

Allen hier Genannten möchte ich an dieser Stelle ausdrücklich danken. Ein besonderer Dank gilt meiner jungen Mitarbeiterin, Frau Antonia Thies, die in der „Kommentierten Bibliographie" einen eigenen Beitrag einbringt. Ohne ihre fachkundige bibliographische Mitarbeit und ihr persönliches Engagement hätte sich dieses literaturintensive Buch nicht so schnell erstellen lassen.

Ein Dank gilt wiederum Frau U. Haremsa-Schotes, die dieses Buchmanuskript in kurzer Zeit erstellt hat.

Ein weiterer Dank gilt meiner Cousine Frau Hedwig Freiberg, die wiederum eingesprungen ist, um mir die Erstellung des Buches zu ermöglichen.

Zwischenzeitlich ist der langjährige Lektor des Herder Verlages, Herr Edgar Huber, in den Ruhestand gegangen. Ihm, als dem verlegerischen Betreuer meiner Veröffentlichungen im Verlag Herder, möchte ich an dieser Stelle ausdrücklich für die gute und effektive Zusammenarbeit danken.

Havixbeck/Münster

Hildegard Holtstiege

13

Einleitung

Das hier vorgelegte Buch hat seine eigene Geschichte. Kapitel A –
„100 Jahre Schulreformdiskussion" – wurde als Thema der Abschiedsvor-
lesung im Rahmen der Feier meiner Emeritierung im Februar 1992 gehalten. Es war mir ein persönliches Anliegen, am Ende meiner Lehrtätigkeit
dem Jahrzehnt in Erscheinung tretenden Phänomen der Faszination reformpädagogischer Thematik bei Generationen von Studierenden genauer
nachzugehen. Das Ergebnis wird im Kapitel A vorgelegt.

Kapitel B.I. wurde als Festvortrag anläßlich der „Krimmler Montessori-
Tage" in Österreich im Mai 1992 gehalten. Das Thema „Montessori-
Pädagogik, eine Perspektive für die 90er Jahre" legte eine Vorgehensweise
nahe, in der der analytische Befund der Reformanalyse – ein Komplex sozial-anthropologischer Defizite als reformauslösende Faktoren – Ausgangspunkt für Nachfragen an die Montessori-Pädagogik wurde. Dabei
zeigte sich, daß die von Montessori geforderte Strukturveränderung der
Erziehung in den 30er Jahren nicht nur die anthropologische, pädagogische, didaktische und organisatorische Strukturveränderung zur Ermöglichung der „Wahlfreiheit" oder „Freien Arbeit" intendiert, sondern darüber hinaus eine Reform meint, die sich auf die Neustrukturierung des Wissens durch eine Form neuer intellektueller Vermittlung bezieht – die kosmische Erziehung.

Kapitel B.II. – „Kosmische Erziehung – soziale Humanität" – enthüllte im
Verlauf der Untersuchung eine pädagogische Antwortmöglichkeit hinsichtlich der „Disproportionalität" des Menschen, jener defizitären anthropologischen Phänomene der verschleppten Diskrepanz zwischen dem vom
Menschen geschaffenen äußeren Fortschritt und seiner inneren Entwicklung. Die Bearbeitung der kosmischen Erziehung wurde damit zu einer
zwingenden Notwendigkeit, um die Antwortmöglichkeiten der Montessori-Pädagogik auf die Zeitprobleme herauszufinden.

Kapitel B.III. – „Stille – humanisierendes didacticum" – entstand als Be-
gleituntersuchung und erwies sich als ein unmittelbarer und „kostenneu-
traler" Weg kindlicher Einübung ins Menschsein sowie als ein Weg der

14

psychischen Hygiene zur Überwindung sozial-anthropologischer Defizite auf dem Weg zur Verwirklichung sozialer Humanität als eine der großen Herausforderungen der 90er Jahre.

„Es ist ein Strukturgesetz der europäischen Kultur, daß sich die Rückkehr zu den Quellen der geistigen Überlieferung immer wieder in der Form des Durchbruchs, als Renaissance, als Reformation oder als Revolution vollziehen muß, und so sind denn Reformisten, ohne es zu wissen, oft nichts anderes, als ein besonders radikaler Typ von Traditionalisten.
Gerade die pädagogische Reformbewegung würde zu einer großen inneren Klärung gelangen, wenn sie die mühsame, aber verpflichtende Arbeit der geistesgeschichtlichen Selbsterkenntnis auf sich nehmen würde."

G. Picht 1946

A. Analyse – 100 Jahre Schulreformdiskussion

Faszination Reformpädagogik Reformauslösende Faktoren in Geschichte und Gegenwart

1. Faszination Reformpädagogik

Die Faszination reformpädagogischer Themen war eines der Hauptphänomene, die mir im Studierverhalten junger Menschen während meiner Tätigkeit als Hochschullehrerin begegnet sind. Seit über 20 Jahren trat dieses Phänomen in jeder neuen Studentengeneration neu auf, und zwar unabhängig von allen reformpädagogischen Diskussionen pro und contra.

1.1 Phänomen der Faszination

Das Wort Faszination verweist in seinem Bedeutungsgehalt auf Wirkungen von Bezauberung und Gebanntsein bis hin zur Verblendung. Mit Faszination wird ein Phänomen sehr komplexer persönlicher Betroffenheit umschrieben. Die Skala dieser Betroffenheit reicht bis zur Verblendung im Sinne der Verschiebung oder des Verlustes der klaren Sicht. (14)

1.2 Phänomenanalyse – Hypothese

Bei der Analyse des Phänomens der Faszination reformpädagogischer Thematik ergibt sich eine dreifache Bedeutsamkeit.

1.2.1 Faszination und Motivation

Im genannten Phänomen tritt eine persönliche Betroffenheit auf von primär motivierendem Charakter, sich diesen Themen zuzuwenden und mit ihnen zu befassen.

Diese beobachtbare Tatsache läßt fragen, worin dieses durch Betroffenheit motivierte Wahlverhalten gegenüber reformpädagogischen Studieninhalten begründet sein könnte.

1.2.2 Faszination und Selbsterschließung bzw. biographische Kompensation

Das gegenüber reformpädagogischen Themen dominierende Wahlverhalten könnte möglicherweise ein Phänomen des Versuches selbsttätiger Aufarbeitung der eigenen Bildungsbiographie und möglicher anthropologischer Defizite in bisher durchlaufenen Bildungsinstitutionen darstellen. Hier läge der biographische Grund für die häufig beobachtbare Identifizierung mit reformpädagogischer Thematik, die sich in fehlender Distanz zur Sache äußert.

1.2.3 Faszination und Gegenstandserschließung

Faszination als persönliche Betroffenheit führt zu Wirkungen von erschließender Bedeutung. Neben der biographischen Selbsterschließung ist für das Studium bedeutsam die beobachtbare Wirkung einer aktiven Gegenstandserschließung. Die Vermutung drängt sich auf, daß reformpädagogische Thematik eine Kombination von Selbst- und Gegenstandserschließungsmöglichkeiten anbietet. So läßt sich an reformpädagogischen Konzeptionen – insbesondere denen, die in der Praxis auffindbar sind – sowohl die Struktur des Faches als auch die Einheit von Theorie und Praxis exemplarisch studieren.

1.2.4 Hypothese – Anthropologische Defizite

Die motivierende sowie selbst- und gegenstandserschließende Wirkung des Phänomens der Faszination reformpädagogischer Thematik könnte, von ihrer Kehrseite betrachtet, ein Indiz für anthropologische Mängel, Defizite in der Organisation von Schule und Unterricht sein.

Um die Stimmigkeit dieser Hypothese zu prüfen, möchte ich auf dem Umwege einer historischen Analyse nach reformauslösenden Faktoren fragen.

2. Historische Analyse der Hypothese

Die Hypothese soll am Beispiel eines adäquaten Gegenstandsbereiches – der Schulreform in Deutschland von 1890 bis 1990 – untersucht werden.

2.1 Gegenstandsbereich Schulreform in Deutschland (1890–1990)

In den vergangenen 100 Jahren ist das gesamte Schulwesen mit unterschiedlicher Schwerpunktsetzung seiner Stufen reformiert worden. Vor dem Hintergrund der sich wandelnden politischen Rahmenbedingungen wurde die Vorbereitung und Durchführung von Schulreformen jeweils begleitet von fachwissenschaftlichen Diskussionen, öffentlicher Meinungsbildung und parlamentarischen Auseinandersetzungen um mehrheitsfähige Reformbeschlüsse. Die Argumente pro und contra Schulreform wurden artikuliert, Mängel- und Forderungskataloge aufgestellt, Konzepte entworfen und Interessen verschiedener Gruppierungen formuliert.

2.2 Quellenanalytische Vorgehensweise

Ein Blick in die deutsche Bibliographie konfrontiert mit ca. 100 einschlägigen Titeln – Monographien und Aufsatzsammlungen, Quellen-, Text- und Materialsammlungen, Gutachten, Berichten, Bilanzen und geschichtlichen Darstellungen zum Thema Schulreform in unterschiedlichen Perspektiven.

In der zur Analyse herangezogenen Literatur sollen aufgrund der unmittelbaren Zeitverhaftung vorrangig zeitgenössische Autoren Berücksichtigung finden. Dies geschieht in der Hoffnung, der Originalität von Reformmotiven unmittelbarer zu begegnen als in den systematisierten Interpretationen der Historiker.

3. Analyse der Schulreformdiskussion (1890 – 1990)

3.1 Differenzierungen und Begriffsklärungen

Lichtenstein sieht 1957 den Grund für das Dauerthema Schulreform in der „Doppelstellung der Schule", die einerseits der sozialen Dynamik folgen, andererseits aber eine Stätte des sozialen Gewissens und der selbständigen Verantwortlichkeit für den jungen Menschen sein muß (vgl. 34, 12).

3.1.1 Doppelstellung der Schule

In der 100-jährigen Schulreform treten die der Doppelstellung der Schule entspringenden Aufgaben in verschiedenen Zeiträumen mit unterschiedlicher Wichtung hervor.

So wird z.B. Schulreform im Zusammenhang von „institutioneller Erziehung und gesellschaftlicher Entwicklung" (Leschinski 1976), „politischer Motivation und pädagogischer Zielsetzung" (Oppermann 1982), „Gesellschaft und Erziehung" (Kemper 1983) oder von „Kultur und Gesellschaft" (Liedke 1984) diskutiert.

In der 2500-jährigen Schulgeschichte finden sich Belehrung und Lehrinhalte als pädagogisch-didaktische Zentren organisierter Bildung (vgl. 13, 13.14).

1949 nennt Flitner als Kernanliegen der bisherigen Reform die anthropologisch begründete „Jugendschule" (17, 130.135). Adelmann sieht 1953 die Gestaltung der Schule zu einer Lebensstätte des Kindes als zentrales Anliegen (vgl. 1, 2). Mieskes hebt 1956 den anthropologischen Reformauftrag hervor – „das auf dem Wege der Menschwerdung zur Reifung befindliche Kind" (39, 16.17). Von Hentig bezeichnet 1987 den größeren Teil der Schulreform als eine „Veränderung der Schule", in der die Wünsche des lernenden jungen Menschen und die übergangene erziehende Erwachsene Priorität gewinnt (vgl. 25, 74.87).

3.1.2 Begriff und Verständnis von Reform

3.1.2.1 Kulturhistorisch betrachtet nennt Petersen 1913 die Reform eine „organische Neubildung" als „fortschreitende Bewegung innerhalb menschlicher Kultur" (44, 4.5).

3.1.2.2 Picht versteht 1953 die Reform geistesgeschichtlich als Rückkehr zu den geistigen Quellen der Überlieferung – gleich ob als Durchbruch, Renaissance, Reformation, Revolution (vgl. 46, 75). Es ist die mühsame, aber verpflichtende Arbeit der geistesgeschichtlichen Selbsterkenntnis.

3.1.2.3 Lundgreen verwendet 1980/81 den Begriff der Reform in einem soziologischen Sinne zur Bezeichnung des formalen Vorgangs der Veränderung (vgl. 37, 21.22).

3.1.2.4 Hentig erinnert 1987 begriffsanalytisch an den Gehalt des Wortes re-formatio, was bedeutet, „in die alte Verfassung zurückbringen", im Sinne der „Wiederherstellung der Aufgabe" (vgl. 25, 23; 24, 135).

3.1.3 Äußere und innere Schulreform

Petersen nennt 1925 die Bezeichnung innere und äußere Schulreform „neugeprägte Schlagworte" (44, III), die Eingang in die Reformdiskussion der Jahrhundertwende fanden (vgl. Reinhardt 1919; Picht 1953; Mieskes 1956; Kade 1956; Lassahn/Stach 1979, Lundgreen II, 1981).

Unter äußerer Schulreform werden Neugründung, Schaffung neuer Schultypen oder Neuorganisation bestehender Schulformen verstanden (vgl. 32, 7).

Innere Schulreformen sind Veränderungen innerhalb der bestehenden Schulverhältnisse, z.B. im didaktisch-methodischen Bereich (vgl. 44, IV; 32, 85).

3.1.4 Reformen von unten nach oben – Schulversuche

Angesichts der sich durchhaltenden Erfahrung, daß der Reformdruck überwiegend von der Situation der Universitäten und höheren Schulen auf die vorgelagerten Schulformen ausgeht (vgl. 18, 2.191; 22, 71) und in der Regel durch die Administration verordnet wird, entstand die Forderung nach pädagogischen Freiräumen für Versuche in den Schulen (vgl. 42, 14).

Die Reformentwicklung weist diese Tendenz in den ersten drei Jahrzehnten des Untersuchungszeitraumes und in den 50er und 60er Jahren auf (vgl. 36, 44). Chiout spricht diesbezüglich 1960 von einem „eigenartigen Zwischenzustand in der BRD" (9, 593).

3.2 Reform-Rhythmen und -Faktoren

3.2.1 Zeitraum 1890–1918

In der Auseinandersetzung um die auch aus Gründen der Demokratisierung geforderte Gleichberechtigung der höheren Schulen – dem neuentstandenen Realgymnasium und der Oberrealschule mit dem herkömmlichen humanistischen Gymnasium – kam es im Kaiserreich 1890 und 1900 zu Schulkonferenzen (vgl. 19, 196; 52, 414; 53, 73).

Im Vorfeld hatte der Realschulmänner-Verband 1888 eine Preisaufgabe ausgeschrieben, in der es um die Analyse zweier Fragen ging: 1. Ursachen für die Überfüllung der Gelehrtenfächer, 2. geeignete Mittel, diesem Zustand zu begegnen (vgl. 18, 41.42). Der Sammelband dieser Preisschriften ist ein aufschlußreiches Dokument für die Reformursachen und -erfordernisse.

Das zu bewältigende äußere Problem bestand im Entstehen eines gelehrten Proletariates als Folge der Überfüllung von Universitäten und Gymnasien. Letztere – die humanistischen Gymnasien – besaßen das Berechtigungsmonopol für den Hochschulzugang, verteilten also die Sozialchancen und besaßen die Stipendienvergabe (vgl. 18, 55). In den Schulkonferenzen ging es um die Gleichstellung aller drei Gymnasien bei der Vergabe von Berechtigungen.

Gleichzeitig wurden äußere Reformen der Gestaltung des Mittelschulwesens gefordert. Matzat legt in der erwähnten Preisschrift dazu einen Schulorganisationsplan vor, in dem er von einer zu schaffenden Möglichkeit spricht, „in einer Gesamtschule (wie ich sie im Gegensatz zu der unmöglichen ‚Einheitsschule' nennen möchte), allen Interessen gerecht zu werden" (18, 74). Das Reformanliegen bestand in der Schaffung einer sozialgerechteren Schule.

Treutlein, einer der beiden Preisträger, begründete den „Drang zum Ergreifen eines gelehrten Faches" aus einer anthropologischen und soziologischen Perspektive. Der Drang nach Erkenntnis und Wissen ist dem Menschen naturgemäß eigen. Soziale Aufgaben und Anforderungen entstehen aus dem Zusammenleben der Menschen, das sich „durch das staatlich geordnete Gemeinwesen, durch die vielhundertjährige religiöse und politische, wirtschaftliche und soziale Geschichtsentwicklung allmählich gestaltet" hat (18, 60). Eine Antwort sieht Treutlein in der Gestaltung der Mittelschule zur Einheitsschule (vgl. 18, 151).

Die höheren Schulen wurden von Inhalt und Methode her den neuen Ansprüchen nicht gerecht. Innere und äußere Schulreform standen bei den Reichsschulkonferenzen zur Diskussion.

Das aufgeworfene Reformthema – Einheitsschule – blieb eine Forderung. Die Reformprobleme wurden verschleppt, so daß Reinhardt 1919 die gleichen Argumente für Reformen äußert: Es gibt zu viele und überfüllte höhere Schulen, von denen Druck ausgeht. Sie leisten nicht, was sie sollten, erziehen nicht zu selbständigem Denken und geben nicht, was Menschen im praktischen Leben brauchen (vgl. 47, 7). Es besteht weiterhin das „Berechtigungsunwesen" im Berufs- und Hochschulzugang.

Schulz, langjähriger Initiator der Reichsschulkonferenz, nennt in seiner Einleitung zum „Handbuch für die Reichsschulkonferenz" das „Gefühl starken Unbefriedigtseins". Er analysiert als Gründe die bestehenden Gegensätze von Elend und Reichtum, den einseitigen Machteinfluß durch überlebte politische Vorrechte und die ungerechte Verteilung der Teilhabe an Kultur (vgl. 56, VIII).

Nohl hatte 1880 gefordert, daß Schulen „nach den pädagogischen Erwägungen einsichtsvoller Leiter und ihrer Lehrer praktische Versuche" machen können (42, 14).

Lietz verweist 1907 auf eigene 12-jährige Schulversuche, in denen er 1898 mit der Gründung von Landerziehungsheimen begonnen hatte. Für diese Versuche bezieht er sich ausdrücklich auf die inhaltliche Feststellung der Reichsschulkonferenz von 1890. Sie erkannte an, daß die veränderte kulturelle und politische Lage eine Summe neuer Aufgaben an die kommende Generation stelle, daß neue wichtige Gebiete des Wissens und Könnens sich herausgebildet hätten und dringend Berücksichtigung erforderten, so daß es unmöglich sei, unter den veränderten kulturellen Verhältnissen den alten Schulbetrieb beizubehalten (vgl. 36, 43).

Abgesehen von den Neugründungen auf dem Gebiete der Landerziehungsheime durch Lietz, Wyneken, Geheeb und Hahn (vgl. 49, 112 ff.) vollzogen sich die eigentlichen Versuche im Rahmen der inneren Schulreform.

Petersen charakterisiert diese Reform-Arbeit und ihre Intention als „ein Streben nach neuer methodischer Durchdringung der einzelnen Unterrichtsfächer im Zusammenhang mit der neuen Psychologie und Jugendkunde... Der Ton wurde immer stärker auf die Seite der Erziehung gerückt." (44, IV)

Didaktisch-methodische Diskussionen beherrschten die Kunsterziehungstage 1901 in Dresden, 1903 in Weimar und 1905 in Hamburg (vgl. 49, 141), mit denen der Name Lichtwark verbunden ist. Hinsichtlich der Unterrichtsreform sind Gaudigs „freie geistige Arbeit" (17a, 6f.), Ottos „Gesamtunterricht" (43a) und Kerschensteiners „Arbeitsunterricht" (29a, 8.12) zu nennen.

Der Zeitraum von 1890–1918 ist durch die vorherrschende und größere Effektivität der „inneren Schulreform" mit ihrer neuen anthropologisch-erzieherischen sowie unterrichtlich-methodischen Orientierung gekennzeichnet.

3.2.2 Zeitraum 1918–1932

Die Ablösung der Monarchie durch eine demokratische Staatsverfassung hatte 1918 veränderte politische Rahmenbedingungen geschaffen. Sie machten „die Bahn frei für die Verwirklichung von Reformgedanken, die seit Jahrzehnten erörtert wurden, deren Verwirklichung aber mit einer gewissen Ängstlichkeit zurückgehalten ist" – so der Reichsinnenminister 1920 (49, 274).

1920 wurde die Reichsschulkonferenz einberufen, deren Hauptgegenstand die Schaffung der „Einheitsschule" bildete. Den kühnsten Entwurf legte Johannes Tews vor, der eine kontinuierliche und einheitliche Organisation des gesamten Bildungswesens vom Kindergarten bis zur Hochschule vorsah. „Die Einheitsschule soll a) organisch gegliedert, b) ohne soziale Trennungen, c) ohne konfessionelle Trennungen aufgebaut sein und sie soll d) einen einheitlichen Lehrerstand aufweisen" (49, 266).

Die Reichsschulkonferenz führte zu einer Teilreform – der Erneuerung der Volksschule. Neben der achtjährigen Volksschule gab es Privat- sowie Vorschulen, die den Gymnasien vorgeordnet waren. So bestand das organisatorische Anliegen, die Unterstufe der Volksschule zu einer einheitlichen, für alle Kinder verbindlichen Grundschule als Basis für die Höhere Schule zu gestalten (vgl. 50, 56). Die Einführung dieser 1920 konstituierten Grundschule gilt als die „bedeutendste Leistung" der Reichsschulkonferenz.

Bis 1925 wurden die bestehenden Vorschulen abgeschafft. Die bisherigen Ergebnisse der inneren Schulreform – anthropologisch-erzieherische und unterrichtliche Neuorientierung sowie der Gemeinschaftsaspekt – gingen als reformpädagogische Errungenschaften zum Teil in die Konzeption der Grundschule ein (vgl. 49, 278).

Vom Schicksal der geplanten, unterschiedlich ausgedeuteten und hart umkämpften Einheitsschule sagt Dietrich, daß sie sich nicht habe durchsetzen können. Sie sei ein Entwurf geblieben, „denn aufgrund finanziell-wirtschaftlich ungünstiger Bedingungen in den 20er Jahren war bestenfalls die innere Reform zu erreichen." (12, 237)

Dennoch waren Reformbemühungen auch im Bereich des höheren Schulwesens wirksam. 1924 erschien Richerts Denkschrift, in der jeder Schulart ein Kulturbezirk zur besonderen Pflege zugewiesen wird, um in Kooperation die Gesamtheit der gestellten Aufgaben zu erfüllen (vgl. 49, 284). Das altsprachliche Gymnasium sollte den Kulturbereich der Antike wahrnehmen, das neusprachliche Realgymnasium den eines modernen Europäismus und die Auseinandersetzung mit der modernen Kultur, die Oberrealschule den mathematisch-naturwissenschaftlichen Bereich. Die Deutsche Ober- oder Aufbauschule – eine neue Schulform – sollte „ihr Zentrum unmittelbar in den Kernbereichen des deutschen Wesens und Werdens haben", gemäß dem neuen Leitbild einer „deutschen Bildung" durch „nationaldeutsches Bildungsgut" (49, 284).

In dem von Grimme 1930 edierten Sammelband „Wesen und Wege der Schulreform" wird ein hohes Maß an Bereitschaft zu Reformen – hier der Höheren Schule – deutlich.

Boelitz formuliert dazu die Fortführung der Aufgabe aus der Reichsschul-Konferenz für den Bereich der höheren Schule. Zwei Gedanken hält er für richtungsweisend: 1. Es darf keinen gewaltsamen Bruch mit der Vergangenheit geben. 2. Die höhere Schule muß ihre Stellung im Gesamtorganismus des deutschen Bildungswesens stärker erkennen. Diese Aussagen werden im ausdrücklichen Rückverweis auf die Reformansätze der vergangenen 20 Jahre gemacht (vgl. 20, 4).

Koch formuliert in seinem Beitrag die aus der Reformpädagogik entstandene Aufgabe dahingehend, daß auf dem Gebiete der Persönlichkeitserziehung, stärker als auf dem der Gemeinschaftserziehung, große ungelöste Aufgaben der höheren Schule liegen, „die zu einer Verminderung der sozialen Spannung, zum staatsbürgerlichen Bewußtsein und zur Milderung der Gegensätze auf kulturellem Gebiet führen können." (20, 57) Als Folge soziologischen Strukturwandels regt er weitere Schritte an, „dem einen Volk eine Schule zu geben", d.h. „in einem Gebäude unter einheitlicher Leitung und einheitlichem Lehrerkollegium Volks- und Höhere Schule aufbauend auf gemeinsamen Grundschulklassen zu vereinen." (20, 57.58)

Die Reform erstrebt nach Grimme einen Menschentypus mit Zivilcourage, gewohnt, sich selber zu entscheiden. In der Schule der Selbstverantwortung wird der Doppelcharakter der Verantwortung wahrgenommen – die Selbst- und Mitverantwortung, d.h. Erziehung zur Eigeninitiative und zur Einordnung. Die Schule der Selbstverantwortung „wird damit zur Schule der Erziehung zum freien Bürger einer Republik" (20, 301).

Zur Schulreformdiskussion ist noch auf die Initiativen der anders begründeten Konzeption einer Einheitsschule durch den „Bund entschiedener Schulreformer" hinzuweisen.

Der 1919 gegründete Bund stellte den in dieser Zeit diskutierten Schulreformplänen eigene gegenüber. Inhaltlich wurde diese Diskussion von Oesterreich, Hilker und Karsen geführt, die sich selbst als radikale Schulreformer bezeichnen (vgl. 41, 28). Im Kern ging es um die Neugestaltung einer Einheits-Arbeitsschule. Bis 1923 wurde das Modell einer „Einheitsschule als Lebens- und Produktionsschule" entwickelt, das „dem sozialistischen Erziehungsziel" entsprach (vgl. 41, 10). Die „neue Schule" war als eine differenzierte Einheitsschule geplant, „deren Unterbau obligatorisch und gemeinsam ist, und deren Oberstufe zu einer elastischen, nach Art und Höhe der Anlagen differenzierten Begabtenschule werden muß." (41, 297)

Die Reform-Aufbruchsstimmung der 20er Jahre traf auf den finanziellen Niedergang durch die Weltwirtschaftskrise. Hinzu kam die Überfüllung der höheren Schulen und Hochschulen, ein Vakuum, das die Aktivitäten der Nationalsozialisten aufgriffen.

3.2.3 Zeitraum 1933–1945

Die Machtübernahme durch die Nationalsozialisten erledigte die durch die Demokratie gegebene Pluralismus-Problematik – so Lundgreen. Im Einparteienstaat bedurfte es keiner Mehrheitsentscheidung und Rücksichtnahme auf Minderheiten. Entscheidungen wurden per Dekret durch Partei und Führer getroffen (vgl. 37, 21).

1933 erging ein „Gesetz gegen die Überfüllung der deutschen Schulen und Hochschulen" (26, 128). Bildungsbegrenzung war das Stichwort.

Reichsinnenminister Frick nahm 1933 vor den Kultusministern der Länder zu den bisherigen Reformen und neuen schulpolitischen Intentionen Stellung. Es sei vieles zu tun, „um die weit in die Vorkriegszeit hineinreichende kulturpolitische Fehlentwicklung zu beseitigen" und der nationalen Revolution der deutschen Schule ein neues Gesetz zu geben. „Die deutsche Schule hat den politischen Menschen zu bilden, der in allem Denken und Handeln dienend und opfernd in seinem Volke wurzelt und der Geschichte und dem Schicksal seines Staates ganz und unabtrennbar zuinnerst verbunden ist." (21, 176)

Die reformpädagogischen Errungenschaften wurden beseitigt und Reformpädagogen sukzessive des Amtes enthoben (vgl. 53, 8.7; 21, 179).

Die „nationale Revolution der deutschen Schule" führte zu einer in sich homogenen „Schule der Diktatur", die – so Herrlitz – von ihren obersten Erziehungsnormen wie „Rassenreinheit" und „Führertum" bis hinunter zu den didaktisch-methodischen Arrangements des Fachunterrichtes dem allgegenwärtigen Erziehungswillen der Partei „zu entsprechen hatte" (26,

126). Bildungsbegrenzung und Indoktrination charakterisieren den bildungspolitischen Prozeß. Als Einzelmaßnahmen lassen sich nennen:
– Umschulung und Neuordnung der Lehrerausbildung
– Gleichschaltung der Fachpresse
– Erlaß neuer Richtlinien und Lehrpläne für die Schulen, um die Gesinnungsfächer (Geschichte, Deutsch, Erdkunde, Biologie) dem politischen Denken anzupassen
– Einführung entsprechender Lehrmittel
– Beseitigung des Religionsunterrichtes und des Privatschulwesens
– Säuberungen und Kontrolle von Schulbüchereien (vgl. 37, 21.22).

In diesen Maßnahmen der „Revolution der deutschen Schule" tritt die Konkretisierung des Erziehungszieles der Bildung des politischen, d.h. des nationalsozialistischen Menschen, ans Licht.

Pädagogik geriet unter den Primat der Politik, deren Ideologie Orientierungsfunktion hatte – Mythos von „Blut und Boden", geschichtliches Sendungsbewußtsein des „nordischen" Menschen, Führerprinzip und Dominanz des Staatszwecks.

Entsprechend war die Rangfolge der Ziele des nationalsozialistischen Erziehungsprogramms: 1. körperliche Erziehung, 2. Charakterbildung, 3. wissenschaftliche Schule (vgl. 21, 179).

In der NS-Diktatur von 1933 bis 1945 hatte – soziologisch gesprochen – die innere Schulreform Vorrang vor einer Reorganisation des Schulwesens (vgl. 37, 21.22).

In dieser von oben, dem Einheitsstaat, diktierten „Reform" blieb die Frage der Einheitsschule ausgeklammert. Den bestehenden Schulen wurden NS-Ausleseschulen hinzugefügt.

3.2.4 Zeitraum 1945–1964

Nach dem Zusammenbruch des NS-Regimes am Ende des 2. Weltkrieges 1945 glich Deutschland in jeder Beziehung einem Trümmerfeld. Angesichts der großen äußeren Not galt es zunächst, die elementaren Lebensbedingungen wiederzugewinnen. Giese skizziert in sehr differenzierter Weise die materielle Notsituation (vgl. 19, 293).

3.2.4.1 Eine historisch beispiellose Erziehungssituation – Das Ausmaß der inneren Not der jungen Generation und das damit verbundene Dilemma der Erziehung wird in Pichts Analyse von 1946 deutlich. Aus dem Zusammenbruch dessen, „woran die Jugend geglaubt hatte, ist ihr ein Mißtrauen erwachsen, in dessen nüchterner Schärfe sich kalte Hoffnungslosigkeit mischt." (46, 15.16) Desillusionierung und die Erfahrung von Zerstörung führten zu einer schulischen Erstarrung der Jugend. Angesichts dieser Probleme entsteht eine historisch beispiellose Erziehungssituation.

(1) Generationenpsychogramm und Erziehungssituation – Picht analysiert die Erziehungssituation mit Hilfe eines Generationenpsychogramms: Die Situation ist für jung und alt die gleiche. „Nicht nur äußerlich ist das Gefüge unseres Lebens zertrümmert, nicht nur die sozialen Ordnungen sind zerbröckelt; ein jeder bekommt allmählich zu spüren, daß auch die geistigen Ordnungen, in die wir hineingewachsen waren, seit langem auf eine untergründige und unberechenbare Weise ins Gleiten geraten sind." (46, 14)

In der Weise des Umgangs mit dieser Situation unterscheiden sich aber Jugend und Alter. Die Jugend findet keine zur Orientierung geeigneten Autoritäten mehr. Sie kennt nur Nationalsozialisten und die Vertreter jenes Deutschland, das vor den Nationalsozialisten jämmerlich kapitulierte. Indem die Jugend alles, was sie sich aneignen soll, genau prüft, findet sich nichts, was nicht schon kompromittiert wäre und unverkennbare Züge der Unsicherheit trüge (46, 14).

Die ältere Generation, der die Verantwortung zugewiesen ist, kann sich zwar „noch auf die Orientierungen und Perspektiven besinnen, die in besseren Zeiten Geltung hatten" (46, 14), doch als Überlebende aus Terror und Krieg haben sie sich daran gewöhnt, „ein doppeltes Gesicht zu tragen: das nach innen gewandte, verheimlichte, von Angst, Bitternis und Verzweiflung für immer gezeichnete – und die nach außen gewendete Maske ... nie wieder auflösenden Schweigens." (46, 15)

Im Hinblick auf die damit gegebene Erziehungssituation formuliert Picht das Grundproblem: „War es schon schwer, in einer Menschen gemäßen Welt zum Menschen zu bilden, so stehen wir heute vor der Aufgabe, inmitten einer Wüste den Menschen im Menschen erst wiederzuentdecken." (46, 20)

(2) Probleme und Aufgaben der Erziehungssituation – Die Probleme und Aufgaben der durch Picht analysierten Erziehungssituation lassen sich in fünf Punkten zusammenfassen:
1. Krise der Autorität
2. Lähmung des Sinnes für das Zukünftige
3. Problem, die Jugend aus ihrer Erstarrung zu lösen
4. Aufgabe der Erziehung, den Menschen im Menschen wiederzuentdecken
5. gemeinsame Suche als einzigem Weg, der Jugend in ihrer Erziehung voranzugehen (vgl. 46, 16.17).

Vor diesem Hintergrund erhält Pichts Forderung von 1953 Konturen. Es gilt, innere reformpädagogische Klärungen vorzunehmen durch die verpflichtende und mühsame Arbeit geistesgeschichtlicher Selbsterkenntnis (vgl. 46, 75).

Spranger hatte 1944 – noch im Luftschutzbunker in Berlin – die entstandene Situation als Folge einer „nur halb gelungenen Lebensbewältigung" analysiert.

Zwar hat das 19. Jahrhundert – so Spranger – ungeheure Fortschritte gemacht in Wissenschaft und Technik, Wirtschaft und Weltverkehr. Aber dieses Zeitalter hat nicht die Kraft aufgebracht, neue zeitgemäße, sittliche Wertordnungen des Lebens aufzubauen, „unter dessen Führung der Mensch wahrhaft hätte Mensch bleiben können." (55, 50) Nicht weitere Erfindungen sind unsere Aufgabe, sondern Bindungen einer neuen sittlichen Wertordnung (55, 50).

Vor diesem Hintergrund formuliert Spranger die neu entstehende Aufgabe für die Volksschule, „die Humanisierung des Arbeitslebens vorzubereiten, in dem sie den geistigen Gehalt jeder produktiven Tätigkeit der Hand an geeigneten Urformen früh zur Anschauung bringt und gleichzeitig die gemeinsame Arbeit an sittliche Ordnungsformen bindet." (55, 49) Ein neuer Geist – „soziale Humanität" – wird damit angestrebt (vgl. 55, 49).

3.2.4.2 Wiederaufbau des Bildungswesens – Der Wiederaufbau des Bildungswesens nach 1945 war durch zwei Aufgaben gekennzeichnet: Reedukation und Demokratisierung.

Für das in vier Besatzungszonen zerfallene Deutschland legten die Alliierten im Potsdamer Abkommen 1945 fest, daß das Erziehungswesen in Deutschland so überwacht werden muß, „daß die nazistischen und militaristischen Lehren völlig entfernt werden und eine erfolgreiche Entwicklung der demokratischen Ideen möglich gemacht wird." (37, 24) Damit war der Umerziehungsauftrag umschrieben.

Die Kontrollratsdirektive 54 vom Juni 1947 nannte drei Grundsätze für ein entsprechend zu gestaltendes Schulwesen:
1. „Materielle Ermöglichung der Teilnahme an Bildungsangeboten" – Unentgeltlichkeit des Unterrichts
2. „zusammenhängendes und gestuftes Bildungssystem für den Zeitraum der Pflichtschule" – chancengerechte Bildung
3. „wissenschaftliche Lehrerausbildung" (37, 25).

Im Zuge einer inneren Schulreform stand zunächst die „Säuberung der Lehrkörper, der Fächerinhalte und der Schulbücher" an (37, 24). Angesichts fehlender Schulgebäude, Schuleinrichtungen, Unterrichtsmaterialien, steigende Schülerzahlen und Lehrermangels traten Fragen der äußeren Schulreform zurück.

In der Sowjetischen Besatzungszone wurde 1946 die achtjährige Grundschule eingeführt. Es bahnte sich damit ein Eigenweg an. Diese Entwicklung soll wegen der z.Z. erst voll ans Licht tretenden Folgen ausgeklammert bleiben.

Die Festlegung der Grundschulzeit in Westdeutschland unterlag der Pluralismus-Problematik. Das parlamentarische Kräftespiel führte in der BRD zunächst zu einer sechsjährigen, dann – mit wenigen Länderausnahmen – zu einer vierjährigen Grundschulzeit.

Angesichts bevorstehender Reformen der Volksschule greift Flitner 1949 noch einmal die Gründe auf, die zu deren Entwicklungsstillstand geführt haben. Alle Entwicklungsvoraussetzungen sind zerstört: „Der deutsche Wohlstand, der Aufstieg der Mittelschichten, die zunehmende Eingliederung der Industriearbeiter in die tragenden Schichten der Gesellschaft." (17, 10) Auch er analysiert die eingetretene Katastrophe. „Die überlieferten Motive der öffentlichen Erziehung haben nicht ausgereicht, um das Volk politisch und gesellschaftlich zur Demokratie fähig zu machen; und im Sittlichen hat die moderne Bevölkerung eine Unsicherheit und Verführbarkeit gezeigt, die zu einer grundsätzlichen Überprüfung des gesamten öffentlichen Erziehungssystems drängt." (17, 10)

Flitner faßt die „Forderung des Tages" in drei Punkten zusammen:

1. Die Volksschule hat einen politischen Dienst zur Entwicklung Deutschlands zur Demokratie zu leisten.
2. Sie hat die in der Reformpädagogik erfaßte und methodisch hoch entwickelte nationale Volkserziehung fortzusetzen.
3. Sie hat die soziale Aufgabe, an der Überwindung der Feindseligkeit zwischen den Gesellschaftsklassen der Industriewelt durch Verstehen und Zusammenstehen mitzuarbeiten (vgl. 17, 11 ff.).

Volksschulbildung muß demgemäß ihren Beitrag leisten für die Erziehung

– zum Frieden
– zur Völkergemeinschaft
– zur freiheitlichen Ordnung in einem rechtlich verfaßten Staatswesen
– zur gesellschaftlichen Gleichstellung aller Volksschichten (vgl. 17, 15).

Zu Beginn der 50er Jahre geriet die höhere Schule in ihrer Beziehung zur Universität in die Diskussion und zwar zunächst unter dem Aspekt innerer Reformen methodisch-didaktischer Art. Den Auftakt gaben die Tübinger Beschlüsse von 1951 (vgl. 46, 383).

Picht – Organisator dieser Tübinger Tagung – setzte sich 1953 mit den Gründen für die Reform der Höheren Schule auseinander:

1. Die höhere Schule ist zu einem sozialen Ausleseinstrument geworden (vgl. 46, 63).
2. Durch den Erziehungsausfall der sich wandelnden Familie entsteht ein „pädagogisches Vakuum", das der Schule neue Erziehungsaufgaben bringt (46, 65).
3. Die Gestalt der Schule entspricht einer vergangenen Staatsordnung, so daß Spannungen gegenüber der heutigen Sozialordnung entstehen.

Ein Erziehungsproblem ersten Ranges tritt auf: „Der in ein erzieherisches Vakuum ausgesetzte und einer scharfen sozialen Auslese unterworfene junge Mensch steht seiner Schule mit einem Gefühl tiefer Fremdheit gegenüber." (46, 63)

Picht formuliert drei Bildungsziele:

1. die politische Aufgabe der Heranbildung einer geistig führenden Schicht durch die stärkere Betonung sozialer Aufgaben (vgl. 46, 68.69),
2. die Schaffung neuer Unterrichtsmethoden im Sinne eines exemplarischen Lernens in wissenschaftlichen Denkweisen angesichts einer durch Wissenschaft geprägten Welt (vgl. 46, 70.72),
3. den Dienst an der „Überlieferung der Europäischen Kultur" (46, 73) angesichts des im Gange befindlichen geistigen Vernichtungsprozesses, in dem Nationalsozialismus und Krieg nur einen Ausschnitt darstellen. Die Schule muß dem „Abbrechen der Kulturtradition", das „immer auch einen politischen und zivilisatorischen Niedergang" darstellt, entgegenwirken (46, 78.79). Dies bedeutet angesichts zunehmender Intellektualisierung und Neutralisierung die Forderung musischer Erziehung als echte Pflege europäischer Kultur (vgl. 46, 77).

3.2.4.3 Schulversuche – Reformpädagogische Orientierung – In den 50er Jahren wurde mit Schulversuchen begonnen. Für die schulische Neuorientierung hatte Spranger 1944/49 auf Kerschensteiners Arbeitsschule Bezug genommen (vgl. 55, 47).

Flitner bezog sich für die Konzeption einer Jugendschule 1949 auf die „Pädagogik vom Kinde aus" (17, 149) und setzte sich 1951 mit dem „Ruf nach Modellschulen" auseinander (16, 134).

Picht orientierte sich 1950 an den Landerziehungsheimen (vgl. 46, 21). Adelmann charakterisiert 1953 die pädagogische Zeitaufgabe der Volksschule und die Notwendigkeit ihres Gestaltwandels in Kontrastierung mit den bekannten Modellen und Versuchen der deutschen Schulreformbewegung bzw. der Jugendbewegung (Arbeitsschulbewegung, B. Otto, Gaudig, Montessori, Kircher, Oesterreich, Petersen).

Kade, motiviert durch die Ideen von Gaudig, Kerschensteiner, Otto und der Landerziehungsheimbewegung, setzt sich 1956 vor dem Hintergrund eigener Schulversuche mit der Forderung nach Beispielschulen auseinander, von denen er Versuchsschulen und Schulversuche abgrenzt (vgl. 27, 9.147).

Chiout führt 1960 in seinem Bericht über die „Schulerneuerung in der Bundesrepublik" einige „repräsentative Versuche" an, u.a. die Fritz-Karsen-Schule in Berlin und die Jenaplanschulen (9, 593–597).

3.2.4.4 Reformorgane und -probleme – 1953 wurde der „Deutsche Ausschuß für das Erziehungs- und Bildungswesen" ins Leben gerufen. Er hatte die Aufgabe, „die Entwicklung des deutschen Erziehungs- und Bildungswesens zu beobachten und durch Rat und Tat zu fördern" (12, 281).

Der Ausschuß brachte bis zu seiner Ablösung durch den Deutschen Bildungsrat 1965 ca. 30 Empfehlungen, Gutachten und Stellungnahmen an die Öffentlichkeit und legte 1959 einen „Rahmenplan zur Umgestaltung und Vereinheitlichung des allgemeinbildenden öffentlichen Schulwesens" vor (vgl. 37, 27). Reformdiskussionen befaßten sich mit Fragen der Schulzeitverlängerung und mit Freizeitproblemen, mit der Notwendigkeit politischer Erziehung, mit den pädagogischen Folgen des familialen Strukturwandels, insbesondere aber mit dem didaktischen Zentralproblem einer exemplarischen Lehre, das die 50er Jahre thematisch beherrschte.

Picht, Mitglied des Deutschen Ausschusses, nennt 1961/62 in Auswertung des Rockefeller-Berichtes (1958) drei Grundprobleme, die dem deutschen Erziehungs- und Bildungswesen zwangsläufig ein anderes Gesicht geben würden: „1. die Umgestaltung der Gesellschaft, 2. die durch den Einfluß der Wissenschaft verursachte Steigerung der Bildungsanforderungen, 3. die Ausbildung einer einheitlichen Weltzivilisation und die damit verbundene Sprengung der nationalen Kultur." (46, 128)

3.2.5 Zeitraum 1964–1973

1964 legte Picht seine Analyse und Dokumentation einer drohenden deutschen Bildungskatastrophe vor, da die Abiturientenquote sowohl für den Bedarf der Wirtschaft als auch für den des Bildungssystems nicht mehr ausreichen werde (vgl. 45, 16).

„In wenigen Jahren wird man, wenn nichts geschieht, die schulpflichtigen Kinder wieder nach Hause schicken müssen, weil es für sie weder Lehrer noch Klassenräume gibt. Es steht uns ein Bildungsnotstand bevor, den sich nur wenige vorstellen können." (45,16)

Neben den bildungsökonomischen Gründen Pichts bringt Dahrendorf sozialpolitische ins Spiel, „insofern die Abiturientenquote ein Ausweis der Verwirklichung von Chancengleichheit in einer Gesellschaft ist, die Status über Bildungsqualifikationen zuweist." (37, 28)

Der drohende Bildungsnotstand brachte Dynamik in die Reformdiskussion, die auf administerieller Seite unmittelbare Reaktionen auslöste. Der „Deutsche Ausschuß" wurde durch den 1965 eingerichteten Deutschen Bildungsrat abgelöst. Vor dem Hintergrund von Studien, Gutachten und Empfehlungen legte dieser 1970 einen „Strukturplan für das Bildungswesen" vor (10), in dem das Bildungswesen vom Vorschulbereich bis zum Abitur neu organisiert wird. Die vertikale Gliederung des Schulwesens nach Typen wird abgelöst durch eine horizontale Gliederung nach Stufen: Grundstufe 1–4, Orientierungsstufe 5–6, Sek. I 7–10, Sek. II 11–13. Chancengleichheit und Durchlässigkeit mit Hilfe innerer Differenzierung gelten als Prinzipien (10).

Die Bund-Länder-Kommission einigte sich im Bildungsgesamtplan von 1973 darauf, den Strukturplan den Reformbestrebungen in den Ländern der BRD für die kommenden Jahrzehnte zugrunde zu legen. Die verschiedenen Schulformen sollten auf der Sekundarstufe zum einen „in der integrierten Gesamtschule durch innere Differenzierung mit horizontaler Durchlässigkeit aufgehoben sein", zum anderen „in einem differenzierten Schulwesen zunächst erhalten bleiben." (37, 29)

Gesamtschulversuche begannen. Hauptziele der Gesamtschule sind
1. die soziale Integration von Schülern unterschiedlicher sozialer Herkunft,
2. die Verwirklichung von Chancengleichheit und 3. die optimale Förderung für alle Schüler (vgl. 53, 85).

Die Reformdiskussion aus den vergangenen 70 Jahren um die Einführung der Einheitsschule führt also zunächst einmal zur Errichtung von Gesamtschulen, ein Vorgang, der neben der Konstituierung der Grundschule 1920 das zweite Ergebnis der Schulreform dieses Jahrhunderts ist.

Angesichts notwendiger Reformen der Grundschule – im Strukturplan als Primarbereich ausgewiesen – hatte Schwartz 1969 in seinem Beitrag zum neugegründeten „Arbeitskreis Grundschule e.V." festgestellt, daß die Gesellschaft die Grundschule habe sitzen lassen. „Eltern, Lehrer, Beamte, Parlamentarier bleiben den Kindern in ihrer schulischen Betreuung heute vieles schuldig, weil wir uns selbst, unseren Tag und unseren Wohlstand für zu wichtig nehmen." (54, 10)

In Bezug auf die Thematik des Grundschulkongresses von 1969 und in Übereinstimmung mit den Intentionen des Strukturplanes nennt Schwartz drei der Reform bedürftige Aspekte:
1. Chancengleichheit durch soziale Integration und Kompensation (vgl. 54, 24),
2. die Beachtung der Bedeutung frühen Lernens (vgl. 54, 96),
3. das Angebot von Lerninhalten in Entsprechung zu der erhöhten Bildsamkeit in der Kindheit (vgl. 54, 11).

Der Grundschule kommt die Aufgabe zu, die kindliche Entwicklung im Sinne einer Freisetzung für eine demokratische Ordnung zu leiten (vgl. 54, 23).

Die Arbeit des Deutschen Bildungsrates und ihr Ergebnis löste in der Öffentlichkeit heftige Diskussionen aus, die insgesamt von einem umfassenden Reformwillen als Antwort auf die Herausforderungen der Zeit getragen waren.

In der entstehenden Reformeuphorie zeigte sich die Geisteshaltung der 60er und frühen 70er Jahre. Man glaubte, Veränderungen „durch eine abstrakte Zukunfts- und Planungsorientierung und mit viel quantitativem, vor allem finanziellem Aufwand, Ziele setzen und erreichen zu können – ohne Rücksicht auf historische Erfahrungen und Strukturen." (53, 7)

Die abstrakt-unhistorische Vorgehensweise bei diesen Reformbemühungen führte zum einen zum Abbruch von Tradition und Kultur, zum anderen zur technischen Konstruktion von Schule und Unterricht.

Robinson spricht 1969 von „organisatorischen Maßnahmen, durch wel-

che Bildungsmöglichkeiten zugeteilt und Schülerströme gelenkt werden."
(48, VII)

Es geht um den „Erwerb von Qualifikationen und die Entwicklung von
Begabungen sowie um eine optimale Förderung des individuellen und ge-
samtgesellschaftlichen Leistungspotentials", erreichbar durch strukturelle
Differenzierungen in gesamtschulartigen Organisationsformen (48, VII.
VIII).

Der ans Licht tretende Planungs- und Machbarkeitsgedanke zeigt sich
auch in den Curriculum-Reformen. Ein lernzielorientierter Unterricht
wird konstruiert, in dem Schüler zu „Determinanten" werden (vgl. 7, 143).

Der Lehrberuf wird entsprechend funktionalisiert. Lehrende werden zu
Fachleuten für Unterricht, einem Unterricht, in dem Schüler als „anthropologische Bedingungen" gelten (3, 231.222).

In der Diskussion um solche Reformen macht Lange 1967 geltend, daß
es „innerhalb der unausweichlichen Realität der verwalteten Schule möglich sein sollte, jenen menschlichen und pädagogischen Spielraum zu wah-
ren, womöglich zu erweitern, den die Reformpädagogik freigekämpft hat,
und ohne den pädagogisches Handeln zur technischen Anwendung wird."
(31, 313)

Hentig konkretisiert diese Situation, wenn er 1971 von „Bildungsinge-
nieuren" spricht. Angesichts dieser Entwicklung rückt er notwendige Reformen des Lernprozesses und der Lehrerbildung ins Blickfeld (24,
9.71.107).

3.2.6 Zeitraum 1974–1990

Die 70er Jahre sind charakterisierbar durch die aus Skepsis und Zweifel an
der Reform entstehende Schulkritik einerseits und die Einführung von Alternativschulen andererseits (vgl. 11, 170 ff.).

Angesichts der deutlich werdenden Diskrepanz zwischen den Zielvor-
stellungen der jüngsten Reformversuche und ihrer schulpraktischen Realisierung konfrontieren Brinkmann u.a. 1974/1980 reformpädagogische
Schulmodelle (u.a. der Odenwald-, Montessori-, Waldorf- und Petersen-
schule) mit der in der Diskussion befindlichen Gesamtschule (vgl. 5).

Menze macht 1975 auf die entstehende Situation des Menschen auf-
merksam. Reformen bergen die Gefahr, den Menschen „zu einer bloßen
Funktion des jeweilig ‚sich ändernden' zu machen", ein Vorgang, der zur
Mediatisierung bzw. Funktionalisierung des Menschen führt (38, 10).

Kunstmann beschreibt 1978 die „bedrückende Situation vieler Kinder"
als „schwelende Unzufriedenheit mit Leistungsdruck, Konkurrenzangst,
Verhaltensstörungen und Lernproblemen" (4, 181). Als Gründe nennt sie
unübersichtliche Massenschulen, Überfrachtung der Lehrpläne, ökonomi-
schen Druck und das Bildungsstreben der Eltern (vgl. 4, 181).

Das Unbehagen am gerade erst reformierten Bildungswesen hat einen weiteren Grund. Die Grenzen des Plan- und Machbaren werden deutlich durch die sich zeigenden Grenzen des Wachstums und der natürlichen Ressourcen: „Die Gefahren der modernen Lebensform werden unübersehbar: die Zerstörung und Schädigung der äußeren Natur, die Überforderung und Gefährdung der inneren." (53, 99)

Als Hauptgrund schulischen Unbehagens und des Interesses an Alternativen vermutet Schmitz 1980, „daß die Entwicklung des Schulwesens ebenso wie die gesamte historische Entwicklung an die Grenzen der inneren Natur gestoßen ist." (53, 100.101)

Nach seiner Auffassung kann die Schule „als Institution, die junge und unfertige Menschen für das Leben vorbereiten soll ... nicht die Form eines wissenschaftlich-technisch konzipierten und organisierten zweckrationalen Systems annehmen", zumal, wenn diese Lebensform sogar Erwachsene überfordert (53, 100). Die eingetretene Situation, in der „Traditionen abgebrochen und Projektionen gescheitert sind, stellt für den Aufweis künftiger Perspektiven eine große Schwierigkeit dar." (53, 101)

„Schule in der Krise" – so lautet das neue Diskussionsthema des Jahres 1978, an dem sich Medien, Bildungspolitiker und Erziehungswissenschaftler beteiligten und das die Bewältigung der geschilderten Probleme zum Gegenstand hatte (vgl. 53, 7).

Angesichts der Gefahr, in gegenwärtigen Reformen steckenzubleiben, vorzeitig zu scheitern oder einfach zu resignieren, legen Lassahn/Stach 1979 eine Geschichte schulischer Reformversuche vor (vgl. 32). Unter dem Aspekt äußerer und innerer Schulreform werden Schulversuche von Hecker in Berlin, des Gymnasiums in Jenkau und die Landerziehungsheime in der Lietz'schen Tradition einerseits sowie die methodisch-didaktischen Reformversuche von Rochow, Dinter, Denzel, Zerenner, Ziller und Dörpfeld andererseits vorgestellt. Diese exemplarische Erhellung geschieht in der Absicht, „aus der Geschichte zu lernen, was Verantwortung für Reformen bedeutet." (32, 10)

Angesichts abgebrochener Traditionen – des Geschichtsverlustes – stellt Schmitz 1980 die Bedeutung der Historie als „sekundäres Erfahrungsfeld" sowie als „Hilfe zur Kontrastierung und zum Aufweis von Alternativen gegenüber verfestigten Fakten im Schulwesen" heraus und verweist auf den biographisch bedeutsamen „Zusammenhang von Geschichte und Identität" (53, 8). Hentig kritisiert 1981, daß die überwiegende Mehrzahl der Reformmaßnahmen der vergangenen 20 Jahre nicht dazu gedient haben, auf die wahre Not der Schule zu antworten. Sie wurde vielmehr umgedeutet in „Optimierungs-, Modernisierungs- und Demokratisierungsprobleme." (23, 13) Die Schule ist seiner Meinung nach „eine umfassende Sozialisationsanstalt" geworden (23, 14), ein unvermeidlicher Aufenthaltsort für Kinder und junge Menschen, deren wirkliche Not in der Schule einerseits die anhaltende Langeweile und andererseits die „eigentümliche Verbindung von Permanenz, Forderung und Bedeutungslosigkeit" ist, „deren Wirkung man Streß nennt" (23, 13).

Der 1985 vorgelegte Bericht von Klemm u.a. über Tagungsergebnisse aus dem Jahre 1983 enthält eine Bilanz der jüngsten Schulreform. Schulisches Lernen wird von Schulpraktikern und -theoretikern als „lebensfern, handlungsarm, entsinnlicht, einseitig rationalistisch, öd und abstrakt" beschrieben. Schule wird erlebt „als eine fremdbestimmte, bürokratisch durchorganisierte und ritualisierte staatliche Anstalt." (30, 11.12) Die Verfasser sind der Meinung, daß „die Schulreform einen Beitrag zur Humanisierung und Demokratisierung von Bildungsprozessen geleistet habe". Sie möchten von einer „steckengebliebenen Reform" reden, die ihre gesellschaftliche Dynamik durch die Arbeitsmarkt- und Ausbildungskrise im Verlauf der 70er Jahre verloren habe. Dennoch heißt es: „Die Zielsetzungen der Schulreform sind bisher unabgegolten und uneingelöst, ohne daß sie an Berechtigung verloren haben." (30, 78)

Bei dem Blick in die Zukunft ist die Rede von der „Gewinnung einer neuen Orientierung" durch ein erneuertes Bildungsverständnis. Für letzteres werden fünf Merkmale genannt: 1. Gestaltbarkeit, 2. Durchschaubarkeit, 3. Sinnlichkeit, 4. Ganzheitlichkeit, 5. Solidarität (vgl. 30, 170f.). Die neue Orientierung gipfelt in der Forderung nach einer „Humanisierung des pädagogischen Umgangs" (30, 176).

Angesichts der diskutierten Abschaffung der Institution Schule stellt Liedke 1984 die historische Bedeutung der Schule für die Entwicklung von Kultur und Gesellschaft heraus. Mit den Wirkungen der anthropologisch begründeten Kulturtradition als einer tragenden Aufgabe der Schule begründet er deren Zukunft als humane Schule.

Vier Voraussetzungen für eine solche humane Schule spricht er an:

1. Das Bemühen um den Ausgleich zwischen den Interessen des Kindes und des Jugendlichen auf der einen und den Anforderungen der Gesellschaft auf der anderen Seite (vgl. 35, 16.17).

2. Die Lösung der Probleme der Wissenskumulation durch eine Verbesserung der Unterrichtsmethoden im Sinne des Erwerbs von strukturellem Wissen (vgl. 35, 18.19).

3. Den Altruismus, d.h. die verantwortliche Weitergabe – Tradition – von Kultur an die nächste Generation als Bedingung der Möglichkeit menschlicher Kultur und als Voraussetzung für die Zukunft der Gesellschaft überhaupt. Liedtke nennt diese Aufgabe den Maßstab für Formen und Inhalte des Unterrichts (vgl. 35, 22.23).

4. Das Offenhalten des Zukunftshorizontes von Kindern und jungen Menschen durch behutsamen Umgang mit den neu entstandenen Gefahren und Problemen. „Damit soll nicht einer von jeder Realität losgelösten, utopischen Hoffnung das Wort geredet werden. Aber es bedeutet, daß sich

die ältere Generation, insbesondere Eltern, Erzieher und Lehrer darum bemühen müssen, sich für die Chancen, die doch noch in der Zukunft liegen mögen, sensibel zu halten. Schließlich müssen sie auch bemüht sein, ohne tatsächliche Gefahren und Probleme zu verschweigen, besonders auf diese Zukunftschancen zu verweisen. Es gibt keinen Zweifel, die heranwachsende Generation muß die Gefahren kennen, durch welche sie und die gesamte Menschheit bedroht ist bzw. bedroht werden kann. Doch durch nichts wäre die Menschheit so bedroht wie durch eine Jugend ohne Hoffnung." (35, 25)

Die Schulreformdiskussion der 80er Jahre läuft auf zentrale Themen der inneren Schulreform hinaus. Gebündelt finden sie sich 1987 in Hentigs „Verschämter Rückkehr zur Pädagogik" unter dem Stichwort „Humanisierung". Als Bilanz der Schulreform in der BRD ergibt sich für ihn die Notwendigkeit einer „nüchternen, realistischen und auf den Auftrag der Schule gerichteten Wendung" (25, 87.7). Unter dem Aspekt der „Parteinahme für den Menschen" bedeutet „Veränderung von Schule" deren „Humanisierung" (25, 87.13.27), Hentig nennt dies einen neuen „Verfahrensvorschlag" zur „Veränderung von Schule" (25, 73). Priorität gewinnt die Würde des lernenden jungen Menschen sowie der übergangene Erzieher, Lehrer, Erwachsene in seinem „Dienst an der Menschenwürde" (25, 87.74.13.14). Für letztere formuliert und hierarchisiert er den gegebenen Doppelauftrag: „Pädagogik im Dienst der Menschenwürde" und „Pädagogik im Dienst des Überlebens des Funktionssystems". „Beide sind notwendig; beide sind miteinander verschränkt; aber beide sind gründlich verschieden – und vor allem: die erste immer der zweiten unterworfen und unterlegen." (25, 14) Angesichts der zweiten Forderung einer humanen Schule, „die die in ihr lebenden und lernenden Menschen achtet" (25, 74), richtet Hentig den Blick auf die entsprechende pädagogische Gestaltung der Lernbedingungen, deren folgende acht er in exemplarischer Weise benennt: Ermöglichung von

1. Lust an der Sache, 2. Konzentration und Durchhaltekraft, 3. exemplarischem Lernen; 4. gemeinsamen Grunderlebnissen, 5. Gemeinsinn und Solidarität, 6. Naturerfahrung und -bezug, 7. Friedenserfahrung, 8. Sinnfragen.

Zusammengefaßt bedeutet dies: „Die Schule muß ein Ort sein, an dem das Verhältnis von Risiko und Verantwortung erfahren werden kann." (25, 27) Die sich damit ergebende Reform charakterisiert Hentig als einen beständigen Kampf gegen die Un-Pädagogik" (25, 74).

Nach 30 Jahren Schulreformdiskussion tritt die von Lichtenstein 1957 skizzierte „Doppelgestalt der Schule" ans Licht, die einerseits der sozialen Dynamik folgen, andererseits eine Stätte des sozialen Gewissens und der selbständigen Verantwortlichkeit für junge Menschen sein muß (vgl. 34, 12).

Stand am Anfang dieses sogenannten „Jahrhunderts des Kindes" der Versuch einer radikalen anthropologischen Orientierung (49, 51), so weist sich die zweite Hälfte dieses Jahrhunderts durch einen Versuch radikaler soziologischer Orientierung in der Erziehung junger Menschen aus.

In ihren sozial-historischen Versuchen, „Funktionen und Strukturen von Bildungssystemen näher zu bestimmen", hatten Leschinski/Roeder 1976 die „personalistische Perspektive" – gemeint war der pädagogische Auftrag der Schule – trotz ihrer Berechtigung für unzureichend erklärt (33, 11).

Nach einer Zeit des Überwiegens gesellschaftlicher Funktionsanalysen des Schulsystems und Strukturanalysen des Unterrichts bis hin zu einem funktionalistischen Verständnis der Lehrerrolle (vgl. 3, 231) wird die Vernachlässigung der personalistischen Perspektive – ein anthropologisches Defizit – deutlich und zum Gegenstand neuerlicher Reform-Forderungen.

4. Analytischer Befund zur Hypothese

Die historische Analyse hat ein ganzes Bündel von Faktoren ans Licht gebracht, die die eingangs aufgestellte Hypothese bestätigen. Die Befunde werden nach Kontexten zusammengestellt. Ihre Zukunftsrelevanz soll – in Fragen gekleidet – jeweils abschließend eingebracht werden.

4.1 Kontext gesellschaftspolitischer Wandel

Ein langfristig wirkender Faktor ist der geschichtliche Prozeß der Demokratisierung aller Lebensverhältnisse. Reform-Motiv ist die Gestaltung einer entsprechenden und sozial gerechteren Schule, die sich durch soziale Integration und Chancengleichheit sowie optimale Förderung aller Schüler im Sinne einer einheitlichen Schule ausweist.

Reform-Motiv ist der politische Durchsetzungswille der einzelnen demokratischen Parteien und Interessengruppen. Die gegebene Pluralität inhaltlicher Vorstellungen führt zu Konsensbildungen, deren Ergebnis nur Reformkompromisse sein können.

Frage: Kann angesichts der plural verfaßten Gesellschaft die Einheitsschule die schulorganisatorische Antwort sein?

4.2 Kontext wissenschaftlich-technischer Wandel

Ein langfristig wirkender Faktor ist die Wissenskumulation. Die didaktische Bewältigung stetig anwachsender Wissensinhalte wird zum Dauermotiv innerer Schulreformen.

Die sich zunehmend technisch-rational gestaltenden Lebens- und Arbeitsbedingungen stellen neue Verhaltens- und Arbeitsanforderungen. Das sich so entwickelnde wissenschaftliche Welt- und Selbstverständnis führt zur Forderung von wissenschafts- und fortschrittsorientierter Schulreform.

Wissenschaftliche Erkenntnisse der sich abzeichnenden Grenzen des Fortschritts – Zerstörung menschlicher Lebensgrundlagen – werden zum Reform-Motiv für eine humanere Schule.

Frage: Kann angesichts des rasch wachsenden und ebenfalls rasch überholten Wissens die schon 1956 von Muchow (vgl. 40, 19) charakterisierte Aktualitätsorientierung die didaktische Antwort sein?

4.3 Kontext soziologischer Strukturwandel

Schulreform-Motive entspringen drei soziologischen Strukturbereichen: der sich wandelnden Familie, der sich ändernden Lebensumwelten und der Wandlungen der Berufs- und Arbeitswelt.

Ein Reform-Motiv entspringt dem Strukturwandel der Familie, der ein „erzieherisches Vakuum" mit sich bringt, durch das der Schule neue Erziehungsaufgaben zufallen. Gleichzeitig wird die Schule mit einem weiteren Erziehungsansinnen konfrontiert, das als Reformmotiv der Berufs- und Arbeitswelt entstammt, die aufgrund ihrer Wandlungen den „anpassungsfähigen und energischen, extrovertierten und zupackenden Aktivitätstyp" erwartet – wie Lichtenstein formuliert (34, 43).

Die mit kompensatorischen und funktionalistischen Erziehungserwartungen konfrontierte Schule hat gleichzeitig Schülern gerecht zu werden, die städtebaulich aufgrund neuer „sozialer Modellierungen" von wirtschaftlichen und kulturellen Zentren – sprich Schulstandorten – ihrerseits im Hinblick auf Raum und Zeit höchst mobil geworden sind und ein weiterer destabilisierender Faktor für die Familie werden.

Frage: Kann angesichts eines entstehenden „pädagogischen Vakuums" und neuem berufsgerechtem „Aktivitätstypus" das Erziehungsziel der Schule in kompensatorischer Erziehung sowie früher Funktionalisierung des Menschen bestehen, oder – wie Muchow formuliert – Schule ein „Auslieferungslager für hic et nunc zu gebrauchende Muster" sein?

4.4 Kontext kultur- und geistesgeschichtlicher Wandel

Kultur- und geistesgeschichtliche Reform-Motive entstehen vor dem Hintergrund von Verlusten und Bedrohungen des Menschen und der Menschheit. Ans Licht traten Geschichts- und Kulturverlust sowie Orientierungsunsicherheit. Hinzu kommen Grenzerfahrungen durch Bedrohung der inneren und äußeren Natur sowie der Zukunft.

Reform-Motiv ist das Phänomen einer gegebenen Identitätsdiffusion. In diesem Zusammenhang tritt als anthropologisches Reform-Motiv das Paradigma einer geforderten „neuen Identität" auf, die in der Einheit von Lebensgeschichte und Geschichte gründet und deren Realität der „wechselseitigen Aktivierung von ökonomischem, politischem und persönlichem Handeln" entspringt – wie Erikson formuliert (15, 84.88). Er fordert 1973 zu diesem Zwecke den Beginn eines Jahrhunderts des Erwachsenen, nachdem wir durch das des Kindes und der Jugend hindurchgegangen sind (vgl. 15, 137).

Frage: Kann vor dem Hintergrund von geschichtlicher und kultureller Wurzellosigkeit sowie von Orientierungsunsicherheit des „unbekannten Erwachsenen" das bestehende Lehrer-Schüler-Verhältnis noch verläßliche Orientierung und Hilfe für Schüler bieten?

4.5 Kontext anthropologisch-pädagogischer Wandel

Dieser Kontext weist ein Dauer-Reform-Motiv auf, das im Problem der Gleichzeitigkeit von zunehmender menschlicher Freisetzung und zunehmender Funktionalisierung und Mediatisierung des Menschen besteht. Humanitätsverlust ist das Phänomen anthropologischen Defizits, das sich in dem Verlust von Geschichte und Zukunft sowie von Kultur und Orientierungssicherheit konkretisiert.

Dem anthropologischen Reform-Motiv entspringt das pädagogische im Hinblick auf Forderungen nach innerer Schulreform. Schulpädagogik steht in der Dauergefahr einer Verselbständigung der Funktionen von Schule und Unterricht – Vorgänge, die immer wieder zum Verlust des Menschen führen.

Reform-Motiv ist die Bereinigung einer paradoxen pädagogischen Schulsituation, in der Mittel und Zweck verwechselt wurden. Reformen beziehen sich auf die Wiedergewinnung menschlicher Verluste durch die Gestaltung einer humanen Schule, der Humanisierung des Lernvorganges und seiner Bedingungen sowie der Humanisierung des pädagogischen Umgangs.

Frage: Kann am Ende einer hundertjährigen Schulreform, die durch den Wechsel von einer zunächst anthropologischen hin zu einer soziologischen Orientierung gekennzeichnet ist, das Pendel wiederum in die anthropologische Orientierung umschlagen, oder läßt sich vor dem Hintergrund der alten dialektischen Denkfigur von Geschichtsbewegungen eine Synthese finden, wie sie Spranger bereits 1944 formuliert hat – die der „soziale Humanität"?

5. Literaturverzeichnis

1. **Adelmann, J.:** Die Schule, eine Lebensstätte des Kindes. Ansbach 1953.
2. **Bechers, E./Richter, E.:** Kommentierte Bibliographie zur Reformpädagogik. St. Augustin 1979.
3. **Beckmann, H.-K.:** Unterrichten und beurteilen als Beruf. In: Klafki, W. u.a., Funkkolleg Erziehungswissenschaft 1. Frankfurt/Hamburg 1971, S. 215–256.
4. **Borchert, M./Kunstmann, K. (Hg.):** Schulen, die ganz anders sind. Frankfurt/M. 1979.
5. **Brinkmann, G. F. u.a. (Hg.):** Theorie der Schule. Schulmodelle. Kronberg 1974.
6. **Dies.:** Theorie der Schule. Schulmodelle 11: Gesamtschule und Alternativschulen. Königstein 1980.
7. **Bruns, I. u.a.:** Demokratie und Effizienz – Perspektiven der Schulreform. Bad Godesberg o.J.
8. **Bund-Länder-Kommission** für Bildungsplanung: Bildungsgesamtplan Bd. I/II. Stuttgart 1973.
9. **Chiout, H.:** Schulerneuerung in der Bundesrepublik. In: Handbuch für Lehrer Bd. 1. Gütersloh 1960.
10. **Deutscher Bildungsrat:** Empfehlungen der Bildungskommission. Strukturplan für das Bildungswesen. Stuttgart 1970.
11. **Dick, L.:** Alternativschulen. Hamburg 1979.
12. **Dietrich, T.:** Geschichte der Pädagogik. Bad Heilbrunn/Obb. ²1975.
13. **Dolch, I.:** Lehrplan des Abendlandes. Darmstadt (³1971) 1982.
14. **Duden-Lexikon** Bd. 1. Mannheim ³1967.
15. **Erikson, E. W.:** Dimensionen einer neuen Identität. Frankfurt/M.1975.
16. **Flitner, W.:** Modellversuch und der Ruf nach Modellschulen. In: Grund- und Zeitfragen der Erziehung und Bildung. Stuttgart 1951.
17. **Ders.:** Die vier Quellen des Volksschulgedankens. Hamburg 1949.
17a. **Gaudig, H.:** Freie geistige Schularbeit in Theorie und Praxis. Breslau ⁴1925.
18. **Gerchen u.a.:** Sammelband: Überfüllung der Berufe. Stettin 1889.
19. **Giese, G.:** Quellen zur deutschen Schulgeschichte seit 1800. Göttingen 1961.
20. **Grimme, A. (Hg.):** Wesen und Wege der Schulreform. Berlin 1930.
21. **Hamann, B.:** Geschichte des Schulwesens. Bad Heilbrunn/Obb. 1986.
22. **Heiss, A.:** Neue Zeit braucht neue Schule. München 1959.
23. **Hentig, A. von:** Aufwachsen in Vernunft. Stuttgart 1981.
24. **Ders.:** Cuernavaca oder: Alternativen zur Schule? München 1971.
25. **Ders.:** „Humanisierung" – eine verschämte Rückkehr zur Pädagogik? Augsburg 1987.
26. **Herrlitz, H. G. u.a.:** Deutsche Schulgeschichte 1800 bis zur Gegenwart. Königstein 1981.
27. **Kade, F.:** Schule im Werden. Bonn 1956.
28. **Kemper, H.:** Schultheorie als Schul- und Reformkritik. Bern 1983.
29. **Ders.:** Schultheorie und Schulreform. Königstein 1985.
29a. **Kerschensteiner, G.:** Der Begriff der Arbeitsschule. Leipzig – Berlin 1912.
30. **Klemm, K. u.a.:** Bildung für das Jahr 2000. Hamburg 1986.
31. **Lange, H.:** Schulbau und Schulverfassung der frühen Neuzeit. Weinheim – Berlin 1967.
32. **Lassahn, R./Stach, R.:** Geschichte der Schulversuche. Heidelberg 1979.
33. **Leschinsky, A./Roeder, P. M.:** Schule im historischen Prozeß. Stuttgart 1976.

34. **Lichtenstein, E.:** Die Schule im Wandel der Gesellschaft. Ratingen 1957.
35. **Liedtke, M.:** Warum Schule Schule gemacht hat. Erlangen 1984 (Erlanger Universitäts-Reden).
36. **Lietz, N.:** Schulreform durch Neugründung, besorgt von Rudolf Lassahn. Paderborn 1970.
37. **Lundgren, P.:** Sozialgeschichte der deutschen Schule im Überblick. Teil: 1818–1980. Göttingen 1980.
38. **Menze, C.:** Die Bildungsreform Wilhelm von Humboldts. Berlin 1975.
39. **Mievkes, H.:** Schulwirklichkeit und Menschwerdung. München 1956.
40. **Muchow, H. H.:** Die Schule ist tot ... Es lebe die Schule! Schleswig 1956.
41. **Neuner, I.:** Der Bund entschiedener Schulreformer 1919–1933. Bad Heilbrunn 1980.
42. **Nohl, C.:** Kritik des gesamten Schulwesens, zugleich ein neuer Schulorganismus. Leipzig 1880.
43. **Oppermann, D.** (Hg.): Gesellschaftsreform und Einheitsschulgedanken, Bd. 1. Frankfurt/M. 1982.
43a. **Otto, B.:** Geistiger Verkehr mit Schülern im Gesamtunterricht. Großenlichtenfelde 1907.
44. **Petersen, P.:** Innere Schulreform und neue Erziehung. Weimar 1925.
45. **Picht, G.:** Die deutsche Bildungskatastrophe. Freiburg i.Br. 1964.
46. **Ders.:** Die Verantwortung des Geistes. Freiburg i.Br. 1956.
47. **Reinhardt, K.:** Die Neugestaltung des deutschen Schulwesens. Leipzig ²1919.
48. **Robinson, S. B. u.a. (Hg.):** Schulreform im gesellschaftlichen Prozeß, Bd. 1. Stuttgart (1969) ²1972.
49. **Scheibe, W.:** Die reformpädagogische Bewegung 1900–1932. Weinheim – Basel 1978.
50. **Ders. (Hg.):** Zur Geschichte der Volksschule, Bd. II. Bad Heilbrunn 1974.
51. **Schelsky, H.:** Anpassung oder Widerstand? Heidelberg 1961.
52. **Schepp, H. H./Michael, B. (Hg.):** Politik und Schule von der Französischen Revolution bis zur Gegenwart. Frankfurt/M. 1973.
53. **Schmitz, K.:** Geschichte der Schule. Stuttgart – Berlin – Köln – Mainz 1980.
54. **Schwartz, E.:** Die Grundschule. Braunschweig 1969.
55. **Spranger, E.:** Zur Geschichte der deutschen Volksschule. Heidelberg 1949.
56. **Zentralinstitut für Erziehung Unterricht Berlin (Hg.):** Die deutsche Schulreform. Leipzig o.J.

B. Montessori-Pädagogik – soziale Humanität

I. Strukturveränderung der Erziehung Herausforderungen der 90er Jahre

1. Montessori-Pädagogik – ein bewährtes Modell

Seit der Eröffnung des ersten Kinderhauses durch Montessori im Jahre 1907 in Rom sind über achtzig Jahre vergangen. Schon im Jahre 1916 bezog sich Montessori auf Beobachtungen und Erfahrungen mit ihrer Pädagogik, die an vielen Kindern in vielen Völkern der Welt gemacht wurden (vgl. 11, 71). Eine statistische Umfrage im Jahre 1925 ergab, daß ihr erstes Buch „Die selbsttätige Erziehung im frühen Kindesalter" von 1907 in dreizehn Sprachen übersetzt worden war (21, 396).

Montessoris Pädagogik hat sich zum einen bewährt durch ihre internationale Breitenwirkung. Es gibt heute Montessori-Einrichtungen in allen Erdteilen. Sie hat sich aber auch im geschichtlichen Zeitraum von inzwischen über achtzig Jahren durchgehalten und bewährt. Ein Blick in die deutsche Bildungsgeschichte zeigt, daß immer dann auf sie zurückgegriffen wurde, wenn Stagnationen eintraten, so in den 40er/50er und den 70er/80er Jahren.

Die Aktualität der Montessori-Pädagogik scheint damit zusammenzuhängen, daß in einer sehr konsequenten Weise die Hilfe zum menschlichen Werden unter den Bedingungen menschlichen Fortschritts und menschlichen Zusammenlebens bedacht wird. Daraus ergibt sich der Ansatz beziehungsweise die Orientierung dieser Pädagogik.

1.1 Anthropologische und sozialkulturelle Orientierung

Anthropologisch gesehen hat Montessori die Freiheit und Würde des Menschen auch im Kinde in einer sehr radikalen Weise ernst genommen. Sie hält ihren diesbezüglichen Kritikern 1916 entgegen, daß tatsächlich die

Freiheit des Menschen – also auch des kindlichen Menschen – die Grundlage ihrer Erziehung bilde (vgl. 11, 12). Eine ihrer erzieherischen Grundforderungen ist „die Achtung, die wir der geistigen Freiheit des Kindes schulden" (11, 311). Dies bedeutet, das Kind zum selbständigen Handeln zu befähigen (vgl. 6, 58). Prinzip für den Erziehungsprozeß ist ihr die Bitte eines Kindes: „Lehre mich, allein zu handeln". (6, 51)

Montessoris Erziehungsüberlegungen orientieren sich aber auch an der sozialkulturellen Zeitsituation der Menschheit. 1951 heißt es rückblickend:

„Niemals hat die menschliche Gesellschaft unter derartigen Bedrohungen gelebt wie in der gegenwärtigen Zeit. Deshalb ist ein Appell, der darauf abzielt zu betrachten, was Freiheit und menschliche Würde wirklich sind, von großer Aktualität. Während meines ganzen Lebens habe ich die Notwendigkeit der Freiheit der Wahl, der Selbständigkeit des Denkens und der menschlichen Würde proklamiert." (15, 122)

Die Bedrohung der menschlichen Gesellschaft entsteht durch das „gestörte Gleichgewicht zwischen dem Menschen und der Umgebung" (4, 25). Angesichts dieser Situation gilt es, die Freiheit und Würde des Menschen im Kind in Obhut zu nehmen durch eine Erziehung, die konkrete Bedingungen zum Selbstaufbau der kindlichen Freiheit schafft. Nur so kann auch das Kind in gesellschaftlicher Hinsicht als Mensch und als Bürger behandelt werden, der seine eigene Würde und das Recht auf Leben und Schutz hat (vgl. 6, 116).

Als Zeitaufgabe entsteht die Forderung, den verantwortlichen Menschen vorzubereiten, denn „mit seinem Eintritt in die Welt muß der Mensch vor allem seine gesellschaftliche Verantwortung verspüren. Sonst werden wir nicht nur Menschen ohne Kopf und ohne Hände haben, nicht nur Egoisten, sondern Menschen ohne Gewissen, Menschen, die als Individuen einer Gesellschaft nicht verantwortungsfähig sind. ... Es ist daher notwendig, den verantwortlichen Menschen vorzubereiten." (6, 64)

Die Notwendigkeit der Vorbereitung des verantwortlichen Menschen ergibt sich für Montessori aus ihren sozial- und kulturkritischen Analysen. Angesichts der großen äußeren Fortschritte hat die Menschheit selbst keine inneren Fortschritte gemacht (vgl. 6, 81). Der Mensch ist der von ihm geschaffenen Umgebung – verstanden als Kultur oder Fortschritt – nicht gewachsen. Sein innerer Entwicklungsrückstand ist zu einem sozialkulturellen Problem ersten Ranges geworden (vgl. 4, 22).

„Der Mensch ist psychologisch unverändert geblieben, in seinem Charakter und in seiner Mentalität, und begreift nicht die Bestimmung und die Verantwortung, die ihm aus den äußeren Mitteln erwachsen, über die er verfügt. Das heißt, der Mensch hat im Verhältnis zur äußeren Umwelt keinen Fortschritt gemacht, und so bleibt er unentschlossen und furchtsam, ja sogar verängstigt und bereit zur blinden Unterwerfung, ... weil er sich von der Supra-Welt, in der er lebt, überwältigt fühlt." (6, 30)

Montessori bezeichnet diese Situation als das gemeinsame Schicksal der Menschheit in allen Nationen. Es kann nach ihrer Vorstellung nur gewendet werden, indem bei den Kindern begonnen wird. Dazu aber ist eine „Strukturveränderung der Erziehung" erforderlich (6, 30), die dem Menschen hilft, „sein inneres Gleichgewicht, seine seelische Gesundheit und sein Orientierungsvermögen unter den gegenwärtigen Umständen in der äußeren Welt" und damit das Bewußtsein „seines wirklichen Platzes in der Geschichte" wiederzuerlangen und zu bewahren (4, 21).

Die Notwendigkeit einer „Strukturveränderung der Erziehung" begründet Montessori aus der ersichtlichen Menschheitsaufgabe, die geschilderten menschlichen Verluste aufzuarbeiten und weiteren Verlusten entgegenzuwirken. Hier liegt der Grund für die Aktualität, die Bewährung ihrer Pädagogik, die als Modell einer „Strukturveränderung in der Erziehung" betrachtet werden kann.

1.2 Montessori-Pädagogik – „Strukturveränderung der Erziehung"

In dieser „Strukturveränderung der Erziehung" geht es vorrangig darum, die „Bedingungen der Freiheit" im Erziehungsprozeß einzurichten. Das erste Vorrecht ist die „freie Wahl", das zweite Vorrecht ist der Anspruch auf den „Aufbau einer geeigneten Umgebung und eine neue Haltung des Erwachsenen" gegenüber „dem jungen Teil der Menschheit" (6, 120.110). Beide Vorrechte gründen in der Forderung nach Aufwertung des jungen Menschen.

1.2.1 Anthropologisches Prinzip der Strukturveränderung
Der junge Mensch – Angelpunkt eigener Erziehung

Abgrenzend zu anderen Erziehungsvorstellungen sagt Montessori, „daß das Kind selbst den Angelpunkt seiner eigenen Erziehung bilden muß" – genauer: „Die Seele des Kindes ... im psychischen Vorgang des Erlernens" (6, 126). Angelpunkt ist der psychische Vorgang der „Aneignung der Bildung" – nach der italienischen Übersetzung der Aneignung der „Kultur" – durch den jungen Menschen selbst (4, 54).

„‚Kultur' ist die natürliche Folge der ersten Bemühungen des Menschen, sich in ein intelligentes Verhältnis zur Welt zu setzen". (1, 112)

In diesem Denken von Kulturerwerb geht es um die Aneignung der vorgefundenen Kultur und um das Schaffen von Kultur durch den intelligenten Umgang mit der Welt. Die psychischen Lernvorgänge selbst erweisen sich als Kreationsvorgänge, insbesondere im Hinblick auf die „Selbst-Schöpfung" oder den Selbstaufbau des jungen Menschen. Die Erziehung muß

44

dazu die „verborgenen Antriebe aufwerten, die den Menschen bei der Konstruktion seiner selbst leiten." (6, 71) Daraufhin muß der junge Mensch qua Erziehung freigegeben werden. Diese Freigabe besteht in der gebotenen „Möglichkeit für jedes Individuum, unabhängig zu handeln." (6, 94)

Das Unabhängigkeits- und Selbständigkeitsstreben des Kindes zur freien Persönlichkeit muß respektiert, geachtet werden, da die schöpferische Aufgabe des jungen Menschen darin besteht, „selbst eine sittliche Persönlichkeit zu bilden". (5, 9) Erziehung bedeutet, von Geburt an einer Persönlichkeit zur Entwicklung zu verhelfen, „deren innere Freiheit zur freien sittlichen Tat führt." (5, 17.25) Zur freien sittlichen Tat gehört aber die Übernahme von Verantwortung für die aus dem intelligenten Umgang mit der Welt erworbene und geschaffene Kultur, die Montessori häufig als Umwelt oder „Supra-Natur" bezeichnet (vgl. 6, 38.44f.59.65).

1.2.2 Pädagogisches Prinzip der Strukturveränderung
Vorrecht der „freien Wahl" – Freie Arbeit

Angelpunkt oder Mitte des Selbst-Aufbaus der freien Persönlichkeit ist die „freie Arbeit, die den natürlichen Bedürfnissen des inneren Lebens entspricht". (11, 107)

Unter „Freier Arbeit" oder „Freier Wahl" versteht Montessori den „psychischen Vorgang des Erlernens durch das Kind", seine Selbsttätigkeit. Es handelt sich um das bekannte Montessori-Phänomen der Polarisation der Aufmerksamkeit, die auch als „geistige Arbeit in ihrer Realität" bezeichnet wird (11, 197).

1.2.2.1 Freie Wahl – Polarisation der Aufmerksamkeit
Die Polarisation der Aufmerksamkeit ist jenes Phänomen, das Montessori 1907 im Kinderhaus von San Lorenzo entdeckt hatte. Ein dreijähriges Mädchen beschäftigte sich so intensiv und voller Sammlung mit den Einsatzzylindern, daß es gegenüber gezielten Störversuchen unablenkbar blieb. Montessoris Entdeckung bestand in der beobachteten Tatsache, daß auch kleine Kinder ihre Aufmerksamkeit über einen längeren Zeitraum konzentrieren können, dazu aber auf äußere Gegenstände angewiesen sind. Diese müssen die Kraft haben, zu konzentrieren, d.h. dem Kind „als Werkzeug seiner Sammlung zu dienen" (2, 77).

Die Polarisation der Aufmerksamkeit ist der Vorgang der Fesselung oder freiwilligen Bindung der Aufmerksamkeit an einen Gegenstand oder eine Sache, die den jeweiligen Sensibilitäten (erhöhten Lernbereitschaften) des jungen Menschen entspricht.

Montessori betont nachdrücklich, daß die große Macht kindlicher Konzentration hervorgebracht wird durch eine Aktivität mit den Händen unter

Führung der Intelligenz. Hier erschließt sich die Bedeutung der kindlichen Arbeit als ein „Experimentieren mit Umwelterfahrungen". Dieses Experimentieren geschieht durch den handelnden Umgang mit einem selbstgewählten Gegenstand, der seinerseits die Kraft besitzt, des Kindes Kräfte einzusammeln und sie dauerhaft und wirksam zu binden – zu polarisieren.

Wichtig in diesem Konzentrationsvorgang ist die „Tatsache, daß die Seele im Inneren auf einen Anreiz reagiert und verweilt" (11, 89). Dadurch werden die erkennbare Sammlung, Versunkenheit und Unablenkbarkeit herbeigeführt. Die Intelligenz entwickelt sich und ebenso die Fähigkeit zur Ausdauer und Geduld in der Tätigkeit (vgl. 11, 84).

Montessori bezeichnet den geschilderten Vorgang als freie Arbeit, freie intellektuelle Arbeit oder freie Wahl. Ihr Erziehungskonzept ist von diesem Zentrum – der freien Arbeit des Kindes in der Polarisation der Aufmerksamkeit – her entwickelt. Es ging ihr darum, geeignete Bedingungen (Gegenstände und Erzieherverhalten) für das Auftreten des Phänomens der Polarisation der Aufmerksamkeit zu finden. Die Polarisation der Aufmerksamkeit erweist sich als ein zentrales Strukturprinzip, das Tielkes 1991 sehr differenziert analysiert und interpretiert hat (vgl. 21, 17 ff.).

1.2.2.2 Polarisation der Aufmerksamkeit – Arbeitszyklus
In den Beobachtungen und Auswertungen des in aller Welt bei Kindern auftretenden Phänomens ließen sich Arbeits- oder Aktivitätszyklen erkennen. Die Verlaufsstruktur der Polarisation der Aufmerksamkeit zeigt eine Dreiphasigkeit.

(1) Phase der Einübung – Einleitende Arbeit
Sie ist der Auftakt des Aktivitätszyklus (vgl. 2, 76; 11, 102) und die Phase des kindlichen Suchens und Wählens interessanter Gegenstände. In ihr muß das Kind zu einer Entscheidung kommen, welchem der vielen Gegenstände es seine Aufmerksamkeit widmen will.

„Es sind Dinge verschiedener Art, welche Kinder verschiedenen Alters ansprechen. Der Glanz, die Farben, die Schönheit lustiger und verzierter Dinge (sind) ‚Stimmen', welche die Aufmerksamkeit des Kindes auf sich ziehen." (10, 95)

Montessori bringt ein Beispiel für den Bereich der Übungen des praktischen Lebens im Kinderhaus (drei- bis sechsjährige Kinder). „Die Staubtücher haben hübsche Farben. Die Besen sind bunt bemalt und die kleinen runden Bürsten sind ebenso anziehend wie die kleinen runden oder rechteckigen Seifenstückchen. Es ist, als ob sie dem Kind zurufen würden: ‚Komm rühr' mich an, benutze mich'." (2, 59)

Dieses Beispiel macht bereits deutlich, daß viele Stimmen der Dinge gleichzeitig auf das im Wählen begriffene Kind „einreden". Das Kind ist in dieser ersten Phase des Suchens und Wählens erregt. Es experimentiert vielleicht mit einer gewählten Sache, gibt sie dann aber bald wieder auf, nimmt eine andere. Montessori verweist darauf, daß am Ende dieser einübenden Phase eine scheinbare Ermüdung auftreten kann, die auch als solche verstanden und bewertet werden muß.

Insgesamt ist die Phase der einleitenden Arbeit von hoher Bedeutung für die Entwicklung grundlegender Willensqualitäten, die für freie Handlungsweisen benötigt werden. Das Kind macht Erfahrungen hinsichtlich seiner Unabhängigkeit und Freiheit – wählen und entscheiden dürfen verbindet sich mit der Erfahrung, wählen und entscheiden zu müssen, damit die Handlung weitergehen kann (vgl. 17, 62).

(2) Phase der großen Arbeit
Das Kind gibt sich der Arbeit hin, versunken und losgelöst von Zeit und Raum bis zur spontanen Erschöpfung der Anstrengung (vgl. 2, 77; 11, 102).

Merkmale der Konzentration sind (1) die psychische Reaktion auf einen gewählten Gegenstand, (2) das Verweilen und Verharren darin und (3) die Wiederholung der Handlungen, die sich aus dem Umgang mit dem Gegenstand ergeben (vgl. 17, 64).

Charakteristisch für diese Konzentration ist das „Phänomen der dauernden Bindung der Aufmerksamkeit an eine Arbeit" (11, 105). In diesem Vorgang der Selbstunterrichtung arbeitet der junge Mensch neben der Aneignung von Kultur und Wissen den „beständigen charakterstarken Menschen heraus" (11, 170). Klarheit der Gedanken, Übung (Gewohnheit) in Wahl und Entscheidungen, Beständigkeit in der Arbeit, schrittweise Herr über die eigenen Handlungen werden, „das sind die wertvollen kleinen Steine, aus denen sich das starke Bauwerk der Persönlichkeit aufbaut." (11, 174)

(3) Phase der Ruhe – Periode der Entdeckungen
Montessori spricht von einer „gedankenvollen Pause" als einer „kontemplativen Periode" der inneren Arbeit, der Assimilation, d.h. der Verarbeitung und Verwertung neuen Wissens (11, 102).

Das Kind studiert sich in seinen eigenen Werken. Es setzt sich in Beziehung zu seinen Gefährten und vergleicht sich mit ihnen. Es wird sozial aufgeschlossener und respektiert die Arbeiten anderer (vgl. 18, 179).

Beobachtbar auftretende Phänomene sind Freude, Ruhe, Heiterkeit und Ausgeglichenheit der Kinder sowie die Potenzierung kindlicher Energien.

„Je mehr sich die Konzentrationsfähigkeit entwickelt, je öfter diese ruhige Versenkung in die Arbeit erfolgt, desto deutlicher wird ein neues Phänomen: die Disziplin der Kinder." (2, 80)

In der Disziplin äußert sich die wachsende Fähigkeit der Kinder, über ihre eigenen Handlungen verfügen zu können. Die innere Disziplin nennt Montessori die „Kehrseite" der Freiheit.

Für den Entwicklungs- und Bildungsfortschritt ist es notwendig, daß jeder Aktivitätszyklus vollendet wird, damit die genannten Bildungswirkungen sich einstellen können. Er darf also nicht unter- oder abgebrochen werden. Hinzu tritt die Forderung, „daß täglich eine wirkliche Arbeit vollbracht wird" (11, 104). – Diese Forderung hat weitreichende Konsequenzen für die Gestaltung von Schule und Unterricht (vgl. 17, 68–70).

Selbständiger Erwerb von Kultur und Wissen sowie selbständiger Umgang mit Kultur und Wissen sind Voraussetzungen für den Erwerb von Verantwortungsfähigkeit, in der es vor allem um die selbständige Anwendung des Wissens im Handeln geht. Die Zielperspektive in der Persönlichkeitsbildung des jungen Menschen ist eine doppelte: „Herr einer Kultur" und „Meister seiner selbst" zu werden (vgl. 11, 185; 5, 23).

1.2.3 Didaktisch-methodische Prinzipien der Strukturveränderung
Vorbereitete Umgebung und neuer Erwachsener

Montessori spricht von der Verteilung des Erziehungswerkes auf die Umgebung und den Erzieher (vgl. 11, 166). Sie beabsichtigt damit eine Relativierung der Aktivität des Erziehers zugunsten der kindlichen Aktivität.

1.2.3.1 Altersgemäße didaktische Umgebung

„Das Kind begreift durch eigene Aktivität, indem es die Kultur aus seiner Umgebung und nicht vom Lehrer übernimmt." (4, 55)

Diese von Montessori beobachtete Tatsache macht die methodische Präsentation von Kultur als Angebot für junge Menschen erforderlich. Sie versteht – wie erwähnt – Kultur „als natürliche Folge der ersten Bemühungen des Menschen, sich in ein intelligentes Verhältnis zur Welt zu setzen." (1, 112) Zu den frühen Bemühungen des Kindes um „Kultur" gehört z.B. die Ordnung der Bewegungen, ein erstes Kennenlernen der Umgebung, sowie die Ordnung und Abklärung der frühen Erfahrungen der kindlichen Sinne mit Hilfe von Worten oder Zahlen, Schreiben, Lesen und Rechnen (vgl. 1, 112).

Für diesen Kulturerwerb durch das Kind hat der Erzieher eine Umgebung von konkreten Angeboten didaktisch aufbereiteter Hilfsmittel zu schaffen, die auf den „Stand der Kultur" zu führen vermögen (1, 112).

Inhaltlich gehören dazu:
- Angebote für Übungen des praktischen Lebens und der Bewegung. Dies sind insbesondere „Kultivierungsübungen" zur 1) Pflege der eigenen Person, 2) Pflege des Umgangs mit anderen Personen und 3) Pflege der Umgebung (vgl. 16, 34)

- Entwicklungsmaterial zur Pflege, d.h. Ausbildung und Verfeinerung der Sinne
- Materialsysteme zum Erwerb sogenannter Kulturtechniken, des Schreibens, Lesens und Rechnens (Alphabet und Zahlen)
- Material für Biologie, Erdkunde, Geschichte und Naturgeschichte etc.
- Material für musische Aktivitäten (vgl. 18, 98–114)
- Angebote für soziale und moralische Erfahrungen, Freiheit der Kooperation, Mischung der Lebensalter, Erfahrungsschule des sozialen Lebens (vgl. 18, 150–160).

Die vorbereitete Umgebung nennt Montessori ein „der freien Aktivität des Kindes offenes Feld", das ihm erlaubt, „sich zu bewegen und herauszubilden wie ein Mensch". (11, 144)

1.2.3.2 Altersgemäße schulische Umgebung

Montessori spricht global von der „Umgebung Schule" als Ort des Zusammenlebens und -arbeitens junger Menschen, einem Ort, an dem sich ihr sozialer und moralischer Sinn entwickeln kann. Sie bezeichnet diese „Umgebung" auch als eine „neue Art Schule" für den zeitigen und selbständigen Erwerb der Kultur durch Kinder und Jugendliche (1, 112).

Kontinuität ist das anthropologische Organisationsprinzip für Bildungsinstitutionen, deren Aufgabe darin besteht, „dem Menschen in den aufeinanderfolgenden Entwicklungsabschnitten Beistand zu leisten". (4, 18) Kontinuität meint einen Unterricht ohne institutionelle Unterbrechung, wie z.B. von Vorschule zur Schule.

Das zentrale Organisationsprinzip für die Umgebung Schule ist die Möglichkeit zu freier Arbeit, die Wirkungen auf den unterrichtlichen Rhythmus der Schule und deren Einteilung von Unterrichtszeiten hat.

Ein weiteres Organisationsprinzip ist die Kooperation der Kinder, die begünstigt wird durch die „Mischung der Lebensalter", d.h. eine Zusammenfassung von jeweils drei Altersjahrgängen zu einer Gruppe. Diese Gruppen müssen frei miteinander verkehren können durch das Prinzip der „offenen Türen" und der „Freien Zirkulation" (9, 76–88).

Durch die schulstrukturell ermöglichten Kooperationen der Kinder erfährt das einzelne Kind sehr früh, daß seine Freiheit dort ihre Grenzen hat, wo die Freiheit der anderen, der Gemeinschaft, beginnt (11, 165).

„In den freien Beziehungen, in der wirklichen Übung, die Grenzen eines Jeden an die Grenzen der Anderen anzupassen, können sich die sozialen ‚Gewohnheiten' herausbilden." (11, 164.165) Die soziale Dimension der Sittlichkeit – soziale Rücksicht und soziale Verantwortung – bildet sich auf diese Weise aus.

1.2.3.3 Neuer Erwachsener

Dem erziehenden Erwachsenen fällt die Aufgabe zu, junge Menschen im Aufbau ihrer Freiheit und in ihrer Aneignung von Kultur zu leiten (vgl. 1, 75). Dies muß in einer Weise geschehen, in der die Eigeninitiative der Kinder und Jugendlichen respektiert und verantwortet wird. „Nicht wer Sinn für große Autorität hat, sondern wer Sinn für große Verantwortlichkeit hat, ist Führer." (12, 236) Die zu erwerbende neue Haltung des Erwachsenen bzw. Erziehenden wird also mit Verantwortlichkeit umschrieben.

Folgende Aufgaben verantwortlicher Leitung und Führung ergeben sich:

(1) Selbstvorbereitung des Erziehers

Es geht dabei um die innere Ausrichtung auf eine positive Sicht der Kinder. Hinzu kommt die gedankliche Abklärung der Arbeit, die ihn erwartet im Verhältnis zu den Aufgaben, die der vorbereiteten Umgebung vorbehalten sind in der freien Arbeit der Lernenden (vgl. 19, 67).

(2) Vorbereitung der Umgebung

Grundlegend ist die Kenntnis von Übungen und Materialien sowie die Ordnung und Pflege der vorbereiteten Umgebung. Hinzu kommt die Überwachung der kindlichen Arbeit und die Unterweisung durch erforderlich werdende Lektionen (vgl. 19, 67–74).

(3) Gewährung von Entwicklungsfreiheit

Gemeint ist die Freigabe des jungen Menschen zur freien Arbeit, die folgende Freiheiten beinhaltet:
– Freiheit der Bewegung in der vorbereiteten Umgebung
– Freiheit des Interesses und der Wahl der Gegenstände
– Freiheit der Zeit, d.h. der Dauer von Konzentrationsvorgängen
– Freiheit der Kooperation der Schüler
– Freiheit der Wahl des Bildungsniveaus, d.h. freie Zuordnung zu Lerngruppen verschiedenen Alters. (vgl. 19, 72–82; 20, 11)

(4) Teilnehmende Beobachtung

Sie gehört zu den Grundqualifikationen und Grundaufgaben des Erziehers. In der teilnehmenden Beobachtung liegt nach Montessori der „Kristallisationspunkt" für die Veränderung der Personalität des Erziehers (19, 83–87).

Ein solcher Erzieher sollte verantwortungsfähig, sein, d.h. „in Freiheit und Selbstdisziplin Willen und Urteil gebrauchen" können, unabhängig von Vorurteilen und Furcht (13, 37).

2. Montessori-Pädagogik und die Perspektiven für die 90er Jahre

Eine Analyse der Schulreform in Deutschland im Zeitraum von 1890–1990 brachte reformauslösende Ursachen ans Licht, die Herausforderungen an die Erziehung darstellen. (Vgl. Kapitel A.4)

2.1 Ergebnisse der Reform-Analyse und ihre Herausforderungen

Die Befunde werden verkürzt und vereinfacht wiedergegeben und auf erziehungsrelevante Aufgaben hin befragt.

2.1.1 Gesellschaftspolitischer Wandel

Ein langfristiges Reformmotiv ist die Demokratisierung aller Lebensbereiche, in der es um die Verwirklichung menschlicher Freiheit in sozialer Verantwortung geht. Daraus ergibt sich das Reformbedürfnis nach einer sozial gerechteren Schule durch soziale Integration, Chancengleichheit und optimale Förderung. Reformproblem ist die plural verfaßte Gesellschaft, in der es durch die Notwendigkeit von Konsensbildungen der Interessengruppen nur zu Reformkompromissen kommen kann.

2.1.2 Wissenschaftlich-technischer Wandel

Das stetig anwachsende Wissen – die Wissenskumulation – und seine didaktische Bewältigung ist zu einem Dauer-Reformmotiv geworden.

Hinzu kommen die neuen Verhaltens- und Arbeitsanforderungen, die sich aus dem technisch-rationalen Wandel in fast allen Lebens- und Arbeitsbereichen ergeben.

Als Herausforderung besteht weiterhin die didaktische Bewältigung des Wissens verbunden mit der Erschließung dieses Wissens für ein neues Bewußtsein und Verhalten des Menschen.

2.1.3 Soziologischer Wandel

Schul- und bildungsrelevante Reformmotive entspringen drei soziologischen Bereichen: Familie, Berufs- und Arbeitswelt, Lebensumwelt.

2.1.3.1 Der Strukturwandel der Familie hat zu einem „erzieherischen Vakuum" geführt. Vorschulische und schulische Erziehung stehen vor der Herausforderung, Aufgaben einer „kompensatorischen Erziehung" wahrzunehmen, die in der Familie Versäumtes nachzuholen hat.

2.1.3.2 Die Wandlungen in der Berufs- und Arbeitswelt stellen Anforderungen an die Bildung im Sinne einer größeren Flexibilität. Die Schule wird mit der „funktionalistischen Erwartung" konfrontiert, den „anpassungsfähigen Aktivitätstypus" vorzubereiten.

2.1.3.3 Schule und Familie haben es mit jungen Menschen zu tun, die durch neue „soziale Modellierungen" – z.B. durch neu geschaffene Schulstandorte – in Zeit und Raum höchst mobil geworden sind. „Veränderte Kindheit" ist ein Stichwort.

Für die Familie entsteht die Notwendigkeit einer Besinnung auf die ihr zukommende Erziehungsverantwortung und deren Tragweite hinsichtlich ihrer Aufgaben.

Die Herausforderung an Vorschule und Schule besteht in der Besinnung auf den eigentlichen Auftrag, damit sie nicht zu „Auslieferungslagern" für jeweils benötigte „Verhaltensmuster" werden.

2.1.4 Kultur- und geistesgeschichtlicher Wandel

Die genannten Reformgründe treten unter diesem Gesichtspunkt verschärft ans Licht. Verluste und Bedrohungen des Menschen und der Menschheit zeigen sich im Geschichts- und Kulturverlust sowie in zunehmender Orientierungsunsicherheit. Hinzu kommen Grenzerfahrungen durch Bedrohung der äußeren und inneren Natur sowie der Zukunft.

Eine humane Reformnotwendigkeit ergibt sich aus der entstandenen Identitätsdiffusion der Erwachsenen, d.h. der inneren Zerrissenheit ihrer Persönlichkeit. Diese wird zum Problem im pädagogischen Umgang mit jungen Menschen. Die entstehende Herausforderung wendet sich zum einen an die erwachsene Generation selbst, zum anderen an ihre Verantwortung für die heranwachsende Generation.

2.1.5 Anthropologisch-pädagogischer Wandel

Reformmotiv ist die Wiedergewinnung entstandener menschlicher Verluste in dreifacher Hinsicht. Die Wiedergewinnung von Humanität in der Erziehung und durch Erziehung fordert dreierlei: 1. die Humanisierung des Lernvorganges, 2. die Humanisierung der Lernbedingungen, 3. die Humanisierung des pädagogischen Umgangs.

Die Wiedergewinnung von Menschlichkeit sollte zum eigentlichen Auftrag der Schule gehören. Sie ist eine Herausforderung ersten Ranges an Erziehung und Unterricht und an ihre Institutionen.

2.2 Montessori-Pädagogik und die Bewältigung der Herausforderungen

Die skizzierten Herausforderungen lassen sich auf drei Aufgabenkreise zurückführen, mit deren Bewältigung sich Montessori im Verlaufe ihres Wirkens auseinandergesetzt hat: 1) die Gewinnung menschlicher Freiheit durch Wahrnehmung von Rechten und Pflichten im Sinne sozialer Verantwortung; 2) die Wiedergewinnung entstandener menschlicher Verluste unter den veränderten Bedingungen; 3) die Humanisierung des Bildungsprozesses durch das Medium der Selbstbildung.

2.2.1 Gewinnung menschlicher Freiheit – soziale Verantwortung

Montessori hat den Aufbau menschlicher Freiheit zum Grundprinzip ihrer Pädagogik gemacht. In der menschlichen Entwicklung vollzieht sich dieser Aufbau durch den Erwerb einer individuellen Freiheit hin zu ihrer Aktivierung im sozialen Leben.

„Die Freiheit ist die Basis von allem und der erste Schritt ist getan, wenn das Individuum ohne Hilfe anderer handeln kann mit dem Bewußtsein, eine lebendige Einheit zu sein. ... Das Hauptproblem liegt also darin, dem Kind zu helfen, seine freie Individualität in allen individuellen Funktionen zu entwickeln und jene Entwicklung der Persönlichkeit zu fördern, die die gesellschaftliche Organisation verwirklicht." (6, 52.54)

Freiheit als soziale Verantwortung bedarf der Kultivierung „neuer Gefühle der Menschlichkeit" im Miteinander (13, 26). Diese bestehen zum großen Teil „aus der Sympathie unseren Mitmenschen gegenüber ... und aus einem Gefühl für Gerechtigkeit" (11, 305).

Gerade für den Entwicklungszeitraum ab zwölf Jahren hält Montessori es für erforderlich, ein Gefühl für soziales Zusammenleben und -arbeiten zu entwickeln, „um unter den Menschen mehr Verständnis und daraus folgend mehr Liebe" herbeizuführen, „menschliches Verstehen" und „Solidarität" (8, 92.93).

Die Kultivierung neuer Gefühle der Menschlichkeit auch in der sozialen Organisation findet einen Angelpunkt in der Willensqualität der Beständigkeit. Montessori nennt diese Eigenschaft Charakter, in dem sich die fortdauernde Einheit der inneren Personalität ausdrückt. Wir sprechen heute von Identität. „Die Beständigkeit bezieht das Gefühl, die Gedankenrichtung, die gesamte Persönlichkeit des Individuums ein. Ein Mensch von Charakter ist ein beständiger Mensch; es ist der Mensch, der seinem Wort, seinen Überzeugungen und seinen Gefühlen treu bleibt." (11, 169) Beständigkeit in Worten, Überzeugungen und Gefühlen gilt Montessori als Ausdruck von Treue, in der Verantwortung – auch soziale Verantwortung – zum Vorschein kommt. Sie entspringt jenen „Willensakten par excellence" – den Entscheidungen –, die immer das Ergebnis einer Wahl sind (11, 170).

Von ihrer Pädagogik, der das Prinzip Freiheit zugrundeliegt, sagt Montessori: „Die freie Wahl war das erste der Vorrechte in meinem Erziehungskonzept. ... Die Freiheit der Wahl führt zur Würde des Menschen." (15, 122)

2.2.2 Wiedergewinnung menschlicher Verluste unter veränderten Bedingungen

Was sich in der historischen Reformanalyse als Geschichts- und Kulturverlust sowie als Orientierungsunsicherheit des Menschen in der Gegenwart und gegenüber der Zukunft zeigte, liest sich bei Montessori 1937 so:

„Der Mensch steht der Beeinflussung sowohl durch die Umgebung wie durch die Menschen machtlos und schwach gegenüber, unfähig einer sicheren Kritik und ohne Einheit seiner Persönlichkeit". (6, 81)

2.2.2.1 Zustandsbeschreibung des „anomalen" Menschen

Montessori benennt ein aktuelles Problem: „Heute finden wir alle Gefallen daran, etwas anomal zu sein ... heute ist der Mensch dazu bereit, im Geheimen auf alles zu verzichten, auf sein Gewissen, auf seine Prinzipien; er ist bereit, seine zivilisierte Menschlichkeit aufzugeben, nur um leben zu können." (6, 81.83)

Der beschriebene Verlust zivilisierter oder kultivierter Menschlichkeit manifestiert sich in der Bereitschaft zur Preisgabe des Gewissens, d.h. der Verantwortung. Dies bedeutet, daß der Mensch permanent die Spannung zwischen seinem Kulturschaffen und seiner Verantwortung gegenüber dieser von ihm geschaffenen Kultur verschärft.

Einseitig schuf der Mensch eine „Supra-Natur, ... und indem er dies tat, vergaß er sich selbst. Heute ist er nicht ‚gerüstet‘, die aus seiner ‚Supra-Natur‘ bestehende Umgebung zu beherrschen, welche er selbst auf der Erde geschaffen hat. Er hängt blind und unbewußt ab von den Umständen, die er sich selbst bereitet hat, als er sich seiner Aufgabe auf der Erde nicht bewußt war. Die Menschen achten nicht auf die Menschheit. Ihr Werden wurde vernachlässigt und dem Zufall überlassen und blieb so in der Entwicklung niedriger im Vergleich zu der Umgebung, in welcher der Mensch lebt. Er ist orientierungslos und besitzt keine Kontrolle über seine eigene Schöpfung." (13, 25)

Die Intelligenz des Menschen ist dabei gewachsen, aber es fehlt an den entsprechenden Gefühlen der Freiheit und Verantwortung gegenüber den Produkten dieser Intelligenz. (vgl. 6, 47)

2.2.2.2 Zeitaufgabe – Zustandsänderung des Menschen

Als dringendste Zeitaufgabe entsteht die Wiedergewinnung des Gleichgewichts zwischen dem geschaffenen äußeren Fortschritt und dem bestehenden inneren Entwicklungsstand des Menschen im Hinblick auf seine Verantwortung gegenüber dem selbstgeschaffenen Fortschritt.

Für den gegenwärtig verantwortlichen Erwachsenen bedeutet dies eine Doppelaufgabe: Selbsterneuerung im Sinne der Wiedergewinnung eigener Verantwortlichkeit und gleichzeitig Mitarbeit an der „Vorbereitung des verantwortlichen Menschen" in der heranwachsenden Generation.

Aber – so Montessori 1948 – „der Erwachsene entzieht sich der Änderung, wie das Fehlschlagen wiederholter Versuche gezeigt hat. Zur Offenbarung neuer menschlicher Möglichkeiten ist er als Vorbild ein zäher Stoff." (13, 111)

(1) Qualitäten des Neuen Menschen

Von dem zu fordernden „neuen Menschen", den Montessori als den „moralischen Menschen" bezeichnet, heißt es konkret:

„Dieser Mensch besitzt wahre Qualitäten: die Liebe, die nicht Anhänglichkeit bedeutet; die Disziplin, die nicht Unterwerfung bedeutet; die Möglichkeit, sich in Beziehung zur Wirklichkeit zu setzen, was nicht Phantasie bedeutet." (6, 36)

Der neue Mensch zeichnet sich also aus durch Liebe, Disziplin und Realitätsbezug. Liebe und Disziplin sind Ausdruck von Freiheit und Sittlichkeit, die in den vielfachen Bezügen des menschlichen Lebens wirksam werden.

Montessori fordert die „Kultivierung neuer Gefühle der Menschlichkeit" durch die „Lenkung des Bewußtseins auf die Menschheit" (13, 26.27) – ihrer geschichtlichen Entwicklung und ihrer geschaffenen Kultur.

(2) Sensibilisierung – Wege der Hygiene

Im Zustandsbild des „anomalen" Menschen stellt sich eine innerpsychische Diskrepanz zwischen Intellekt und Gefühl heraus, die eine Erstarrung des Geistes und eine Deformierung von Gemüt und Gewissen bewirkt. Die von Montessori geforderte „Kultivierung neuer Gefühle der Menschlichkeit" verweist auf die Notwendigkeit von Sensibilisierungs- bzw. Re-Sensibilisierungsvorgängen. Es entsteht die Aufgabe, „die eingeschlafene, empfindungslose Menschheit aufzurütteln", deren Gewissen in einem tiefen Schlaf liegt (7, 298). Für die Überwindung dieser Empfindungslosigkeit empfiehlt Montessori den Weg „geistiger und sittlicher Hygiene". (9, 94)

Die desolate latente Verfassung des Menschen – eine verzweifelte Dürre – bewirkt ein „Unglücklichsein des Menschen. Er ist nicht imstande, sich zu freuen, er hat Angst, er fühlt sich einem Etwas unterlegen, das in ihm selbst ist. Er trägt in sich die Leere". (9, 83)

Montessori betont angesichts dieser Verfassung des Menschen die Bedeutung der Erziehung seiner selbst, „denn der Mensch besitzt viel mehr, als er weiß und worüber sich zu freuen er gegenwärtig imstande ist. Er hat alles! Er muß zu werten wissen, was er hat! Er muß sich darauf vorbereiten, es zu genießen." (6, 83)

Dies ist eine konkrete Form geistiger und sittlicher Hygiene, durch Sensibilisierung wieder wahrnehmen, schätzen und werten, genießen und sich freuen zu lernen (vgl. 22, 40).

2.2.3 Humanisierung des Bildungsprozesses – Kultivierung neuer Gefühle der Menschlichkeit

Ausgehend von den sozial-kulturellen Umwandlungen sagt Montessori 1939, daß wir die „Sicherheit der alten Zeit" verloren haben, und daß es z.B. hinsichtlich der Mobilität im Berufsleben notwendig sei, den „neuen Schwierigkeiten ins Auge (zu) sehen, die die Unsicherheit der modernen Bedingungen hat auftauchen lassen. Die Welt befindet sich zum Teil im Zustand des Auseinanderfallens, zum Teil im Zustand des Wiederaufbaus." (8, 93)

Angesichts dieser unsicheren sozialen Bedingungen sieht Montessori als einzige Sicherheit in der Erziehung die Möglichkeit, die menschliche Personalität für alle unvorhergesehenen Eventualitäten vorzubereiten.

Generell heißt es, „den verantwortlichen Menschen vorzubereiten", der sich durch ein „klares Bewußtsein von der sozialen Realität" sowie durch einen „dynamischen Charakter" auszeichnet.

In der Persönlichkeitsentwicklung sind zwei Wege möglich. Montessori nennt sie in einer Kurzformel „lieben oder besitzen": „Auf der einen Seite steht der Mensch, der seine Unabhängigkeit errungen hat und sich mit anderen in Harmonie zusammenschließt, auf der anderen Seite der Mensch als Sklave, der, obwohl er sich befreien will, Sklave des Besitzes wird, der haßt." (6, 97) Die freiheitsorientierte Entwicklung der Persönlichkeit führt nach Montessori zur Bildung des „sozialen Menschen", also zu sozialer Humanität (vgl. 5, 25; 8, 99).

2.2.3.1 Soziale Realität – Soziale Humanität

Die Schaffung eines klareren Bewußtseins der sozialen Realität konkretisiert Montessori am Beispiel des „kosmischen Planes", der Eingebundenheit des Menschen in das Ganze des Schöpfungsplanes sowie in die entstehenden Wechselbeziehungen. Der Mensch ist kein einsamer Individualist. „Die neuen Generationen müssen verstehen, daß in dieser Union jeder Mensch abhängig ist von anderen Menschen und jeder zur Existenz aller beitragen muß." (9, 140)

Das Studium der Geschichte und Kulturgeschichte kann dazu einen wertvollen Beitrag leisten. Es vermittelt sozialkulturelle Einsichten und kann soziale Gefühle des Verstehens und der Solidarität, der Gerechtigkeit, der Dankbarkeit und Liebe erwecken.

Das Studium der Menschheitsgeschichte z.B. vermag „das Gefühl der ‚Dankbarkeit und Liebe' (zu erwecken) für alle Vorteile, die wir im Leben genießen, ... das Stückchen Brot, die Handvoll Reis, das Kleid, das Haus, die Straße, die Transportmittel, alles ist uns durch Menschen gegeben worden. Ihre Anstrengungen und ihre Opfer für uns müssen in unserem Bewußtsein gegenwärtig sein." (13, 28) Konkret können sich menschliches Verstehen und das Gefühl der Solidarität auf diese Weise entwickeln.

Die von Menschen geschaffene Kultur – Supra-Natur – ist der reale Hintergrund der menschlichen Entwicklungsmöglichkeiten heute (vgl. 13, 100). Die entstehende menschliche Wechselbeziehung will Montessori auf ihren Bildungsgehalt hin erschlossen wissen, eine Aufgabe, die Teil der kosmischen Erziehung ist, die Montessori seit Mitte der 30er Jahre entwickelte. Vor ihrem Hintergrund kann soziale Verantwortung deutlich werden und das Wesen einer sozialen Humanität in Erscheinung treten. (Vgl. II.)

2.2.3.2 Dynamischer Charakter

Als eine Antwort auf die soziale Unsicherheit der Zeitsituation betrachtet Montessori die Vorbereitung der menschlichen Personalität für alle unvorhergesehenen Eventualitäten. Die Herausforderung der Zeit besteht im „Bedürfnis nach einer dynamischeren Charaktererziehung". (8, 95)

„In diesem wilden Kampf, zu dem sich das soziale Leben entwickelt hat", bedarf der Mensch, so Montessori 1939, außer seines Mutes eines „starken Charakters und eines schnellen Verstandes. Er muß zugleich seine Grundsätze durch moralische Übungen verstärken und praktische Fähigkeiten besitzen, um den Schwierigkeiten des Lebens ins Auge sehen zu können. Die Fähigkeit zur Anpassung ist heute wesentlich; denn wenn der Fortschritt unaufhörlich neue Karrieren eröffnet, so unterdrückt er auch unaufhörlich die traditionellen Berufe oder revolutioniert sie." (8, 94)

So besteht die „Sicherheit der Erziehung" in der Flexibilität der Intelligenz, verbunden mit Mut als sicherer Tatkraft. Der Charakter als Beständigkeit und Treue zu Worten, Gefühlen, Menschen bedarf gleichzeitig eines schnellen Verstandes als intellektuelle Gewandtheit im Umgang mit erworbenem und neuem Wissen. Das klare Bewußtsein sozialer Realität vermittelt das Wissen um den eigenen Platz in den sozialen Strukturen. Moralische Übungen dienen der Anwendung von Leitlinien im Handeln. Die Bewältigung von Lebensanforderungen bedarf der Integration in Lebens- und Arbeitszusammenhänge. (Vgl. II.)

Dynamische Charakterbildung erscheint so als Antwort auf die Verfaßtheit des Gegenwartsmenschen. Sie ermöglicht eine klare Erkenntnis der Anforderungen und läßt auf der Basis einer beständigen Sicherheit ein flexibles Reagieren zu, ohne dabei die Orientierung und das innere Gleichgewicht zu verlieren.

2.2.4 Eine Form neuer intellektueller Vermittlung – die kosmische Erziehung

Zu dieser dynamischen Persönlichkeitsentwicklung bedarf es einer neuen Vermittlungsform der intellektuellen Bildung und der Kultivierung neuer Gefühle der Menschlichkeit. (vgl. 13, 26)

Indem in der freien Wahl oder freien Arbeit der Bildungsvorgang selbst humanisiert, d.h. an seinen ursprünglichen Träger – den heranwachsenden Menschen – zurückgegeben wird, offenbart sich dessen humanisierende Wirkung.

Die in 1.2 skizzierte Strukturveränderung der Erziehung in der anthropologisch und pädagogisch-didaktischen Perspektive wird durch Montessori in den 30er und 40er Jahren um die kosmische Dimension erweitert. Darin zeigt sich erst das ganze Ausmaß der 1936 geforderten Strukturveränderung der Erziehung (vgl. 6.30).

2.2.4.1 Basis neuer intellektueller Vermittlung

Die Basis auch für die um die kosmische Dimension (Horizont und Form der Vermittlung) erweiterte Erziehung ist das Medium der Selbstbildung, die „absolute Wahlfreiheit" des jungen Menschen, wie Montessori 1948 ausdrücklich feststellt (13, 40 ff.).

Das Medium der Selbstvermittlung – die absolute Wahlfreiheit – hat humanisierende Wirkungen unter drei Aspekten:

(1) Humanisierung des Lernvorgangs

Die Kultivierung „neuer Gefühle der Menschlichkeit" – soziale Humanität ist eine der Wirkungen dieses Selbstbildungsvorganges. Als eine immer wieder zu beobachtende Auswirkung nennt Montessori die „soziale Disziplin", in der die soziale Wirkung der erworbenen individuellen Freiheit zum Vorschein kommt. „Respekt für die Arbeit und Rücksichtnahme auf die Rechte anderer", so faßt Montessori sie zusammen. Im einzelnen heißt es: „... Unter den Kindern entsteht ein gegenseitiger Respekt, eine Herzlichkeit, ein Gefühl, das die Menschen verbindet, statt sie zu trennen; und es entsteht daraus jene umfassende Disziplin, die in sich auch das Gefühl enthält, das jede Ordnung einer Gemeinschaft begleiten muß". (11, 93)

(2) Humanisierung der Lernbedingungen

Die schon behandelte „Strukturveränderung der Erziehung" besteht neben der Freigabe der Aneignung von Bildung und Kultur an den Heranwachsenden in der Vorbereitung einer geeigneten Welt, „die seine geistige Entwicklung garantiert." (6, 30)

Die Gestaltung einer „angemessenen Umwelt für den jungen Teil der Menschheit" (6, 110.116) enthält die Forderung an die Gesellschaft, daß

„dem Kind die notwendigen Mittel zur Verfügung gestellt werden, damit es handeln und Erfahrungen sammeln kann." (6, 96)

(3) Humanisierung des pädagogischen Umgangs
Die Humanisierung des pädagogischen Umgangs vollzieht sich in zweierlei Hinsicht: 1) durch die Bereitstellung von „Mitteln zur geistigen Existenz" für die junge Generation und 2) durch die Gestaltung einer neuen Beziehung zur jungen Generation.

Die Herausforderung der Humanisierung des pädagogischen Umgangs reicht hinaus über den Kreis derer, die unmittelbar an der Erziehung beteiligt sind. Diese Forderungen werden von Montessori auf die ganze Erwachsenengeneration in ihrer sozialen Verantwortung für die junge Generation ausgedehnt. Sie spricht 1946 von der Zeitaufgabe einer „geistigen und sittlichen Hygiene, zu der Familie, Schule und Bürgerschaft alle einen Beitrag leisten müssen." (9, 94)

– Bereitstellung von Mitteln zur geistigen Existenz
  Ihre anthropologische Notwendigkeit betont Montessori 1950 mit der Feststellung, daß nur wenige Menschen bisher entdeckt haben, „daß die unverkennbaren psychischen Anomalien der modernen Jugend, die sich von den ersten Lebensjahren an offenbaren, zwei Ursachen zuzuordnen sind: ‚geistige Unterernährung' und ‚Mangel an intelligenter und spontaner Tätigkeit'". (4, 94) Sie erkennt darin eine Unterdrückung von Lebenskräften, die bestimmt sind, die Seele des Menschen zu entwickeln. So entsteht die Forderung einer Re-Sensibilisierung der Erwachsenen, die durch die Vorenthaltung von „Mitteln zur geistigen Entwicklung" junge Menschen in einen „geistigen Existenzkampf" stürzen, der Lernunlust, Frustration und Aggression bzw. sozial bedingte Verhaltensstörungen auslösen kann.

– Umbau der Beziehungen
  Montessori erkennt in der Zunahme der Zahl von schwierigen Kindern das Problem zunächst in einem Mangel bei den Eltern. „Die Erwachsenen selbst müssen sich den Notwendigkeiten der Zeit anpassen. Der zentrale Punkt für die kleinen Kinder ist ihr Bedürfnis, in einer bestimmten Hinsicht auf die Erwachsenen zuzugehen." (9, 95) Erwachsene wissen vielfach nicht um diese kindlichen Erwartungen und werden damit ungewollt selbst zu einem Problem im Umgang mit dem Kind.

Das Problem in diesem Umgang ist der Erwachsene, der nicht versteht, daß Kinder nicht frei sein dürfen von ihnen, sondern nur frei sein müssen von ihren Repressionen (vgl. 9, 95). Diese Verwechslung gilt es aufzuarbeiten.

Die geistige und sittliche Hygiene, zu der Familie, Schule und Bürgerschaft einen Beitrag zu leisten haben, besteht auch in der Aufarbeitung von Problemen, die der Erwachsene selbst in den Umgang mit jungen Menschen einbringt. Es gilt, die Beziehungen zu Kindern und Jugendlichen zu normalisieren. Dazu muß der Erwachsene sich seiner menschlichen Verluste bewußt werden und an ihrer Wiedergewinnung arbeiten. Dies fordert eine Re-Sensibilisierung in allen menschlichen Bereichen – seiner sozialen Wahrnehmungs- und Einsichtsfähigkeit ebenso wie der Gewissenssensibilität für bestehende Verantwortungen, verbunden mit der Pflege der Verantwortungsbereitschaft.

2.2.4.2 Kosmische Perspektive und Kosmische Konzeption – Horizont und Form neuer intellektueller Bildung

Die von Montessori 1939 geforderte Reform der intellektuellen Bildung hat sich in ihrer Form (didaktisch-methodisch) aus dem Horizont der kosmischen Perspektive zu verstehen (vgl. 107 f.). Diese kosmische Perspektive – in den 40er Jahren zu einer kosmischen Konzeption entwickelt – enthält neben der intellektuellen Neuorientierung auch eine sozial-humane. Das fundamentale Bildungsprinzip – „die Wechselbeziehung aller Dinge und ihre Zentrierung in dem kosmischen Plan" – (13, 100) soll auch zur Kultivierung neuer Gefühle der Menschlichkeit beitragen, um „den Verstand und das Gewissen aller Menschen in einer Harmonie zu vereinen". Das ist es, was Montessori durch die „kosmische Erziehung" beabsichtigt (vgl. 13, 26).

3. Literaturzeichnis

1. **Montessori, M.:** Mein Handbuch. Stuttgart 1922.
2. **Dies.:** Das Kind in der Familie. Stuttgart 1922.
3. **Dies.:** Kinder, die in der Kirche leben. Freiburg 1964.
4. **Dies.:** Über die Bildung des Menschen. Freiburg 1964.
5. **Dies.:** Grundlagen meiner Pädagogik. Heidelberg 1965.
6. **Dies.:** Frieden und Erziehung. Freiburg 1973.
7. **Dies.:** Kinder sind anders. Stuttgart 1978 (Ullstein Taschenbuch 1985).
8. **Dies.:** Von der Kindheit zur Jugend. Freiburg ³1979.
9. **Dies.:** Spannungsfeld Kind – Gesellschaft – Welt. Freiburg 1979.
10. **Dies.:** Die Entdeckung des Kindes. Freiburg ⁸1987.
11. **Dies.:** Schule des Kindes. Freiburg ²1987.
12. **Dies.:** Das kreative Kind. Freiburg ⁶1987.
13. **Dies.:** Kosmische Erziehung. Freiburg 1988.
14. **Dies.:** Die Macht der Schwachen. Freiburg 1989.
15. **Dies.:** Die Freiheit muß aufgebracht werden. In: Montessori-Werkbrief 4/1985, S. 122–123.
16. **Helming, Helene:** Montessori-Pädagogik. Freiburg ¹⁴1992.
17. **Holtstiege, H.:** Maria Montessoris Neue Pädagogik: Prinzip Freiheit – Freie Arbeit. Freiburg 1987.
18. **Dies.:** Modell Montessori. Freiburg ⁶1991.
19. **Dies.:** Erzieher in der Montessori-Pädagogik. Freiburg 1991.
20. **Dies.:** Freie Arbeit in der Montessori-Pädagogik. Köln 1991 (Hrsg. ADMV, Päd. Schriften, Heft 5).
21. **Tielkes, M.:** Der „pädagogische Versuch" Maria Montessoris. Amersfoort 1991.
22. **Dies.:** Über die Freude bei Montessori. In: Montessori-Werkbrief (1992), H.1/2, S. 35–48.

II. Kosmische Erziehung –
Soziale Humanität

Im Rahmen ihrer kultur- und sozialkritischen Analysen in den Vorträgen zur Friedenserziehung in den 30er Jahren entwickelt Montessori Vorstellungen einer kosmischen Erziehung (vgl. 4), die sich in den 40er Jahren zu einer Theorie verdichten (vgl. 12).

Aus den Phänomenen menschlichen Niveauverlustes auf dem Wege der Kultur und Zivilisation analysiert sie das Zentralproblem der gegenwärtigen Menschheit:

> „Es ist ein großer äußerer Fortschritt gemacht worden, aber kein innerer Fortschritt der Menschheit. Der Mensch versteht nichts von einer bestimmten Seite der Probleme: es wurde nichts für seine geistige Entwicklung getan. Seine Personalität blieb die gleiche wie in den vergangenen Jahrhunderten, aber die veränderten sozialen Umstände zwingen ihn heute dazu, in einer unnatürlichen Umgebung zu leben. Der Mensch steht der Beeinflussung sowohl durch die Umgebung wie durch die Menschen machtlos und schwach gegenüber, unfähig einer sicheren Kritik und ohne die Einheit seiner Persönlichkeit." (4, 81)

Vor dem Hintergrund dieser Menschheitssituation befaßt sich Montessori (1936) mit Fragen der Vorbereitung des verantwortlichen Menschen, und zwar im Hinblick auf dessen innere Entwicklung seiner Persönlichkeit und im Hinblick auf die Orientierung an den Zielen der Menschheit sowie den gegenwärtigen Bedingungen des sozialen Lebens (vgl. 4, 26.27).

Bei der Analyse und Interpretation „sozialer Phänomene in ihrer Gesamtheit" (4, 40) zeigt sich eine organisierte universale Relationalität, in der auch die Funktion des Menschen bzw. der Menschheit ans Licht kommt: „Die Schaffung der Umgebung" (4, 45). Phänomene dieses „intelligenten Wirkens" führen Montessori zu „Leitlinien" ihrer Theorie, die sie als „kosmische Konzeption" bezeichnet (12, 29). So spricht sie in den 40er Jahren vom „Programm der ‚kosmischen Erziehung', als Grundstein der Schulerziehung", das 1935 zuerst in England vorgelegt wurde und sich bereits bewährt habe (12, 42).

Die angesprochene Fundierung der Schulerziehung durch die „kosmische Konzeption" im Sinne der in 2.2.4 skizzierten „Strukturveränderung" der Erziehung ist in der Praxis deutschsprachiger Montessori-Schulen nicht eindeutig erkennbar. Dies dürfte auf die eher zögernde theoretische Auseinandersetzung mit Montessoris kosmischem Konzept zurückzuführen sein. Ein weiterer Grund könnte in der deutschsprachigen Quellenlage liegen. Montessoris wichtigste Schrift zur kosmischen Erziehung: „Menschliche Potentialität und Erziehung" erschien 1988 in deutscher Sprache (vgl. 12, 31–114). Erst vor dem Hintergrund dieses Werkes können zentrale Gedanken aus dem „Kreativen Kind" und „Über die Bildung des Menschen" eindeutiger verstanden und eingeordnet werden.

1. Theoretische Bearbeitungen des „Kosmischen Konzepts"

Die entstehende Diskussion des Kosmischen Konzepts Montessoris im deutschsprachigen Raum stützt sich im wesentlichen auf die beiden Systematisierungsansätze P. Oswalds von 1977 und 1989 (vgl. 37, 122–138; 40, 124–138).

1.1 P. Oswalds Systematisierungsansätze

Literarisch wurde bisher wenig wahrgenommen, daß Oswald zwei Systematisierungsansätze vorgelegt hat.

1.1.1 Vor dem Hintergrund einer Entstehungs- und Begriffsanalyse der „‚Kosmischen Erziehung' in der pädagogischen Theorie Maria Montessoris" meint Oswald (1977), „drei Schwerpunkte dieses Begriffsverständnisses unterscheiden zu können, die sich ergänzen, überlagern und zum Teil auch in zeitlichen Stufen folgen." (37, 124) Er unterscheidet „kosmische Erziehung" erstens als Gegenstandsorientiertheit, zweitens als Ganzheitsorientiertheit und drittens als sittlichen Weltauftrag (vgl. 37, 124).

Kosmische Erziehung als Gegenstandsorientiertheit – vornehmlich bezogen auf die Kleinkindpädagogik – wird interpretiert als die anthropologisch begründete Notwendigkeit der Präsentation von Natur und Kultur. „Hilfreich ist es dem Kinde, wenn ihm dabei schon eine Ordnung in dieser Welt begegnet ... denn Ordnung ist das Strukturgesetz des Kosmos." (37, 126)

Kosmische Erziehung als Gegenstandsorientiertheit versteht sich aus der kosmischen Sicht einer universalen, harmonischen Ordnung des Kosmos. Ihr entspricht das pädagogisch-didaktische Prinzip eines Studiums des geordneten und gegliederten Ganzen durch die Meditation eines Details der Wirklichkeit. Es geht um „die Ganzheitsgestalt, in der Dinge und Menschen nicht nur da sind, sondern miteinander in lebendiger Beziehung stehen." (37, 126)

Kosmische Erziehung als sittlicher Weltauftrag bezieht sich auf die Einführung des handelnden Menschen in das kosmische Konzept, „ein ambivalenter Faktor", der zwar Teil der kosmischen Ordnung ist, durch seine Intelligenz und Freiheit jedoch eine Sonderstellung einnimmt. „Während die übrige Natur ihre ‚kosmische Mission' unbewußt und gehorsam erfüllt, ist der Mensch das freigesetzte Wesen und kann sich auch verweigern, ausbrechen und eigene Ziele verfolgen." (37, 130)

Das Universum erweist sich bei aller funktionalen Geschlossenheit als ein für den Menschen offenes System, „dessen eigentliche Harmonie unter Mitwirkung des Menschen noch erst verwirklicht werden muß." (37, 131) Die kosmische Mission des Menschen besteht in der Umwandlung der Natur „in eine Super-Natur, d.h. in die Kulturwelt als den Lebensraum des Menschen." (37, 131) Hier aber erweist sich ein Dilemma: „Die Disproportionalität von äußerer und innerer Entwicklung" als „moralisches Problem", das die Harmonie von Verstandes- und Gewissensbildung erfordert (37, 132.133).

Der Weg führt über Stufen der Bindung „an das Gesetz im Inneren, das Gesetz der Dinge, das Gesetz des Mitmenschen und schließlich an das Gesetz Gottes; Stufen, die zugleich Stufen der umfassenden kosmischen Ordnung sind, die zuletzt in der Liebe münden, einer universalen, kosmischen Liebe." (37, 133)

Dieser Systematisierungsansatz der Unterscheidung von drei Ebenen in der Entwicklung des kosmischen Konzeptes durch Montessori (indirekt, eingegrenzt, universal) zeigt sich noch in einer Publikation Oswalds aus dem Jahre 1989 (vgl. 38, 34–47).

1.1.2 Im gleichen Jahre – 1989 – erscheint eine weitere Veröffentlichung Oswalds zu Montessoris „Kosmischer Erziehung" (vgl. 40, 124.138). Der Titel „Wirklichkeit und Vision" verweist bereits auf eine andere (gedankliche) Systematisierung: 1. Kosmische Theorie als kosmische Vision, 2. Konzept einer Praxis der kosmischen Erziehung (vgl. 40, 125.127).

Oswald begründet die Revision seines systematischen Ansatzes: „Während es bei (Montessoris) erster Erwähnung des ‚Programms (einer) kosmischen Erziehung' den Anschein hatte, daß es sich etwa lediglich um die Fixierung eines ‚Grundsteins der Schulerziehung' handelte, wurde später deutlich, daß dahinter eine umfassende ‚kosmische Theorie' steht, ohne die das schulpraktische Programm weder zu verstehen, noch zu realisieren wäre. Diese ‚kosmische Theorie' nimmt ihren Ausgang in einer ‚Vision des ganzen Universums'." (40, 124)

Demgemäß befaßt sich Oswalds erster Gedankenkreis mit Montessoris kosmischer Theorie als kosmische Vision „der Einheit und Verbundenheit von allem im Universum", einer „Schöpfung nach einem einheitlichen Plan" (40, 125). Innerhalb dieses Kosmos und des kosmischen Geschehens nimmt der Mensch – selbst zu den kosmischen Kräften gehörend – eine Sonderstellung ein. Ihm kommt die neue Funktion und Aufgabe zu, „in die kosmischen Vorgegebenheiten der Natur einzugreifen und sie umzuwandeln ... in eine Super-Natur." (40, 126)

Der zweite Gedankenkreis Oswalds bezieht sich auf Montessoris Konzept einer Praxis der kosmischen Erziehung (vgl. 40, 127). Zum einen beleuchtet er kurz die entwicklungspädagogische Orientierung der „kosmischen Sicht", zum anderen gibt er didaktische Einblicke vermittels „panoramaartiger Überblicke" (Mario Montessori) bildungsrelevanter Natur-, Kultur- und Menschheitsgeschichte, wie sie sich – didaktisch erschlossen – bei Montessori finden. In diesem Part wird auch deutlich, daß die Schulpraxis noch am Beginn der didaktischen Erarbeitung und Aufarbeitung der kosmischen Erziehung steht (vgl. 40, 136).

1.2 L. Kratochwils Thesen-Diskussion

Kratochwil befaßt sich 1991 mit der „pädagogischen Bedeutung der Dimension des Kosmischen im Werk Maria Montessoris", und zwar im ausdrücklichen Rückgriff auf Oswalds Arbeiten (vgl. 31, 69).

Das Ergebnis eigener, vertiefter Arbeiten zum Thema legt Kratochwil in sechs Thesen vor, die er im Kontext einschlägiger Gegenwartsprobleme und -literatur komprimiert diskutiert und überprüft:

1. Die pädagogische Handlungsrelevanz in Montessoris Vorstellungen von der „Kosmischen Erziehung" in Vorgängen der Selbstbildung und ihrer unterstützenden Hilfe.
2. Die Bedeutung des Attributes „kosmisch" als grundsätzliche Bestimmung von Bildung und Erziehung im Sinne des Prinzips.
3. Das Konzept der kosmischen Erziehung als Rekonstruktionsmöglichkeit der gesamten Pädagogik als einer eigenständigen Bildungstheorie (vgl. 31, 91.69).
4. Die Funktion des Attributs „kosmisch" als Konnex zwischen Erziehungslehre und deren Grundlegung in der „kosmischen Theorie".
5. Die religiös-metaphysische Orientierung der „kosmischen Theorie" als „Deutungsgesamt-Konzeption für Mensch, Welt und Gott" und deren Grundlage für Montessoris erziehungs- und bildungstheoretische Konzeption (vgl. 31, 70; 32, 154).
6. Die Dimension des Kosmischen als Schlüssel für das Verständnis des Gesamtwerkes wie auch der schulpädagogischen Fundierung (vgl. 31, 70).

Breiteren Raum nehmen die Darlegungen der Grundelemente der „Kosmischen Theorie" – Montessoris Vision des ganzen Universums –, insbesondere die „Sonderfunktion des Menschen" sowie Montessoris „Fortschrittskritik" (31, 72.79), ein.

Resümierend analysiert Kratochwil das Ergebnis seiner Thesendiskussion und stellt fest, „daß sich bei Montessori eine naturwissenschaftliche Grundlegung, sozusagen ein psychophysischer Unterbau", mit einem (christlich) religiösen, metaphysischen und ethischen Überbau" verbindet, so daß man „geradezu von einer Doppelendigkeit ihrer Konzeption sprechen könnte. Denn ihr Konzept entbehrt einer einheitlichen Grundlage, sondern hat vielmehr zwei Fundierungshorizonte, die zueinander in einer grundsätzlich unauflöslichen Spannung stehen: nämlich letztlich in der Spannung von Wissen und Glauben, Wissenschaft und Religion, von Empirie und Metaphysik; eine Spannung, welche allerdings die Einheit von Montessoris Denken nicht zerstört." (31, 81.82)

1.3 H. Ludwigs ökologisch orientierter schulpädagogischer Ansatz

Ludwig bezeichnet seine 1992 erschienene Arbeit zu Montessoris Kosmischer Erziehung als eine Untersuchung zum „Ansatz einer ökologisch orientierten Schulpädagogik und Didaktik bei Maria Montessori". Trotz einer vermeintlichen Eingrenzung der Thematik durch ihre ökologische Orientierung legt Ludwig sehr wohl Montessoris gedankliche Grundstruktur ihres „kosmischen Konzeptes" vor.

Nach der Einbettung des Ansatzes in den ökologischen Diskussionsstand (I.) geht Ludwig im zentralen Kapitel (II.) der „Kosmischen Erziehung" Montessoris, insbesondere als dem „integrierenden Unterrichts- und Erziehungskonzept", nach (vgl. 33, 15 f.). Ludwig führt drei Systematisierungsaspekte ein: 1. Montessoris kosmische Theorie – der Evolution und Ökologie der Natur sowie der Evolution von Menschheit und Kultur. 2. Montessoris kosmische Erziehung, deren pädagogisch-didaktische sowie methodische Aspekte, 3. das Verhältnis der kosmischen Erziehung zur Erziehung im Vorschul- und Jugendalter.

Im abschließenden Kapitel (III.) nimmt Ludwig eine aktualisierende Einordnung und kritische Würdigung der kosmischen Erziehung Montessoris vor, in der Affinitäten und Differenzen zu einschlägiger Gegenwartsliteratur herausgearbeitet werden. Insgesamt wird eine sehr komprimierte Studie vorgelegt, in der die kosmische Erziehung als „Integrationsprinzip" für ein schulpädagogisches und ein didaktisches Konzept herausgearbeitet wird.

„Zusammenfassend läßt sich sagen" – so Ludwig – „daß Montessori mit ihrem Konzept einer ‚kosmischen Erziehung' ein schulpädagogisches und didaktisches Programm vorlegt, das durch allgemeine Überlegungen ausführlich begründet und bis in die Schulwirklichkeit hinein konkretisiert wird." (33, 26)

2. Vom „Programm" zur „zentralen Idee"
Montessoris „Kosmische Erziehung"

Oswald vermutet 1989 eine Entwicklung des kosmischen Erziehungsdenkens in der Pädagogik Montessoris (vgl. 40, 124).

Die Lektüre der einschlägigen Literatur in chronologischer Reihenfolge scheint diese Vermutung zu bestätigen (vgl. die separat aufgeschlüsselte Literatur, S. 109). Im Überblick über Montessoris fixierte Vorstellungen und eigene Schriften zeigt sich eine Entwicklung. Trotz fundamentaler Äußerungen scheint die Kosmische Erziehung der 30er Jahre eher ein Programm zu sein (vgl. 12, 43). Unter Beibehaltung des programmatischen (schulpädagogisch-didaktischen) Charakters entwickelt Montessori in den 40er Jahren das theoretische Fundament – die zentrale kosmische Idee (vgl. 12, 35).

2.1 Kosmische Erziehung als Programm
Die 30er Jahre

„Fortschrittskritik" (Kratochwil) und „Disproportionalität" menschlicher Entwicklung (Oswald) scheinen Montessori bei ihrer Suche nach pädagogisch-didaktischen Antworten für die Friedenserziehung die kosmische Sicht eröffnet zu haben, in deren Richtung sie sich in den 30er Jahren eindeutig bewegt.

1932 macht Montessori die Disproportionalität menschlicher Einstellungshaltung am dekadenten kriegerischen Eroberungsgedanken fest, „obwohl die ‚Umgebung' des Menschen nicht mehr der Grund und Boden, sondern die soziale Organisation in sich selbst ist, die auf wirtschaftlichen Strukturen ruht ...". (4, 3)

Bei der Suche nach dem „notwendigen Schlüssel, um einige soziale Phänomene in ihrer Gesamtheit zu erklären" (4, 40), wählt sie das beobachtende Studium der Evolution des Lebendigen und der Funktion des Lebewesens für das universale Gleichgewicht im Gesamtorganismus der Lebewesen, wie es in den Vorträgen von 1936 heißt (vgl. 4, 43 f.). Dabei zeigt sich die Sonderstellung des „Umgebung" schaffenden Menschen und seiner notwendig werdenden Erziehung (vgl. 4, 46 f.).

Bedingt durch die „Erhebung der menschlichen Intelligenz" hat eine Sozial-Evolution stattgefunden, „so daß die Menschheit heute eine einzige Gruppe darstellt", eine Realität, derer sie sich nicht bewußt ist. „Man kann sagen, daß die Menschheit heute eine gemeinsame Funktion hat." (4, 49)

Montessori zeigt eine Disproportionalität auf, die darin besteht, daß die Menschheit im Zuge einer universalen Zivilisation auf allen Fortschritts- und Kommunikationsebenen praktisch „einen einzigen Organismus",

„eine Einheit", „eine einzige Nation" bildet, „und trotzdem lebt sie in einer überholten Gefühlswelt weiter". (4, 49)

Aus diesem Grunde darf Erziehung nicht nur auf den Schutz der Personalität gerichtet sein, sondern muß den Menschen auf die potentiellen Energien hin orientieren: „Die Intelligenz der Menschheit und die Normalität der Person". (4, 49) Dazu aber ist „unverzüglich eine kollektive Anstrengung notwendig, die die Entwicklung der Personalität so fördert, daß sie in der Lage ist, „die gesellschaftliche Organisation zu verwirklichen." (4, 50.54) Dies bedeutet, innerhalb der „Funktionsweise der menschlichen Kollektivität" soziale Funktionen auf der Basis individueller Freiheiten wahrzunehmen (4, 52).

Angesichts des Zeitcharakteristikums der menschlichen Disproportionalität müssen „kollektive Anstrengungen darauf gerichtet sein, die Würde der menschlichen Personalität auf das Niveau der Umgebung zu heben, die vom Menschen durch seine Arbeit und Intelligenz geschaffen wurde." (4, 50) Montessori fordert in diesem Kontext 1936 eine entsprechende „Strukturveränderung der Erziehung". Sie hat auf der Anerkennung der sozialen Rechte junger Menschen zu basieren und muß ihnen eine geeignete Umwelt für ihre Entwicklung garantieren (vgl. 4, 30).

„Es muß eine soziale Umgebung geschaffen werden ..., damit sich das Bewußtsein des Individuums entwickeln kann." (4, 128)

Die Vorbereitung der sozialen Funktion des Menschen umfaßt nach Montessori (1936) zwei Erziehungsstufen, denen zwei weitere Stufen der Wahrnehmung der sozialen Funktion nachgeordnet sind:

(1) Um an der gesellschaftlichen Organisation, d.h. Vereinigung freier Individuen, teilnehmen zu können, ist auf der ersten Stufe die „Isolierung des Individuums" erforderlich, damit es Freiheitsfähigkeit durch selbständiges Handeln erwerben kann.

(2) Die zweite Erziehungsstufe (ab ca. 12 Jahren) „führt zur Gesellschaft, zur Organisation der Erwachsenen". (4, 54; 44, 133 f.)

Es ist daher notwendig, daß „die Erziehung dem Menschen in den verschiedenen Altersstufen eine Skala von sozialen Erfahrungen bietet." (4, 72)

(3) Die dritte Stufe ist durch die unmittelbare Vorbereitung des Menschen „auf die Arbeit als vitale Funktion an der Basis der gesellschaftlichen Erfahrungen gekennzeichnet", bei der es darum geht, „gesellschaftliche Verantwortung (zu) verspüren". (4, 64) Es gilt, den verantwortlichen Menschen vorzubereiten.

(4) Die vierte Stufe ist das Leben selbst. Hier besteht die gesellschaftliche Aufgabe aller, allen zu helfen, „und alle in der stetigen Entwicklung der Umgebung auf dem (entsprechenden) Niveau (zu) erhalten." (4, 65) Dies bedeutet menschliche Disproportionalität aufzuarbeiten bzw. zu verhindern.

1948 bezieht sich Montessori in bereits verifizierender Weise auf ein „Programm der ‚Kosmischen Erziehung' als Grundstein der Schulerziehung", das 1935 zuerst in einem Kursus in England vorgelegt wurde und das sich schon als trittsicherer Weg zu weiteren pädagogischen Untersuchungen erwiesen habe (vgl. 12, 42.43).

Das erwähnte Programm einer „kosmischen Erziehung" dürfte seinen Niederschlag gefunden haben in den von Montessori 1939 vorgelegten Erziehungsplänen, von denen sie den zweiten und dritten Erziehungsplan (7–12 und 12–18 Jahre) didaktisch-exemplarisch bzw. schulpädagogisch-didaktisch ausgearbeitet vorlegt (vgl. 6, 23f. 91f.).

2.2 Kosmische Erziehung als zentrale Idee
Die 40er Jahre

Montessori erläutert 1945 den Hintergrund „kosmischer Erziehung" – die „kosmische Theorie" (12, 19). Sie „erkennt in der ganzen Schöpfung einen einheitlichen Plan, von dem nicht nur die verschiedenen Formen der Lebewesen, sondern auch die Entwicklung der Erde selbst abhängt. Diese Idee schließt zwar die Grundlage der Evolutionstheorie ein, unterscheidet sich aber von ihr in Bezug auf die Ursachen und die Finalität des fortschreitenden Wandels der Arten. ... Das Leben schreitet nach einem kosmischen Plan voran, und der Sinn des Lebens ist nicht, Vollkommenheit auf einer unbegrenzten Bahn des Fortschritts zu erlangen, sondern einen Einfluß auf die Umgebung auszuüben und ein bestimmtes Ziel in ihr zu erreichen." (12, 20) Dies bedeutet, verantwortlich handelnd tätig zu werden.

2.2.1 Kosmische Theorie und kosmisches Konzept

Die „kosmische Theorie" geht aus von einem gegebenen einheitlichen Schöpfungsplan, einer „kosmischen Konzeption". (12, 29) Montessori spricht auch von einem „Universum". Alle Dinge sind „Teil des Universums und miteinander verbunden, um eine große Einheit zu bilden." (12, 41)

Angesichts der – Pars pro toto ökologisch ermittelten – Wechselbeziehungen ergeben sich je spezifische „kosmische Aufgaben" innerhalb des kosmischen Planes. (12, 21)

2.2.2 Mensch – hinzugekommene kosmische Kraft

„Es ist evident, daß die kosmische Theorie auch den Menschen zu den wirkenden Kräften rechnet." (12, 21) Es gilt, seine Verhaltensweisen zu beobachten, um Aufschluß über seine wesentliche Funktion zu erhalten, durch die er seinerseits zur Erhaltung und Entwicklung der Erde beiträgt.

„Es springt unmittelbar ins Auge, daß der Mensch eine ,verändernde Funktion' auf die Natur ausübt ... indem er auf der Erde lebt, lebt er als eine Spur seiner ganzen Existenz." (12, 21) Der Mensch schafft, verändert und vervollkommnet die Umgebung – die Supra-Natur – das, was wir Kultur, soziale Evolution nennen (vgl. 12, 22f.).

Der in der Evolution „hinzugekommene" (10, 77) und mit Intelligenz ausgestattete Mensch, der als kosmisch Handelnder „aus seinem inneren Selbst heraus in der Welt handeln kann" (12, 16), hat in der Ausübung seiner verändernden Funktion das Gleichgewicht zwischen innerem und äußerem Fortschritt verloren. „Heute ist er nicht ,gerüstet', die aus einer ,Supra-Natur' bestehende Umgebung zu beherrschen, welche er selbst auf der Erde geschaffen hat ... Er ist orientierungslos und besitzt keine Kontrolle über seine eigene Schöpfung." (12, 25)

2.2.3 Notwendigkeit kosmischer Erziehung

Die sozial-kulturelle Phänomenanalyse läßt Montessori (1946) von einer „psychologischen Reform" (7, V 26) in der Erziehung und Bildung einer neuen Generation sprechen, die verstehen lernen muß, daß in der Union der Menschheit – dem kosmischen Universum – „jeder Mensch abhängig ist von anderen Menschen und jeder zur Existenz aller beitragen muß. Wir hängen nicht länger direkt von der Natur ab, sondern von allem, was der Mensch in den verschiedenen Teilen der Welt produziert und das allen durch wechselseitigen Austausch zur Verfügung steht." (12, 29)

2.2.4 „Veredelnde Inspiration" der zentralen Idee

Die „kosmische Theorie" als gegebener einheitlicher Plan der wechselseitigen Eingebundenheit und Verwiesenheit aller nennt Montessori 1948 „eine zentrale Idee von höchst veredelnder Inspiration" (12, 35). Von dieser zentralen Idee her hat die kosmische Erziehung sich zu verstehen.

Montessori nennt zwei allgemeine pädagogische Ziele von sozial-anthropologischer Relevanz:

(1)   In der „kosmischen Theorie" wird zum einen die „Nützlichkeit der mitmenschlichen Hilfe", zum anderen die „gerechte Anerkennung der Verdienste der Menschen und der Tatsache, daß wir alles ihren Anstrengungen verdanken", intendiert (12, 29).

(2)   Neben die Gestaltung der aktuellen, gegenwärtigen Bezüge des Menschen – Einheit und mitmenschliche Hilfe in der Menschheit – tritt die Gestaltung der historischen Bezüge zwischen den Generationen durch die soziale Anerkennung realer Leistungen als Fundament gegenwärtiger Existenz. Die in der Abfolge von Generationen geschaffene Supra-Natur ist der eigentliche Hintergrund menschlicher Entwicklungsmöglichkeiten heute. Und da die junge Generation auf ein Leben in dieser „supernatürlichen Umgebung" (12, 59) vorbereitet werden muß, ergibt sich als theoretisch-didaktische Konsequenz ein fundamentales Bildungsprinzip: „Die Wechselbeziehung aller Dinge und ihre Zentrierung in dem kosmischen Plan." (12, 100)

2.2.5 Vorstellung der zentralen Idee – Didaktik

Bei einer solchen Realisierung der „potentiellen Energien" des Menschen vermittels der „Zentrierung durch den kosmischen Gedanken" erhebt sich „die Frage, wie und wann diese Idee vorgestellt werden soll." (12, 46.47) Montessori legt in ihrer Schrift von 1948 die „kosmische Theorie" in ihrer entwicklungspädagogischen und pädagogisch-didaktischen Dimension vor, und zwar in der unmittelbaren Ausarbeitung für das Alter von 6–12 Jahren (vgl. 12, 35).

Die schon in den 30er Jahren geprägten adäquaten Begriffe fügen sich in der konkreten Vorstellung der „Idee" und durch die Idee zentrierend zu einer „Didaktik der kosmischen Theorie" zusammen.

Die „veredelnde Inspiration" der zentralen Idee des kosmischen Planes soll konkretisiert werden durch die Lenkung des individuellen Bewußtseins auf diesen einheitlichen Plan und im besonderen auf die Menschheit. Auf diese Weise kann der junge Mensch selbst herausfinden, welchen „Platz im Universum, das im Mittelpunkt seines Denkens steht", die Dinge und er selbst haben (vgl. 12, 42). Montessori sieht damit auch die Notwendigkeit einer kosmischen Zentrierung des menschlichen Selbstbewußtseins.

Das geforderte „universale Bewußtsein" bedarf eines „universalen Lehrplanes" (12, 24.27). In dem universalen Lehrplan, in welchem die neuen Generationen sich all die Einzelheiten der Bildung aneignen müssen, müssen diese als verschiedene Aspekte des Wissens von der Welt und vom Kosmos verbunden werden. Astronomie, Geographie, Geologie, Biologie, Physik, Chemie sind nur Details eines Ganzen. Ihr Bezug untereinander ist das, was das Interesse von einem Zentrum bis zu seinen Ausläufern treibt." (12, 27)

Um das Bewußtsein auf die Menschheit zu lenken, muß der „kosmische Aufbau der menschlichen Gesellschaft das Zentrum des Studiums der Geschichte und Soziologie werden." (12, 27)

„Kosmische Erziehung" beabsichtigt, durch einen „universalen Lehr-plan" die Bildung eines „universalen Bewußtseins" zu ermöglichen, indem sich „Verstand und Gewissen aller Menschen in einer Harmonie vereinen" können, um „neue Gefühle der Menschlichkeit" zu kultivieren (12, 26).

Die Basis der geforderten Vermittlung einer „neuen Form intellek-tueller Bildung" (12, 26) ist die „Wahlfreiheit" (12, 40) jene Form freier Aktivität oder Arbeit, die sich in der kosmischen Erziehung des Prinzips der „Meditation am Detail" bedient. Montessori spricht 1939 von einem Studienweg, den sie als „Methode universaler Bildung" bezeichnet (vgl. 6, 45).

In Verbindung mit dem universalen Wissenserwerb geht es um die Er-mittlung und den Vollzug der je eigenen kreativ-kosmischen Aufgabe, um das Tun des „Seinigen bei der Umwandlung der Welt" (12, 58) im Wissen um die wechselseitigen Abhängigkeiten und Verwiesenheiten und um die soziale Anerkennung des Tuns der jeweils Anderen in Geschichte und Ge-genwart.

2.2.6 Kosmische Erziehung – Stadium pädagogischer Untersuchungen

Von der „zentralen Idee" dieser kosmischen Erziehung sagt Montessori 1950: „Es ist nicht nötig, daß die Untersuchungsarbeit ganz vollendet wird. Es genügt, die Idee zu verstehen und nach ihren Angaben voranzuschrei-ten." (10, 28) 1948 hatte sie von ihrem 1935 vorgestellten Programm einer kosmischen Erziehung gesagt, daß es sich „als der einzige Weg" erwiesen habe, „auf dem wir trittsicher zu weiteren pädagogischen Untersuchungen voranschreiten können." (12, 43)

Hinsichtlich solch pädagogischer Untersuchungen heißt es einschrän-kend, daß sie sicher nicht bei „völlig analphabetischen oder unwissenden Kindern" erfolgen können, wohl aber bei solchen, die im Montessori-Kin-derhaus schon indirekt darauf vorbereitet worden waren (12, 43).

Es scheint wichtig, auf die kosmische Erziehung Montessoris als einer Arbeit im pädagogischen Versuchs- und Untersuchungsstadium hinzuwei-sen, dabei die Idee zu verstehen und nach ihren „Leitlinien" (12, 14) die skizzierte pädagogisch-didaktische Arbeit zu versuchen.

3. Denkfigur des kosmischen Konzeptes

Kosmische Erziehung im Stadium der Untersuchungsarbeit hat sich an der „zentralen Idee" zu orientieren, daß „alle Dinge Teil des Universums und miteinander verbunden" sind, „um eine große Einheit zu bilden". (12, 41)

3.1 Denkfigur der Relationalität und ihre Zentrierung

In Erscheinung tritt die Denkfigur der grundsätzlichen Relationalität und ihre Zentrierung in einer Idee, die verstanden oder erklärt werden kann, und in Montessoris Denken einen lebensorientierten Ansatz aufweist: „Das Leben ist eine kosmische Wirkkraft" (12, 58), die nach einem kosmischen Plan, einer kosmischen Ordnung voranschreitet. Das Modell eines gefügehaften, gegliedert gedachten Universums tritt ans Licht: „Die Wechselbeziehung aller Dinge und ihre Zentrierung" (12, 100). Damit verbindet sich die Vorstellung einer wechselseitigen Abhängigkeit aller von allen und in einer je eigenen Funktion im Gefüge der Ganzheit des Universums.

Ausgangspunkt kosmischer Erziehung ist das Modell einer grundsätzlichen Relationalität und ihrer Zentrierung im Universum, und zwar als ein gegebenes Faktum, dessen Phänomene im konkreten Lebenszusammenhang auftreten, erfahrbar und beobachtbar werden.

Neben speziellen Studien hat Montessori wesentliche Erkenntnisse aus solchen Phänomenanalysen gewonnen (vgl. 4, 40).

Die skizzierte Denkfigur und ihre phänomenale Erhellung in der Wirklichkeit des Lebens haben Bedeutung für die von Montessori geforderte Fortsetzung der pädagogischen Untersuchung, um Aufschluß über den Gegenwartsstand etwa der Sozial-Evolution („Phänomene unserer Zeit"; 4, 103) zu gewinnen, dem gegenwärtigen Stand der vom Menschen geschaffenen Supra-Natur, „in der die Seele des Menschen sich bildet." (4, 59)

Neben dieser aktuellen Dimension sozial-kultureller Relationen hat Montessori der Dimension der historischen Relationalität eine besondere Aufmerksamkeit für die kosmische Erziehung gewidmet (vgl. 36, 131), die für die Didaktik der kosmischen Erziehung höchst relevant ist (vgl. 12, 86f.).

Montessori sagt 1948, daß es sich keineswegs um „einen neuen Gedanken handelt", den sie aus einer religiös-metaphysischen Tradition entwickelt, der allerdings „neuerdings außer Gebrauch geraten ist." (12, 43)

3.2 Affine Denkmodelle

Zur theoretischen Vergewisserung sei in knapper Form darauf verwiesen, daß – zeitgeschichtlich betrachtet – die Denkfigur der grundsätzlichen Relationalität und ihrer Zentrierung im Universum ein gängiges Denkmodell in der philosophisch-psychologischen sowie sozial-psychologischen Literatur war.

Neben dem embryonaltheoretischen Ansatz der Theorie des strukturierten Keimes und seiner Entwicklung gemäß eines einheitlichen Bauplanes, der Montessoris Entwicklungspädagogik zugrunde liegt (vgl. 9, 31.43; 10, 34), sind jene Psychologen bzw. psychologischen Schulen zu nennen, die sich in ihren Arbeiten namentlich genannt finden: W. James und W. Wund (vgl. 20, 75).

Affine Denkfiguren und -wege finden sich in den Werken des von Montessori mehrfach direkt zitierten W. James, der in der Psychologie, Sozialphilosophie und Religionsphänomenologie einen phänomenologischen Strukturalismus vertrat (vgl. 25).

Hinzuweisen ist ferner auf die aus der Wund'schen Tradition entstandene Leipziger Schule mit ihren Vertretern einer genetischen Struktur- und Ganzheitspsychologie – Krueger und Wellek (vgl. 17, 596).

Verwandtes Denken findet sich in G. H. Meads sozialpsychologisch wie sozialphilosophisch begründetem interaktionistischen Strukturalismus James'scher Tradition (vgl. 35).

Affinitäten bestehen ebenfalls zu E. H. Eriksons Denkmodell einer biologisch, psychologisch und soziologisch begründeten „Relativität in der menschlichen Existenz" (15b, 31).

In jüngerer Zeit hat Th. Hermann darauf aufmerksam gemacht, daß die zitierten Ganzheits- und Strukturtheorien in den Systemtheorien bzw. der Kybernetik rezipiert werden (vgl. 17, 583).

H. Ludwig setzt 1991 die „Denkform des Gesetzes der Wechselwirkungen" in Montessoris „Kosmischer Theorie" in Beziehung zur ökopädagogischen Diskussion der Gegenwart mit ihrem grundlegenden Denken (vgl. 33, 28).

3.3 Montessoris Begründungs- und Untersuchungsansätze

Die „Kosmische Theorie" als Hintergrund „kosmischer Erziehung" erkennt „in der ganzen Schöpfung einen einheitlichen Plan" (12, 19), so formuliert Montessori 1945 die „zentrale Idee". Diese Vorstellung schließt „die Grundlage der Evolutionstheorie" ein, unterscheidet sich aber hinsichtlich der Ursache und Finalität, nach der „das Leben nach einem kosmischen Plan voranschreitet." (12, 20) Eine „religiös-metaphysische Grundlegung" der kosmischen Erziehung in ihrer zentralen Idee (vgl. 32, 154) wird ebenso erkennbar wie die biologische Verankerung in der Evolutionstheorie in ihren Verzweigungen und in ihrer Fortschrittsdimension der sozial-kulturellen Wandlungen.

Vier Begründungs- bzw. Untersuchungsansätze ergeben sich:

(1) der religiös-metaphysisch begründete Ansatz eines in kontinuierlicher Entfaltung befindlichen einheitlichen Schöpfungsplanes (vgl. 12, 58)

(2) die biologisch-evolutionistische Begründung der Aufgabe des Menschen als in der Evolution hinzugekommenes Lebewesen (vgl. 12, 58; 10, 77)

(3) die biologisch-embryologische und ethologische Begründung organismischer Entwicklung (vgl. 9, 166)

(4) die human-ethologische Phänomenanalyse in der Onto- und Phylogenese in ihrer Relevanz für die kosmische Erziehung (vgl. 9, 48f.; 166)

3.3.1 Unvollendeter einheitlicher Schöpfungsplan

„Ohne Zweifel besitzt die kosmische Konzeption Affinität zu der ‚Einheit Gottes, des Schöpfers‘, wie sie in vielen Religionen anerkannt wird." (12, 29)

Die Akzentuierung des Denkansatzes liegt für Montessori darin, daß durch die „Kosmische Theorie" die in die Schöpfungszeit eingebundene Mitwirkung des Menschen hervorgehoben wird, d.h. neben der „mitmenschlichen wechselseitigen Hilfe" bezieht sie die „gerechte Anerkennung der Verdienste des Menschen und die Tatsache, daß wir alles ihren Anstrengungen verdanken" mit ein (12, 29). Diese „soziale Realität" ist für sie Teil des einheitlichen Schöpfungsplanes.

„Die Schöpfung war nicht eine Augenblickstat Gottes, sondern erfolgte in kontinuierlicher Entfaltung in der Zeit und ist noch nicht beendet." (12, 62) Das „Universum ... auf dem Weg zur Vollendung der Schöpfung" (12, 68) stellt eine zentrale Perspektive in Montessoris kosmischer Sicht dar. Sie eröffnet dem Bewußtsein die Möglichkeit, den eigenen Platz in der Schöpfung zu finden und die Verantwortung für die entstehende kosmische Aufgabe zu erkennen: „Sein Zusammenwirken mit anderen bei der Arbeit für seine Umwelt, für das ganze Universum, das wahrlich, wie die Bibel sagt, ‚unaufhörlich seufzt und in Wehen liegt‘, auf dem Weg zur Vollendung der Schöpfung." (12, 68)

Die kosmische Aufgabe aller geschaffenen Wesen besteht im „Tun des Seinigen bei der Umwandlung der Welt" durch die Mitarbeit an der Vollendung der Schöpfung (12, 58).

Die Schöpfung stellt sich als eindrucksvolle Wirklichkeit dar, „alle Dinge sind Teil des Universums und miteinander verbunden, um eine große Einheit zu bilden." (12, 41) Dieses Universum als einheitlicher Schöpfungsplan enthält „eine Antwort auf alle Fragen", insbesondere der nach „Ursache und Finalität des fortschreitenden Wandels" (12, 20).

Das geschaffene Universum als Verstehensgrund für die eigene Eingebundenheit und Teilnahme am sich noch vollziehenden Schöpfungswerk – das ist für Montessori genau genommen kein neuer, sondern ein „neuerdings außer Brauch" geratener Verstehensansatz, um Fragen der „Erschaffung der Welt und die Stellung des Menschen in ihr ... im Lichte von Religion und Philosophie" zu beantworten (12, 43).

Das Universum als Ausdruck des Schöpfungsplanes hat eine sinngebende Erschließungsfunktion für das Selbstverständnis des Menschen, seiner irdischen kosmischen Bestimmung (12, 24), sowie seiner kosmischen Aufgabe und Verantwortung (vgl. 12, 24.68). Die Frage „Was bin ich? Was ist die Aufgabe des Menschen in diesem wunderbaren All?" läßt sich durch die Ermittlung des eigenen „Platzes im Universum" beantworten (vgl. 12, 42). Im kosmischen Schöpfungsplan vermag der Mensch also das „universale Zentrum seiner selbst und aller Dinge" zu entdecken (12, 41).

3.3.2 Kosmische Wirkweise des Menschen

„Das Leben ist eine der schöpferischen Kräfte der Welt. Es ist eine Energie mit eigenen Gesetzen, die von der Biologie studiert werden; ebenso wie es Gesetze gibt, die die physikalischen und chemischen Umwandlungen lenken." (9, 58)

Von dieser biologischen Rückorientierung her ist es für Montessori evident, in der kosmischen Theorie den Menschen den „wirkenden Kräften der Schöpfung" zuzuordnen. Es gilt, seine wesentlichen Funktionen und Verhaltensweisen „als kosmische Wirkkraft" herauszufinden: seine „verändernde Funktion", die er auf die Natur ausübt (12, 21). Diese Form und Funktion als besondere Ausdrucksform des „Lebens als einer kosmischen Wirkkraft" (12, 58) offenbart einen „unmittelbaren, immateriellen Faktor. Das ist der Geist, der göttliche Geist, wirkend, leitend." (12, 14)

Dieser Faktor, der Geist als Partizipation am göttlichen Geist und unmittelbare Kommunikationsmöglichkeit mit ihm, ist als ein „neues Element ... durch den Menschen der Schöpfung zugebracht worden ... Wenn Gott die Wesen intelligent bewegt, gibt er dem Menschen Intelligenz selbst." (12, 36.17)

Der so hinzugekommene freigesetzte Mensch hat auf diese Weise – durch Geist und Intelligenz bewirkt – „eine Basis, aus seinem inneren Selbst heraus handeln zu können ... fähig zu sein, in der Welt zu handeln ... mitzuarbeiten von der Position des Geschöpfes." (12, 16.21)

Die durch die verändernde Funktion des Menschen entstehende Umgebung oder Supra-Natur, durch die der Mensch sich seine spezifischen Existenzbedingungen schafft, nennt Montessori „Spuren seiner schöpferischen Intelligenz", die Ausdruck seiner Bestimmung sind, „ein wesentliches Werk der Schöpfung zu vollbringen." (12, 87.88)

Unter Beachtung einer psycho-sozialhistorischen Komponente in der Mitarbeit des Menschen an der unvollendeten Schöpfung hebt Montessori zwei wichtige Aspekte der Sozial-Evolution hervor. Die Menschen konnten sich immer nur mit der Wirkung ihrer „verändernden Funktion" – der Umgebung – weiterentwickeln und in ihrem Dienst. „Auch in einer hohen Kultur hat Stillstand immer Stagnation und Untergang bedeutet." (12, 87)

Der Mensch muß über das entsprechend entwickelte Bewußtsein seiner psychisch-geistigen und gesellschaftlich-kulturellen Bedürfnisse hinaus „noch zu dem Bewußtsein seiner weit größeren Verantwortung für eine kosmische Aufgabe" gelangen: „Zu seinem Zusammenwirken mit anderen bei der Arbeit für seine Umwelt" (12, 68). Zur Zeit entgeht der Menschheit die Einsicht, daß „das Ganze der Menschheit so innerlichst vereinigt ist, daß es eine organisierte Energie bildet." (12, 24)

Konkret entsteht die kollektive kosmische Aufgabe, die „Organisation" der „Einheit der Menschheit" zu bewirken (12, 93). Dazu ist ein „universales Bewußtsein der Menschheit" als Ausdruck ihrer „irdischen Bestimmung" – „einer gemeinschaftlichen Arbeit für den kosmischen Plan" – zu entwickeln und demgemäß „wirkend in Erscheinung zu treten" (12, 94.24).

Im Dienste dieser Menschheitsaufgabe steht die kosmische Erziehung mit ihren ausgewiesenen Zielen der Herbeiführung einer sozialen Harmonie durch wechselseitige mitmenschliche Hilfe und wechselseitig erwiesene Gerechtigkeit im Sinne der sozialen Anerkennung der Verdienste der Menschen (vgl. 12, 29). Den Ausdruck solch „veredelter" Wirkweisen des Menschen durch die „zentrale Idee" sieht Montessori in der Liebe. Sie „ist das Geheimnis für alle Fortschritte des Menschen und der sozialen Entwicklung." (4, 38)

Aus diesem Zusammenhang ist Montessoris Fortschrittskritik zu verstehen, daß die Intelligenz des Menschen zwar gewachsen sei, es aber an den nötigen, ihr entsprechenden Gefühlen fehle, „wie das der Gemeinschaft unter den Lebewesen. Die Harmonie muß noch geschaffen werden." (4, 47)

3.3.3 Embryonale Entwürfe – Psycho-soziale Analogie

Montessoris anthropologische und humanethologische Studien sind am Ansatz und an der Forschungsentwicklung der Embryologie orientiert.

3.3.3.1 Entstehung der Embryonaltheorie

Montessori verweist in ihren Schriften 1916, 1948 und 1950 (vgl. 2, 218; 9, 31; 10, 34) auf die begründenden Arbeiten von Ch. Wolff und K. Baer, deren Untersuchungsarbeiten zur embryonalen Theorie des „strukturierten Keimes" führten. Gemeint ist die Feststellung, daß ein organisiertes Wesen aus einem Keim entsteht, der bereits strukturiert ist. Das bedeutet, daß die wesentlichen und unveränderlichen Formen – ursprüngliche Vermögen oder Anlagen artlicher Besonderheiten – bereits angelegt sind, aus denen in einer Epigenese (Entwicklung durch Neubildungen) zufällige und veränderliche Formen entstehen können (vgl. 20, 59).

Die Struktur des Keimes ist das innere Prinzip der Bildung, das zu seiner Realisierung in der konkreten Entwicklung auf entsprechende äußere Einflüsse angewiesen ist.

In der embryologischen Entwicklung aus dieser ursprünglichen Strukturierung heraus ist jedes Organ aus „spezialisierten Zellen aufgebaut; und jedes Organ hat getrennt von den anderen seine besondere Funktion; aber all diese Funktionen sind für die Gesundheit des gesamten Organismus notwendig. Jedes Organ existiert und arbeitet also für das Ganze." (9, 39)

3.3.3.2 Neue embryologische Forschungshorizonte

Montessori orientiert ihre Studien an der embryologischen Theorie und ihrer Fortentwicklung, die sie durch andere Forschungsergebnisse belegt.

Eine Erweiterung der „Horizonte der Embryologie" sieht sie in den Entdeckungen von de Vries (1902–1903) gegeben, der „spontane Variationen" erkannte, die die Möglichkeit bieten, durch äußere Einflüsse verändernd auf den Embryo einzuwirken (vgl. 9, 45). „Die Bedeutung des Embryos liegt darin, daß er die Organe noch nicht endgültig ausgebildet hat und somit leicht variieren kann." (9, 45) Mit dieser Entdeckung wurde die Embryologie praktisch zu einem der Fundamente der Verhaltensforschung.

Relevant für Montessoris Studien wurden die Entdeckungen des Embryologen Childe, der 1924 in der Embryonalentwicklung „Punkte fieberhafter Aktivität, ‚physiologische Gradienten'" (12, 107) beobachtete, d.h. Sensitivitätspunkte, die so stark sind, „daß sie im Individuum eine bestimmte Reihe von Aktionen auslösen." (9, 47)

Die vom Embryo bewirkte Aufbauarbeit eines „komplexen Körpers" durch organische Differenzierungs- und Integrationsprozesse „von der Spezialisierung zur Funktion" führte Huxley 1926 zur „Idee eines einheitlichen Bauplanes in der Natur", auf die Montessori sich ausdrücklich bezieht (vgl. 9, 45). Sie erkennt eine embryologisch begründete „Konstruktionsmethode", die vermuten läßt, daß die „psychische Entwicklung einen ähnlichen Weg geht ... Nicht nur die körperliche, sondern auch die psychische Entwicklung des Kindes scheint dem gleichen Schöpfungsplan der Natur zu folgen." (9, 46)

Die Übernahme dieser embryonalen „Konstruktionsmethode" als Basis der Beobachtung und Interpretation kindlicher Entwicklungsvorgänge führte Montessori auf die Spur sensibler Perioden von sehr aktiven Sensitivitätspunkten (vgl. 9, 46).

In Analogie zur Embryonaltätigkeit im Frühstadium – der Zellanhäufung – wird im psychischen Bereich „die Anhäufung durch den absorbierenden Geist ... bewirkt. Auch auf psychischem Gebiet bilden sich Organe um einen Sensitivitätspunkt ... Es entstehen die ‚Organe' der Psyche." (9, 46.47)

Das konstruktionsmethodische Modell der embryonalen Wirkweise scheint sich in Montessoris Vorstellung und Formulierung „embryonaler Entwürfe" (9, 166) oder „grundlegender Entwürfe" (12, 107) niedergeschlagen zu haben.

Im Kontext der Verhaltensforschung entstand ein neuer embryologischer Forschungsbeitrag. Watson hatte Tatsachen – äußere Kundgebungen

– zum Leitfaden genommen, „um mit größerer Sicherheit zu den Phänomenen des Lebens gelangen zu können" und festgestellt, „daß im Kind keine Spur von festgelegtem Verhalten zu finden ist." (9, 47)

1929 entdeckte der Biologe Coghill bei seinen embryologischen Studien, „daß die Formen der Organe gemäß dem geplanten Verhalten in der Umgebung entstehen." (9, 48) Gemeint ist die Ausbildung des Nervensystems vor der Ausbildung der einzelnen Organe.

Montessori folgert aus den geschilderten Forschungsergebnissen 1948, daß die Entwicklung nicht mehr nur in der „alten, linearen Form betrachtet werden" kann, als „ein fortschreitender Prozeß, der auf eine unbestimmte Vervollkommnung ausgerichtet ist. Heute erweitert sich die Vorstellung von der Entwicklung, indem diese sich als zweidimensionales Feld darstellt. Sie schließt auch die direkte und entfernte funktionale Übereinstimmung der verschiedenen Aufgaben der Lebewesen ein." (9, 49)

Die kosmische Sicht deutet sich in dieser Interpretation von 1948 an. Der Bezug der Entwicklung auf die „entfernte funktionale Übereinstimmung" ist als Ausrichtung „auf einen universalen Endzweck in bezug auf die Umwelt" zu sehen, „auf die Gesamtheit der Natur" (9, 50). Die entfernte funktionale Übereinstimmung im komplexen Verhalten der Lebewesen tritt ans Licht in der „Ökologie als praktischer Biologie", die sich unmittelbar auf die Beziehungen unter den Lebewesen stützt (9, 51).

In dieser Perspektive spricht der Humanethologe Eibl-Eibesfeld vom „Ökotypus Homo Sapiens" (14, 747), dessen Menschwerdung und Verhalten er adäquat untersucht.

3.3.3.3 Embryonale Entwürfe bei Montessori

Montessoris Entwicklungskonzept – die Theorie der sensiblen Perioden sowie die Deutungsmetaphern „Embryo" und „Absorbierender Geist" – basieren auf den beschriebenen embryologischen und ethologischen Forschungsergebnissen. „Die Tatsache, daß das Kind – in der Begegnung – einem ersten Schema der Errungenschaften, die es in der Umgebung machen muß, folgt, ist ein embryonales Phänomen. Denn der Embryo ist von Entwürfen bestimmt: seien es die der Organe des Körpers in den Genen, seien es die des Verhaltens nach Coghill ... (seiner) neuen Idee, daß die Form der Organe gemäß dem geplanten Verhalten in der Umgebung entsteht." (9, 166.48) Embryonale Entwicklung schließt die „direkte und entfernte funktionale Übereinstimmung der verschiedenen Aufgaben der Lebewesen ein". (9, 49)

Bei der Konkretisierung der embryonalen „Konstruktionsmethode" als einheitlichem Bauplan spricht Montessori demgemäß von „grundlegenden" oder „embryonalen Entwürfen" (12, 107; 9, 166), die das Individuum in seiner Entwicklung leiten, ein Sachverhalt, den die Humanethologie „Grundkonzepte" nennt (14, 35f.) im Sinne von „Selbstdifferen zierungen aufgrund der im Erbgut festgelegten Entwicklungsanweisungen" (14, 716).

Die Theorie sensibler Perioden entspringt von ihrem Ansatz her den embryonalen Entwürfen, dem „strukturierten Keim" einerseits und seinem Entwicklungsrhythmus durch punktuell bestimmte „fieberhafte Aktivitäten" oder „physiologische Gradienten" (Sensitivitätspunkte) andererseits, die ethologisch-phänomenologisch zugänglich sind und analysiert werden können. Die sich so zeigende embryonale Konstruktionsmethode aufgrund der gegebenen embryonalen Entwürfe ist wohl der Grund für die Interpretation der nachgeburtlichen individuellen wie sozial-organismischen Entwicklung durch die Metapher Embryo. Montessori spricht vom psychischen oder geistigen Embryo (vgl. 9, 55f.) bzw. vom sozialen Embryo in der individuellen Entwicklung.

Auf die „Lehrfunktion" des Embryo – „das Wirken desselben grundlegenden Entwurfs" im Sinne der Konstruktionsmethode – weist Montessori bezüglich der Menschheitsentwicklung hin: „Denn die Menschheit ist ebenfalls eine organische Einheit, die noch im Entstehen begriffen ist ... weil die Menschen noch nicht ihre Gemeinmenschlichkeit und deren Wirken bei der Erfüllung einer kosmischen Bestimmung begriffen" haben (12, 107.108).

Mit Hilfe der Metapher Embryo wird unter einem embryologisch-ethologischen Aspekt das zweidimensionale Entwicklungsfeld sowohl in der Onto- als auch in der Phylogenese dargestellt. Die spontanen embryonalen Variationen (de Vries) sowie die embryonale Konstruktionsmethode (Huxley), „in der die Organentwicklung das geplante entferntere Umweltverhalten einbezieht" (Coghill), lassen – sozialevolutionistisch betrachtet – ein offeneres Entwicklungsfeld entstehen. In ihm scheinen bezüglich des Menschen – dessen „verändernde Funktion" mit ihrer umgebungschaffenden Wirkung – neue Voraussetzungen für „spontane Variationen" zu entstehen.

Von ihrem biologisch-embryologischen und human-ethologischen Begründungsansatz her spricht Montessori von der „Organisation der Menschheit", einer universalen Entwicklung der Organe (Gruppen) und ihrer Funktionen (vgl. 12, 39; 4, 22.28) in Analogie zur embryonalen Konstruktionsmethode. Die Menschheit als „organisierte Energie" ist im Begriff, ein „„universales Bewußtsein' zu entwickeln (vgl. 12, 24), und zwar vor dem Hintergrund eines universalen Welt- und Selbstverständnisses sowie einer universalen Verantwortung.

Aus dem gleichen Begründungsansatz gewinnt Eibl-Eibesfeld 1984 seine Erkenntnisse, indem er ökologisch den Menschen und seinen Lebensraum betrachtet, und den „Ökotypus Homo Sapiens" als den „Universalisten unter Spezialisten" bezeichnet (14, 747).

3.3.3.4 Human-ethologische Phänomenanalyse – Montessoris Untersuchungsmethode

Montessori weist ihre Forschungsperspektive 1948 eindeutig aus: die embryonalen Entwürfe der Organ- und Verhaltensentwicklung (vgl. 9, 166). Methodisch bedient sie sich – in der embryonaltheoretisch begründeten Tradition der sich entwickelnden Verhaltensforschung stehend – der Phänomenologie, die „die äußeren Kundgebungen als Leitfaden (nimmt), um mit größerer Sicherheit zu den Phänomenen des Lebens vordringen zu können". (9, 47) „Psychische Reaktionen" nennt sie die ans Licht tretenden äußeren Kundgebungen, die es zu beobachten, beschreiben und zu analysieren gilt.

Dieser phänomenanalytische, tatsachenorientierte Untersuchungsansatz zieht sich durch alle Schriften und fixierten Äußerungen hindurch (vgl. 1, 23f. 44.55; 2, 69f.; 3, 224f.; 9, 47.166; 10, 55).

Auf der Verstehensbasis human-ethologisch ermittelter Phänomene und deren Analyse ruht die von Montessori entwickelte empirische Pädagogik bzw. Didaktik ebenso wie die vom Erzieher geforderte Grundqualifikation einer teilnehmenden und methodischen Beobachtung (vgl. 20, 92; 24a, 39.41). „Die Montessori-Pädagogik kommt vom Kind und seiner Psychologie zu neuen Phänomenen." (7, 1. Vorl.)

Die Methode der human-ethologischen Phänomenanalyse zum Zwecke der pädagogischen Hilfe in der Individualentwicklung (Ontogenese) weitet Montessori zur Untersuchung der pädagogischen Hilfe in der Sozialentwicklung (Phylogenese) aus.

Auf der Suche nach dem „Platz des Menschen ... im Gesamtbereich der Lebewesen" (9, 51) führt der Untersuchungsweg zur spezifischen „Wirkweise" des Menschen (12, 21f.), aus der sich Aufschluß über seine spezifische „Funktion" ergibt (vgl. 4, 44f.).

Durch diese Suche erweist sich der Mensch als ein „Hinzugekommener in der Evolution" (10, 77), dessen Ausstattung mit „Intelligenz und Hand" (4, 44) ihn als „kosmisch Handelnden" (12, 22) in Erscheinung treten läßt, der durch seine „verändernde Funktion ... Spuren seiner Existenz" hinterläßt (12, 21), die – als Zivilisation, Kultur, Supra-Natur manifestiert – in Erscheinung treten (vgl. 12, 22f.; 4, 45f.).

Der Mensch hat eine von ihm zu verantwortende „große Aufgabe auf der Erde zu erfüllen. Er muß sie umbilden, sie erobern und benutzen, um eine wunderbare neue Welt aufzubauen ... Der Mensch schafft die Kultur." (10, 94)

Aus der Ermittlung der Funktion des Menschen – als „kosmische Wirkkraft" immer auch schon unbewußt eine „kosmische Aufgabe in der Schöpfung" wahrzunehmen, die sich in Kultur oder geschaffener „Supra-Natur" niederschlagen – gewinnt Montessori einen weiteren methodischen Zugang von hoher didaktischer Relevanz. Sie wendet den primär human-

ethologisch-phänomenologischen Untersuchungsansatz historisch-sekun-
däranalytisch: Vorgeschichte und Geschichte der Menschheit bieten einen
Schlüssel, „die menschliche Gesellschaft besser zu verstehen. Die Menschen bildeten zuerst getrennte Gruppen (die Stämme und Nationen), ar-
beiteten örtlich verschiedene Grundzüge von Kultur aus (kosmische Aufgabe), bestimmt, sich miteinander zu vermischen und zu verbinden ... In
der gegenwärtigen Epoche scheint die Einheit der ganzen Menschheit"
durch den Produktionsaustausch auf allen Ebenen Wirklichkeit zu werden.
(12, 24) Diese Tatsache einer damit entstandenen erweiterten Funktion
der Menschheit aber entgeht der Menschheit ebenso wie das im Entstehen
begriffene „universale Bewußtsein". (12, 24)

Diese Diskrepanz sowie das Ungleichgewicht zwischen der inneren Entwicklung des Menschen im Vergleich zu der von ihm geschaffenen Supra-
Natur machen die „‚direkte Vorbereitung‘ der neuen Generation" erforderlich (12, 25), in der es um die Entfaltung der Persönlichkeit einerseits
und um die Gestaltung der Supra-Natur und einer besseren Gesellschaft
andererseits geht (vgl. 4, 59).

4. „Veredelnde Inspiration" der zentralen Idee

Die zentrale Idee – der „kosmische Plan, in welchem alle bewußt oder unbewußt dem großen Zweck des Lebens dienen" (12, 35) – ist das Zentrum,
von dem her die kosmische Erziehung ihren Ausgang nehmen muß (12,
27).

Auch der Mensch hat neben seinen ihm bewußten Zielen noch ein ihm
unbewußtes Ziel. Es gilt, „noch zu dem Bewußtsein seiner weit größeren
Verantwortung für eine kosmische Aufgabe (zu) gelangen: zu seinem Zusammenwirken mit anderen bei der Arbeit für seine Umwelt, für das ganze
Universum ... auf dem Weg zur Vollendung der Schöpfung." (12, 68)

4.1 Fundamentales Bildungsprinzip

Gemäß der zum Ausdruck kommenden Zielperspektive einer universalen,
kosmischen Bewußtseinsorientierung und -bildung sowie der Entwicklung
einer entsprechenden Verantwortung formuliert Montessori als „fundamentales Bildungsprinzip" die „Wechselbeziehung aller Dinge und ihre
Zentrierung in dem kosmischen Plan." (12, 100)

Dies gilt sowohl für das Welt- und Selbstverständnis des einzelnen Menschen als auch für das Unionsverständnis der Menschheit selbst.

4.2 „Veredelnde Inspiration" und „verändernde Funktion"

Der Mensch, als der in der Evolution hinzugekommene, zählt durch die ihm eigene „verändernde Funktion" (12, 21) zu den großen kosmischen Kräften. „Mit Hilfe seiner Intelligenz setzt der Mensch das Schöpfungswerk fort." (9, 46)

Die „Funktion des Menschen", eine „kosmische Aufgabe in der Schöpfung" zu haben, fordert eine entsprechende Aufwertung sowohl in der Erziehung des einzelnen Individuums als auch in der sozialen Anerkennung menschlicher Leistungen in der Menschheitsgeschichte. Beiden Zielen soll durch die kosmische Erziehung entsprochen werden (vgl. 12, 29).

Für das menschliche Individuum ist es notwendig, daß ihm von Geburt an geholfen wird, „alle latenten Energien zu entwickeln, eine klarere Intelligenz zu erwerben, einen stärkeren Charakter, eine neue und freiere Form des Bewußtseins, die fähig ist, die Totalität der menschlichen Bedürfnisse zu begreifen." (12, 26)

„Die neuen Generationen müssen verstehen, daß in dieser Union jeder Mensch abhängig ist von anderen Menschen und jeder zur Existenz aller beitragen muß." (12, 27)

Nur auf diese Weise wird es dem einzelnen Individuum möglich, seinen Platz, das Tun des „Seinigen bei der Umwandlung der Welt" herauszufinden (12, 58). In der kosmischen Theorie wird neben der mitmenschlichen Hilfe auch in der historischen Dimension „die gerechte Anerkennung der Verdienste der Menschen" intendiert, verbunden mit der Anerkennung der „Tatsache, daß wir alles ihren Anstrengungen verdanken ... im sozialen Leben (muß) vieles von dem, dessen wir uns erfreuen, dem Verdienst der Arbeit des Menschen zugerechnet werden." (12, 29)

4.3 „Veredelnde Inspiration" und „Umgebung"

Der Mensch, der seine „verändernde Funktion" auf die Natur ausübt, lebt, indem er lebt, „als eine Spur seiner ganzen Existenz." (12, 21) Als die aktivste der kosmischen Wirkkräfte ist er dazu bestimmt, die Umgebung – seinen spezifisch eigenen Lebensraum – zu schaffen, zu verändern und zu vervollkommnen. Er baute und baut auf, „was wir Kultur nennen." (12, 22)

Unter diesem Aspekt spricht Montessori vom Menschen als dem Schöpfer der „Super-Natur", ein Vorgang, bei dem sich der Mensch selbst verwandelt hat. „Seine Intelligenz ist gewachsen, aber es fehlt an den nötigen, ihr entsprechenden Gefühlen." (4, 47) In dieser Perspektive wird Erziehung zu einem „Austausch zwischen der menschlichen Natur und der Super-Natur" (4, 48). Es gilt, den Menschen, die Würde seiner Persönlichkeit, auf das „Niveau der Umgebung zu heben", die er durch seine Arbeit und Intelligenz selbst geschaffen hat (4, 50). „Im Super-Natürlichen muß sich die Seele bilden." (4, 59) Die Super-Natur ist der durch Menschen kontinu-

ierlich geschaffene Hintergrund je aktueller menschlicher Entwicklungsmöglichkeiten (vgl. 12, 100).

Die Wechselbeziehung aller Dinge untereinander als fundamentales
Bildungsprinzip wird ebenso deutlich wie ein progressives Verständnis der
Umgebung, die „Gestaltung der Super-Natur" für den menschlichen Bil-
dungsvorgang als Aufgabe der Erziehung (4, 59).

4.4 „Veredelnde Inspiration" und „Disproportionalität"

Die „Disproportionalität" menschlicher Persönlichkeitsentwicklung zum
selbstgeschaffenen Fortschritt im Sinne von Umgebung, Kultur oder Supra-Natur ist das zentrale Thema der „Fortschrittskritik" Montessoris seit
den 30er Jahren.

4.4.1 Fortschrittskritik – Zeitprobleme

Die 1937 gestellte Frage nach dem gesunkenen Niveau „der menschlichen
Moral auf dem Wege der Zivilisation" wird von Montessori beantwortet
mit der Feststellung: „Es ist ein großer äußerer Fortschritt gemacht worden, aber kein innerer Fortschritt der Menschheit." (4, 81)

Der Biochemiker F. Vester nennt dieses defizitäre Phänomen 1984 eine
„dramatische geistige Lücke innerhalb unserer eigenen Gesellschaft, die
darin besteht, daß wir ... in unserer geistig-psychischen Struktur mit unserer technischen Entwicklung nicht mitgewachsen sind. Auch die Bildungsreform der 70er Jahre ging an dieser Tatsache vorbei." (45, 469)

Vor dem Hintergrund der Erkenntnis, „daß der Mensch nicht ‚gerüstet'
ist, die aus einer ‚Supra-Natur' bestehende Umgebung zu beherrschen, die
er selbst auf der Erde geschaffen hat", daß er orientierungslos geworden ist
und keine Kontrolle über seine eigene Schöpfung besitzt (12, 25), ergeben
sich dringliche Herausforderungen für die Erziehung des Menschen.

Erziehung als „ein soziales und menschliches Anliegen" – Montessori
1950 muß angesichts „des gestörten Gleichgewichts zwischen dem Menschen und der Umgebung" darauf gerichtet sein, „dem Menschen zu helfen, sein inneres Gleichgewicht, seine seelische Gesundheit und sein Orientierungsvermögen unter den gegenwärtigen Umständen in der äußeren
Welt" wiederzuerlangen und zu bewahren. Konkret heißt es: „Er muß auf
sein Verhalten zur Umwelt anders vorbereitet werden." (10, 21.25)

Dies schließt die individuelle Bildung der Person, Hilfe zum Verstehen
und Gestalten von Kultur (Umgebung, Supra-Natur) und Hilfe zum Be-
wußtwerden um den je aktuellen Platz im Universum sowie „des wirklichen Platzes in der Geschichte" ein (10, 21), um auf diese Weise das Tun
„des Seinigen bei der Umwandlung der Welt" als kreativ-kosmische Aufgabe herausfinden zu können (12, 23).

Dies ist gemeint, wenn Montessori aus der – differenziert behandelten – kosmischen Sicht heraus fordert, dem Menschen zu helfen, „die Umgebung, der er sich anpassen muß, zu verstehen." (10, 21)

Daher müssen die Probleme der Erziehung „aufgrund der Gesetze der kosmischen Ordnung gelöst werden", die von den „Gesetzen des psychischen Aufbaus des menschlichen Lebens bis zu den wandelbaren Gesetzen" reichen, die „die Gesellschaft bei ihrer fortschreitenden Entwicklung leiten". (10, 22)

4.4.2 Realisierung menschlicher Potentialitäten
Herausfordernde Zeitaufgabe

Die von Montessori 1945 geforderte Erziehungsaufgabe als Realisierung aller menschlichen Potentialitäten ist an den zitierten psycho-sozialen „Gesetzen, die das menschliche Werden leiten", begründend orientiert (vgl. 12, 26). So trägt die von ihr 1948 publizierte Schrift zur kosmischen Erziehung den entsprechenden Titel „To Educate The Human Potential" (8).

Angesichts der herrschenden Überbewertung menschlicher Fortschrittsleistungen bedarf es einer Rückorientierung auf die „Schätze der Menschheit" – „die Intelligenz der Menschheit und die Normalität der Person ... Der Reichtum der Menschheit ist seine Intelligenz, ist die Ausgeglichenheit der Persönlichkeit und der Organismus der Einheit. Wir benötigen heute eine Erziehung, die die menschliche Persönlichkeit auf die Größe des Menschen ausrichtet" (4, 50), nicht zuletzt definiert durch seinen Platz und seine verändernde Funktion im Universum und in der Geschichte.

Eine solche Rückorientierung in Gesellschaft und Erziehung auf die Schätze der Menschheit kann nur wirksam werden durch eine „Aufwertung des Menschen" (10, 27). Erzieherisch ist es notwendig, „die verborgenen Antriebe aufzuwerten, die den Menschen bei der Konstruktion seiner selbst leiten." (4, 71.61)

Die Rückbesinnung auf die Schätze der Menschheit und deren Aufwertung nennt Montessori auch eine „Korrektur", durch die der Gesellschaft das ihr „fehlende Element" (11, 175) – die vielfach analysierten defizitären Phänomene – wieder zugebracht werden kann. In bezug auf die Erziehung sagt sie dazu: „Man kann nur korrigieren, indem man ‚erweitert', für die Erweiterung der Personalität Raum und Mittel gibt." (10, 52)

Die Korrektur durch die Erweiterung der Personalität sieht Montessori 1936 mehrperspektivisch: Sie besteht 1. in einer „Neugestaltung des Menschen, die die innere Entwicklung der Persönlichkeit ermöglicht." 2. in der „Orientierung auf die Ziele der Menschheit" und 3. in der Orientierung an den „gegenwärtigen Bedingungen des sozialen Lebens" (4, 26).

Diese Korrektur enthält die Aufgabe, die neuen Generationen zum Erwerb einer „neuen Orientierung des Bewußtseins zu leiten und die ganze Menschheit zur harmonischen Einheit zu führen" (12, 26) – genannte Ziele der kosmischen Erziehung.

Die von Montessori 1936 thematisierte „Strukturveränderung der Erziehung" (4, 30) erhält 1945 eine schärfere Konturierung durch die Zentrierung in der kosmischen Theorie. Zwei Aufgaben werden genannt: 1. die Vermittlung einer neuen Form intellektueller Bildung und 2. die Kultivierung neuer Gefühle der Menschlichkeit. Eine Bildung durch einen „universalen Lehrplan, der den Verstand und das Gewissen aller Menschen in einer Harmonie vereinen kann, ist es, was wir durch ‚kosmische Erziehung' beabsichtigen" (12, 26.27), und was sich als Bildung einer sozialen Humanität darstellt.

5. Vorstellung der zentralen Idee
Wann und wie?

Aus der zentralen kosmischen Idee, daß alle Dinge „Teil des Universums und miteinander verbunden (sind), um eine große Einheit zu bilden" (12, 41), ergibt sich das fundamentale Bildungsprinzip der „Wechselbeziehung aller Dinge und ihre Zentrierung in dem kosmischen Plan" (12, 100).

Von diesem universalen Weltverständnis her ist auch das menschliche Selbstverständnis zu erschließen – den eigenen „Platz im Universum" zum Tun „des Seinigen" (12, 58) darin zu entdecken. Diesem universalen Welt- und Selbstverständnis dient die Forderung Montessoris, die durch ihre Fortschrittskritik analysierte menschliche Disproportionalität aufzuarbeiten durch eine Rückbesinnung und -orientierung auf die nicht genügend beachteten und vergessenen Schätze der Menschheit – Intelligenz, Ausgeglichenheit der Persönlichkeit, Organismus der Einheit (vgl. 4, 49). Konkret stellt sich die Frage nach der „menschlichen Potentialität", von der Montessori 1950 sagt, daß sie „in den Blick genommen werden" müsse – „und nicht eine Erziehungsmethode" (10,16) –, und zwar unter dem Aspekt ihrer „Erweiterung", wozu ihr „Raum und Mittel" geboten werden müßten (10, 52).

Die Identität menschlicher Personalität als sich durchhaltende Einheit der Person in allen Entwicklungsphasen (vgl. 10, 16) sieht Montessori orientiert an der „Zentrierung durch den kosmischen Gedanken" (12, 45). Von dieser Sicht her ergibt sich die Notwendigkeit, „die ganze Person des Kindes zu beanspruchen" und herauszufinden, „wann und wie diese Idee vorgestellt werden soll". (12, 46) Damit wird die entwicklungspädagogische und didaktische Frage der kosmischen Erziehung thematisiert.

5.1 Entwicklung der „Funktion des Menschen"
Soziale Personalität

„Das neue Element des Geistes, das durch den Menschen der Schöpfung zugebracht worden" ist (12, 36), begründet die Fähigkeit des Menschen, auf der Basis intelligenter Aktivität „aus seinem inneren Selbst heraus handeln" (12, 16), und so verändernd auf seine Umgebung wirken zu können. Durch seine „verändernde Funktion" schafft und verändert der Mensch seinen Lebensraum – Umgebung, Kultur, Supra-Natur –, ein Vorgang, der sich auf die Lebensräume anderer Mitgeschöpfe ebenfalls verändernd auswirkt und möglicherweise Diskrepanzen schafft. Die sich zeigende Relationalität begründet ein erweitertes Verständnis der Sozialität des Menschen: sich in den Relationalitäten eingebunden zu verstehen, als „Teil des Universums" sich mit anderen in einer wechselseitigen Beziehung zu befinden und so verstanden zu wirken. Aus dem Selbstverständnis einer „Zentrierung durch den kosmischen Plan" (13, 46) ergibt sich der Sachverhalt einer „universalen Aufgabe" (12, 21) und ihrer Definition als das „Tun des Seinigen" (12, 58), das in die Verantwortung des Menschen fällt. Der Mensch als Wesen, das, universal-sozial eingebunden, mit Geist und Intelligenz ausgestattet ist, tritt als soziale Persönlichkeit in Erscheinung.

Erziehung hat sich als Hilfe bei der Entwicklung dieser „sozialen Personalität" zu verstehen, wie Montessori 1948 ausdrücklich formuliert (vgl. 9, 2).

5.1.1 Soziale Persönlichkeit – Soziale Humanität
Entwicklungs- und Erziehungsstufen

Die gegebene Disproportionalität fordert, so Montessori 1936, eine „kollektive Anstrengung", um die Entwicklung der Persönlichkeit so zu fördern, daß sie dem „Niveau der Umgebung" zu entsprechen vermag, das der Mensch geschaffen hat (vgl. 4, 50).

Tielkes hat 1986 Montessoris Unterscheidung der Individualität von der Personalität deutlich herausgearbeitet (vgl. 44b, 116), die für das Verständnis der Entwicklung der sozialen Personalität des Menschen wichtig ist.

Die gegebene sozial-individuale Verfaßtheit des Menschen ist das „Hauptproblem" in der Entwicklung der Persönlichkeit, das eine differenzierte Hilfe erfordert, um die „freie Individualität in all ihren individuellen Funktionen zu entwickeln und jene Entwicklung der Persönlichkeit zu fördern, die die gesellschaftliche Organisation verwirklicht." (4, 54)

Die Entwicklung der individuellen Freiheit ist „notwendige Grundlage der organisierten Gesellschaft" (4, 52). Vor dem Hintergrund der Tatsache, daß sich nur freie Individuen gesellschaftlich zusammenschließen und so soziale Funktionen übernehmen können (vgl. 4, 53), unterscheidet Montessori in der Entwicklung und Förderung sozialer Personalität des Menschen vier Stufen: 1. das Alter bis 12 Jahre, 2. das Alter von 12 Jahren bis zum Beginn der beruflichen Ausbildung, 3. die Ausbildungszeit selbst, 4. die konkrete Übernahme von Verantwortung im Leben (vgl. 6, 92; 4, 54–65).

5.1.1.1 Erziehungsstufe 0–12 Jahre

Montessori nennt diese Stufe die „Erziehung an sich", in der das Individuum durch „Isolierung .... um alleine handeln zu können", sich seine Freiheit erwirbt (4, 54). Die Basis der Personalitätsbildung ist die „Bildung der Individualität" (4, 51), deren Ziel die Konkretisierung der Freiheit ist. „Die Freiheit ist die Basis von allem und der erste Schritt ist getan, wenn das Individuum ohne Hilfe anderer handeln kann mit dem Bewußtsein, eine lebendige Einheit zu sein ... Das ist eine primitive Definition der Freiheit." (4, 52)

Montessori nennt im Rahmen dieser Ausführungen das vielzitierte Erziehungsprinzip als Selbstoffenbarung des Kindes: „Lehre mich, allein zu handeln." (4, 51)

5.1.1.2. Erziehungsstufe ab 12 Jahren bis zur Berufsbildung

Von dieser Stufe, in der es bereits um die soziale Anwendung der individuellen Fähigkeiten geht (4, 96), sagt Montessori global, daß sie „zur Gesellschaft, zur Organisation der Erwachsenen" führt. (4, 54)

Der junge Mensch „erahnt die Möglichkeiten einer weiteren Entfaltung der Persönlichkeit und einer gesellschaftlichen Organisation" (4, 54). Es gilt, das Gefühl für die Gesellschaft zu entwickeln, das einen Fortschritt in der Menschlichkeit bewirkt (4, 94). Dies trägt dazu bei, „unter den Menschen mehr Verständnis herbeizuführen und daraus folgend mehr Liebe." (6, 92)

Durch die Teilnahme an sozialer Arbeit vermag der junge Mensch via Erfahrung auch intellektuellerweise den Platz und die Funktion des Menschen zu ergründen und so menschliches Verstehen und Solidarität zu entwickeln (vgl. 6, 93). Dem Individuum muß die Möglichkeit geboten werden, soziale Erfahrungen zu machen. Dazu ist eine „Skala sozialer Erfahrungen" (4, 72) anzubieten, die Montessori als „geeignete Super-Natur" bezeichnet (4, 63).

Für die beiden ersten Erziehungsstufen gilt als Aufgabe und Ziel der Erziehung „die Entfaltung der Persönlichkeit, die Gestaltung der Super-Natur und einer besseren Gesellschaft. Im Super-Natürlichen muß sich die Seele bilden." (4, 59)

5.1.1.3. Erziehungsstufe – unmittelbare Berufsvorbereitung

Montessori behandelt diese wie die vierte Stufe nur knapp, legt allerdings ein sehr präzises Bildungsfeld frei. Die dritte Erziehungsstufe ist gekennzeichnet durch die „Vorbereitung der menschlichen Seele auf die Arbeit als vitale Funktion an der Basis der gesellschaftlichen Erfahrungen" (4, 64).

Die Ausbildungssituation zeichnet sich aus durch ganzheitliche Vorbereitung im sozialen Erfahrungsfeld und das Herausfinden des Platzes und der Funktion im sozialen Gefüge. Es gilt für den so sich vorbereitenden Menschen vor allem, „seine gesellschaftliche Verantwortung zu verspüren." (4, 64)

Aufgabe dieser Erziehungsstufe ist die Vorbereitung des „verantwortlichen Menschen" dadurch, daß der sich Vorbereitende sich seiner „persönlichen Verantwortung bewußt" wird (4, 64).

5.1.1.4. Erziehungsstufe – das Leben selbst

Montessori thematisiert die Selbsterziehungsaufgabe der Erwachsenen in der kosmischen Perspektive vor dem Hintergrund der in der Fortschrittskritik analysierten Disproportionalität. „Auf dieser vierten Stufe muß die Gesellschaft allen helfen und alle in der stetigen Entwicklung der Umgebung auf dem erreichten Niveau erhalten. Sie muß den Menschen über die Umgebung erheben, damit dieser sie mit sich erheben kann." (4, 65)

5.1.2 Sensible Perioden und Erziehungspläne

Montessoris Frage nach dem Entwicklungszeitpunkt, „wann" die zentrale Idee vorgestellt werden kann, machte die Abklärung der Entwicklung und Vorbereitung der „verändernden Funktion" des Menschen – ihrer psychophysischen Grundlagen – erforderlich.

Sie spricht zwar 1918 bereits vom „sensiblen Alter" (1, 97 f.) und legt frühe Sensibilitäten wie Bewegung, Ordnung und Sprache ihrer Untersuchungsarbeit zugrunde. Ihre Theorie der sensiblen Perioden erfährt ihre Ausarbeitung und schriftliche Darlegung erst in den 30er und 40er Jahren.

Wie im embryonal-ethologisch begründeten phänomenanalytischen Forschungsansatz vorgelegt, gingen embryologische Forschungsergebnisse – strukturierter Keim und Epigenese, spontane Variationen, physiologische Gradienten und die embryonale Konstruktionsmethode – theoriebildend in Montessoris Phasenmodell ein.

Die Entwicklung von Geist und Intelligenz des Menschen – als Mittelpunkt seiner individuellen Existenz (vgl. 9, 56) – vollzieht sich (unbewußt und bewußt) durch den Aufbau der psycho-physischen „Organe" und deren Funktion, d.h. des spezifischen Verhaltens gemäß den „embryonalen Entwürfen" (9, 166).

Die Entwicklung der „psychischen Organe" lassen analog der embryonalen Entwicklung körperlicher Organe jene „physiologischen Gradienten" im Sinne punktueller fieberhafter Aktivitäten (vgl. 12, 107; 10, 70) erkennen, wie sie de Vries ethologisch gezielt am Verhalten einer Schmetterlingsraupe beobachtete. Fieberhafte Aktivitäten sind punktuell und periodisch im Sinne gesteigerter Empfänglichkeiten in der Entwicklung. Die punktuell und periodisch begrenzten erhöhten Aktivitäten – Sensibilitäten genannt – bilden das theoretische Fundament für Montessoris humanethologische Phänomenbeobachtungen und -untersuchungen..

Die embryonale „Konstruktionsmethode" – der einheitliche Bauplan – hat strukturierenden Charakter für die Theorie sensibler Perioden. Die unbewußte und bewußte psycho-soziale Entwicklung wird analog embryonal beschrieben (psychischer, geistiger, sozialer Embryo, embryonale Arbeit), um die Konstruktionsmethode zu verdeutlichen. In Analogie zur frühen Zellanhäufung des physischen Embryos steht für die frühe Tätigkeit der Psyche (psychischer Embryo) die Intelligenz in ihrer absorbierenden Anhäufung früher Erfahrungen. Montessori spricht vom absorbierenden Geist (vgl. 9, 23), der im Dienste der Bildung der „psychischen Organe" der Intelligenz steht.

Für die Entwicklung der embryonalen Verhaltensentwürfe – der direkten und entfernten funktionalen Übereinstimmung – in Verbindung mit der Möglichkeit zu „spontanen Variationen" wird sodann die Dimension der dazu erforderlichen „äußeren Einwirkungen" höchst bildungsrelevant, nicht zuletzt unter Berücksichtigung der kosmischen Sicht.

Empfänglichkeiten – Sensibilitäten genannt – erweisen sich phänomenanalytisch zugänglich durch ihre punktuellen „fieberhaften Aktivitäten" als „Schlüssel zur Tiefenschicht" (10, 67.70).

5.1.2.1 Sensible Perioden

Montessori differenziert und charakterisiert 1939, 1946 und 1948 „Perioden, die sich psychisch und geistig voneinander unterscheiden". Sie erstrecken sich auf das Alter von 0–6, 6–12, 12–18 Jahre (vgl. 7,4. Vorl.; 9, 16f.). Diese „nicht linear" zu verstehenden Perioden sind gekennzeichnet durch das dominante Auftreten von Sensibilitäten.

1. Die Periode von 0–6 Jahren ist generell gekennzeichnet durch die unbewußte Tätigkeit der Intelligenz mit Hilfe des absorbierenden Geistes und dem zunehmenden Bedürfnis nach Analyse, Klärung und Prüfung zuvor angehäufter Eindrücke, und zwar mit Hilfe der Hand (vgl. 7, 4. Vorl.; 21.23. Vorl.). Dominante Sensibilitäten treten auf im Bereich von Bewegung, Ordnung und Sprache mit ihrem jeweiligen Anteil an der „Konstruktion der Einbildungskraft" (7, 24. Vorl.).

Die Unterteilung dieser Phase in das Alter von 0–3 und 3–6 Jahren ergibt sich durch den Übergang der unbewußten Tätigkeit in bewußte Aktivitäten. Angesichts dieser Entwicklung bedarf das Kind der „Nahrung" durch eine Umgebung, in der es „funktionieren" kann (vgl. 7, Vortr. 11.9.46).

2. In der Periode von 6–12 Jahren treten drei grundlegende Sensibilitäten auf: a) das Bedürfnis nach Erweiterung des Aktionsradius, b) der Übergang des Geistes zur Abstraktion und c) das Entstehen des moralischen Bewußtseins (vgl. 6, 32), zentriert durch die Sensibilität für die Entwicklung der Vorstellungskraft und den Einsatz und Gebrauch der Einbildungskraft (vgl. 12, 43f.).

3. In der Periode von 12–18 Jahren treten zwei „neue Bedürfnisse" auf, a) „beschützt zu sein während der empfindlichen Periode des physischen Übergangs", und b) „in den Stand versetzt zu sein, die Rolle des Menschen, die er in der Gesellschaft spielen wird, zu begreifen." (7, 93)

5.1.2.2 Erziehungspläne

Neben den Erziehungsstufen in der Entwicklung der sozialen Personalität oder Persönlichkeit, die Montessori 1936 skizziert hatte, legt sie 1939 Erziehungspläne vor, eine „Notwendigkeit", die sich durch die „Eigenarten der verschiedenen Altersstufen" ergibt (vgl. 6, 23).

Der erste Erziehungsplan umfaßt das Alter von 0–6 Jahren, erfährt jedoch Unterteilungen für das Alter von 0–3, 3–5 Jahren sowie für das 6. und 7. Jahr. Der zweite Erziehungsplan bezieht sich auf das Alter von 7–12 Jahren, und der dritte umfaßt das Alter von 12–18 Jahren (vgl. 6, 24; 7, 6.4.,7. Vorl.; 7, 6. Vortr.; 9,17). „In jeder Periode finden wir ein wachsendes Wesen wieder, das aber jedesmal anders geartet ist ... dessen Merkmale sich von denen der vorausgegangenen Stufen unterscheiden." (6, 23)

Die „„direkte Vorbereitung' der neuen Generation" (12, 25) durch die „Erziehung für eine neue Welt" im Sinne der Orientierung an der zentralen Idee des kosmischen Planes (vgl. 12, 35) ist der Hintergrund, vor dem Montesssori die Erziehungspläne in Abstimmung auf die altersspezifischen Eigenarten entwirft.

Während in den Erziehungsstufen die entwicklungspädagogische Dimension des Werdens der sozialen Personalität im Vordergrund steht – das Finden des eigenen Platzes im Universum sowie das Tun des Seinigen dabei –, befaßt sich Montessori in den Erziehungsplänen mit der entwicklungspädagogischen Dimension zentraler menschlicher „Funktionen" als Voraussetzung und Einübung der „verändernden Funktion des Menschen", seiner kreativ-kosmischen Aufgabe und Verantwortung.

5.2 Kosmische Erziehung – „Neue Form intellektueller Bildung"

Auf der Basis „absoluter Wahlfreiheit" (12, 40) – der Freigabe spontaner Aktivität – ist angesichts der in der Entwicklung sich zeigenden leitenden Sensibilitäten „eine neue Form intellektueller Bildung" zu vermitteln, durch die „neue Gefühle der Menschlichkeit kultiviert" werden können – wie Montessori 1948 feststellt (12, 26). Die erforderliche „kosmische Erzie-

hung" soll durch einen „universalen Lehrplan" den „Verstand und das Gewissen aller Menschen in einer Harmonie vereinen." (12, 26)

Das adäquate fundamentale Bildungsprinzip in der Vorbereitung der
neuen Generation ist „die Wechselbeziehung aller Dinge und ihre Zentrierung in dem kosmischen Plan". (12, 100)

Die skizzierte Position Montessoris von 1948 dürfte jener Untersu-
chungsstand sein, von dem sie selbst sagt, daß sich die so verstandene kosmische Erziehung als trittsicherer Weg zu „weiteren pädagogischen Untersuchungen" erwiesen habe (12, 43).

Bei dem Bemühen, die junge Generation auf ihr „Verhalten zur Umwelt
anders" vorzubereiten, weist Montessori 1950 darauf hin, daß nicht zuerst
die Vollendung der „Untersuchungsarbeit" abzuwarten sei. „Es genügt, die
Idee zu verstehen und nach ihren Angaben voranzuschreiten." (10, 28.25)

Das Voranschreiten nach der „verstandenen" Idee fordert – didaktisch
betrachtet – die Zubereitung einer „riesigen Wissensmenge" (12, 40). Von
dieser Forderung heißt es 1948, daß sie „nicht ohne Hilfe, ohne fachkundig
erdachten und erprobten Plan" sei (12, 41).

5.2.1 Erziehungspläne 0–6 Jahre
Indirekte Vorbereitung – Medium Hand

In der Periode von 0–6 wird durch das Kind die „Skizze des Menschen"
entworfen. Es ist jene Zeit, in der durch absorbierende Tätigkeiten der Intelligenz und ihrer darauffolgenden Analyse, Klärung und Prüfung angehäufter Umwelteindrücke die Basis für die Intelligenz- und Persönlichkeitsentwicklung geschaffen wird. Die „geistigen Organe" – Intelligenz
und Gewissen – entwickeln sich integral mit ihren „psycho-physischen Or-
ganen" der Bewegung und der Sinne, und zwar durch punktuelle fieberhafte Aktivitäten, d.h. sich zeigender Sensibilitäten mit ihren erhöhten Empfänglichkeiten für Entwicklung und Förderung: Bewegung, Ordnung,
Sprache, Analyse, Klärung, Prüfung, Vervollkommnung und kohäsives Sozialverhalten (vgl. 23, 432).

Die gesamte erste Periode erweist sich als kreativ-konstruktiv für die
Entwicklung von Intelligenz und Gewissen durch den Übergang unbewußter geistiger Aktivitäten zu bewußten.

Auch für den unbewußten Geist gilt von Anfang an das Erziehungsziel,
„eine erwachsene Person zu schaffen, die sich den Bedingungen der Welt
anpassen kann." (7, 1. Vortr.) Um dieses Ziel zu erreichen, ist auch dem
unbewußten Geist – sensibilitätsorientiert – eine Umgebung zu schaffen,
„in der das Kind funktionieren kann." (7, Vortr. v. 11.9.46)

Die kosmische Aufgabe des Menschen – für eine harmonische Wechselwirkung aller Dinge der Umgebung „durch die Arbeit seiner Hände" zu
wirken – hat strukturierende Bedeutung für das Verständnis und die Ge-

staltung der Umgebung (vgl. 7, 12. Vorl.). Erfahrungen von Ordnung und Anpassung im Wirken auf die Umgebung müssen elementar ermöglicht werden. Sie stehen gleichzeitig im Dienste elementarer kindlicher Konstruktionen der Intelligenz und der ihr eigenen Einbildungskraft (Imagination), und zwar vermittels der Hand.

Vor dem Hintergrund dieser kosmisch ausgerichteten Sicht führt Montessori in den Londoner Vorträgen von 1946 sensibiltätsorientiert in Bedeutung und Einsatz der Übungen des praktischen Lebens, der Sinnesmaterialien sowie der elementaren Sprach- und Mathematikmaterialien ein (vgl. 7).

Im Mittelpunkt stehen Intelligenz und Gewissen. Die Intelligenz, die sich zunächst durch die Hand ausdrückt (vgl. 7, 14. Vortr.), vervollkommnet sich dadurch, daß sie sich zunehmend durch Worte (Symbole) ausdrücken lernt (vgl. 7, 15. Vortr.). Von dem Stellenwert der Hände „als Organe des inneren Lebens" sagt Montessori charakterisierend für die erste Periode, daß sie ein „Sehen mit den Händen" sei (7, 23. Vorl.), eine Aussage, die für die kindliche „Konstruktion der Einbildungskraft" eine große Bedeutung hat (7, 5. Vortr.).

Die Entwicklung der kindlichen Gewissensbildung hängt eng mit den vom Kind zu vollziehenden Anpassungsvorgängen als seine „vitale Aufgabe" zusammen. Neben der Erfahrung von notwendig werdenden Sachanpassungen, z.B. durch die didaktische Umgebung, spielen soziale Anpassungsvorgänge eine gleichwichtige Rolle – Anpassung an seine Gruppe und die Eigenschaften seiner Gruppe von Geburt an (vgl. 7, 11. Vorl.), Anpassung durch das Hören der Sprache (vgl. 7, 7. Vorl.) und die Entwicklung sozialer Gefühle durch die Gesellschaft anderer Kinder (vgl. 7, 20. Vorl.). „Verständnis, Brüderlichkeit kann bei Kindern von 0–3 Jahren früh entstehen und sich bei den Kindern von 3–6 Jahren fixieren." (7, 20. Vorl.) Verstehen und Solidarität werden so auf der emotionalen Basis bereits erworben, und zwar durch das emotionale Vernehmen von Anspruch und handelnden Antworten auf Ansprüche. Grundfunktionen des Gewissens bilden sich elementar heraus.

Die erste sensible Periode dient der „Konstruktion der Einbildungskraft" mit ihrer erhöhten Empfänglichkeit um 5 Jahre herum. Montessori nennt die Einbildungskraft „die Fähigkeit zu sehen, was nicht da ist." (7, 24. Vorl.) Einbildungskraft ist eine dem Menschen eigene Form seiner Intelligenz. „Der Mensch kann sich Dinge vorstellen, die nicht gegenwärtig sind, und diese Dinge konstruieren." Es handelt sich um eine „Fähigkeit, sich an die Aufnahme von Bildern zu erinnern", sie aufbauen und wieder aufbauen zu können (7, 24. Vorl.). Das Kind konstruiert seine Einbildungskraft durch aktive Erfahrungen mit der Umwelt und in der Umwelt, in der Tätigkeit des absorbierenden Geistes ebenso wie in der analysierenden und klärenden Verarbeitung der frühen Bildeindrücke. Dabei spielt die

Genauigkeit in der Wahrnehmung und der Verarbeitung wahrgenommener Bildeindrücke eine wichtige Rolle für den konstruierenden Umgang der Einbildungskraft mit ihnen (7, 21. Vorl.).

Der Mensch sieht nicht nur die „unmittelbare Wirklichkeit, er sieht sie auf bestimmte Weise, all dieses ist Gefühl, ein Gefühl der Einbildungskraft, seine besondere Energie. Fortschritt erscheint mit den Entdeckungen, mit Konstruktionen der Phantasie." (7, 25. Vorl.)

Die sich bildende emotionale Dimension, das Gefühl der Einbildungskraft, hat eine fundierende Bedeutung für die Entstehung und Bildung des Gemütes, als des „Ortes" menschlicher Bindungen. Es ist das Pendant des entstehenden und sich entwickelnden Gewissens, als dem „Ort" der verantwortlichen Bindungen.

Im Hinblick auf die kosmische Erziehung taucht jenes Begriffspaar auf, das für die nächste Periode unmittelbar didaktisch konkret wird – Vision und Imagination (Schau und Schauen). In diesem Zusammenhang wird Montessoris Feststellung für die erste Periode konkret: Sie zeichnet sich aus durch ein ein „Sehen mit den Händen". Dies bedeutet, daß die indirekte Vorbereitung in der kosmischen Erziehung sich über das „Medium Hand", ihrer intelligenten oder intelligiblen Tätigkeit, vollzieht (7, 21. Vorl.).

Dominant geführt wird die sich konstruierende Einbildungskraft durch Bewegung, Sinne und Gefühl, so daß Montessori auf dieser „Ebene" von einem „Sehen mit den Händen" unter Führung der Intelligenz spricht (7, 23. Vorl.). Das didaktische Äquivalent der Imagination – der tätigen Einbildungskraft – ist die „Vision" im Sinne ganzheitlicher Bildvorstellungen, seien sie neu oder Erinnerungen. „Die Vision durch die Vorstellungskraft ist etwas ganz anderes als die bloße Wahrnehmung eines Gegenstandes, da sie keine Grenzen hat." (12, 46)

Die Kreativität menschlicher Intelligenz sieht Montessori in der Einbildungskraft begründet, die sich durch Eindrücke anstoßen läßt. Mit Hilfe der Einbildungskraft kann der Mensch Geschehnisse rekonstruieren. Montessori nennt diese Einbildungkraft eine „Intelligenz, die über die Dinge hinaus sieht", eine menschliche Eigenschaft, die „Impuls für das Voranschreiten von Wissenschaften und Entdeckungen" ist. (9, 33)

In seiner lexikalischen wie systematisch-historischen Verständnisanalyse der Einbildungskraft stellt Mainberger 1982 deren kognitive Funktion heraus. „Die Beziehungen von ‚Theorien' und ‚Bildern' sind der Imagination immanent." (34, 23) Die Imagination stellt ein Wahrnehmungsurteil dar. „Als ‚Wurzel', ja sagen wir als eine Art ‚Erdreich' bezeichnet, wodurch und worin menschliche Tätigkeit überhaupt gründet oder gar als nicht auflösbares .... kommt ihr eine kognitive Funktion zu." (34, 23) Sie hat einen fundierenden hohen Anteil am „Prozeß der Aneignung von Welt, von Eigenem und Fremdem". (33, 23)

Die Konstruktion der Einbildungskraft als einer kognitiven Funktion bedarf der Bildeindrücke (Vision), um angestoßen, in Gang gesetzt und in Gang gehalten zu werden.

5.2.2 Erziehungsplan 6–12 Jahre
Vision des Ganzen – Medium Imagination

Die ans Licht tretenden Sensibilitäten dieses Alters, die Montessori 1939 dem entsprechenden Erziehungsplan zugrunde legt, zeigen sich durch drei Merkmale: 1. die Erweiterung des Aktionsradius, 2. den Übergang des Geistes zur Abstraktion, 3. die Entstehung des moralischen Bewußtseins (vgl. 6, 32).

Wichtig ist die Feststellung, daß für diese zweite Periode im Gegensatz zur ersten eine andere Konzeption erforderlich ist (vgl. 6, 41; 12, 37).

Die genannten Sensibilitäten erfahren 1948 eine Spezifizierung. Die beträchtliche Bewußtseinsentwicklung zeigt sich 1. in der „extrovertierenden Intelligenz", die sich deutlich nach außen richtet im Verlangen, „Ursachen der Dinge", insbesondere der „Wirkzusammenhänge" zu erkennen (vgl. 12, 37; 6, 46). „Fakten interessieren das Kind weniger als die Weise, in welcher diese Fakten entdeckt worden sind". (12, 86) Die Erweiterung des Aktionsradius geht damit unmittelbar einher.

Die zweite Sensibilität der zweiten Periode zeigt sich in der „Erkundung des sittlichen Bereiches" durch das Kind, die Unterscheidung von gut und böse (12, 38). Eindrücke werden nicht mehr unbefangen aufgenommen, Fakten nicht mehr einfach akzeptiert. Das Kind „möchte von sich aus verstehen ... sein eigenes Urteil gebrauchen". (12, 38) Im Verlangen, aus eigenen Kräften gut und böse zu unterscheiden, tritt „der Anspruch auf geistige Unabhängigkeit" ans Licht. „Im moralischen Bereich braucht das Kind nun sein eigenes inneres Licht." (12, 39) Die moralische bzw. sittliche Erweiterung des Handlungsradius zeigt sich.

Als dritte Sensibilität nennt Montessori die beobachtbare Tatsache des Bedürfnisses, sich „zu einer Art organisierter Aktivität" zusammenzuschließen. Es kommt zu Gruppenbildungen, dem Einnehmen der eigenen Position, der Unterstellung unter eine selbstgewählte Führung. Montessori spricht von einer Tendenz, „durch welche die Menschheit zur Organisation gelangt." (12, 39)

In dieser „Periode von Sozialinteresse und Geistesschärfe" sieht Montessori ein Feld von Bildungsmöglichkeiten in der kosmischen Perspektive – der Erweiterung der kindlichen Sicht und Vorstellung von der Welt unter Anwendung der im sittlichen Bereich gewonnenen „Helle" in ihrer Bedeutung für die Bildung der sozialen Organisation der Menschheit (vgl. 12, 39).

„Das Kind muß jetzt immer seine Phantasie (Imagination) zur Hilfe nehmen" (6, 47), die sich durch Genauigkeit (Präzision und Ordnung als den Prinzipien der spontanen Aktivität) leiten lassen muß, d.h. durch die Vernunft kontrolliert wird.

Das Medium der Bildung in dieser Periode ist der Gebrauch der in der ersten Periode durch das „Sehen mit den Händen" konstruierten und gut kontrollierten Einbildungskraft – der Imagination. Die Einbildungskraft, als „Sensibilität der Vorstellungskraft" bezeichnet (6, 51) ist das Zentrum der Geistesschärfe, die ein „Sehen über die Dinge hinaus" oder ein „Sehen, was nicht da ist", möglich macht. Imagination ist die Grundlage der Abstraktion, die in der zweiten Phase die intellektuelle Führung übernimmt (vgl. 7, 27. Vorl.; 42, 320). „Einbildungskraft ist die Fähigkeit zu sehen, was nicht da ist." (7, 24. Vortr.)

Montessori fordert, daß die Unterweisung in der zweiten Periode sich an die Phantasie des Kindes wendet (vgl. 6, 47). Die Vision des ganzen Universums ist die didaktische Forderung in der Perspektive der kosmischen Erziehung. „Das Universum ist eine eindrucksvolle Wirklichkeit ... alle Dinge sind Teil des Universums und miteinander verbunden, um eine große Einheit zu bilden." (12, 41) Diese Vorstellung vermag dem Geist des Kindes Orientierung zu bieten, um im „ziellosen Schweifen auf der Suche nach Wissen" das „Zentrum seiner selbst und aller Dinge" entdecken zu können (12, 41).

Die „Vision des ganzen Universums" bietet dem Kind die Möglichkeit, seine Interessen zu zentralisieren aufgrund der „Bilder, die ihren Platz im Universum haben, das im Mittelpunkt seines Denkens steht." (12, 42)

Durch Vision und Imagination vermag das „Bild der Wirklichkeit" zu entstehen. Um die Phantasie zu kontrollieren, fordert Montessori ein präzises und exaktes Arbeiten der Imagination durch eine „Art Studienplan": „Das Ganze geben, indem man das Detail als Mittel gibt." (6, 49)

Die Erarbeitung des „gesehenen Ganzen" muß mit einem Detail beginnen, das nicht mehr rein sinnenhaft ist (vgl. 6, 47). Das Detail ist deshalb von Interesse, weil es in enger Verbindung mit anderen Details steht und so im Zusammenhang studiert werden kann. Die „Meditation über das Detail" ist die Studienform, die der führenden Tätigkeit der Imagination in der zweiten Phase angemessen ist (6, 45).

5.2.3 Erziehungsplan 12–18 Jahre
Platz im Universum – Medium Menschheit

Die dominanten psychischen Merkmale dieses Alters – seine Sensibilitäten – sind 1. das Bedürfnis nach Schutz, Geborgenheit und Würde in der empfindlichen Periode des physischen Überganges. Es ist jenes Alter des Zweifelns, der Unschlüssigkeit, der Entmutigung und „Verminderung intellektueller Fähigkeiten" (6, 97.93), in dem gleichzeitig das Bedürfnis besteht, „Gefühle für Gerechtigkeit und persönliche Würde (zu) entwickeln", die darauf vorbereiten, „ein soziales Wesen zu werden." (6, 98) Damit verbindet sich die zweite Sensibilität dieses Alters, „in den Stand versetzt zu sein, die Rolle des Menschen, die er in der Gesellschaft spielen wird, zu begreifen." (6, 93) Hier geht es darum, den Platz, die Aufgabe und Verantwortung im Ganzen des Universums zu sehen, herauszufinden. Dies bedeutet ein Erkennen und Begreifen des Tuns des Seinigen bei der Mitwirkung von der „verändernden Funktion" der Menschheit.

Um zu sehen, was zu tun ist, entsteht das Bedürfnis „nach einem klareren Bewußtsein der sozialen Realität" sowie nach einer dynamischeren Charaktererziehung (6, 95). Es gilt, „das Gefühl für die Gesellschaft zu entwickeln" mit dem Ziel, mehr Verständnis, Solidarität, Liebe zu entwickeln, die sich äußern in der Anerkennung und Achtung menschlicher Leistungen (vgl. 6, 92).

Um dieses Ziel zu erreichen, ist eine Reform erforderlich hinsichtlich 1. der Art und Weise der Einteilung der Wissensgebiete und 2. bezüglich der Unterrichtsmethoden (vgl. 6, 107). Diese Forderung Montessoris von 1939 dürfte sich auf die Zentrierung der Wissensgebiete durch die zentrale kosmische Idee beziehen, die sie als „Erweiterung" bezeichnet (6, 107).

Hinsichtlich der Änderung der „Unterrichtsmethoden" (d.h. der Studienform) erkennt und konkretisiert Montessori – sensibilitätsorientiert – das Bedürfnis nach praktischer Tätigkeit durch die Teilnahme an „mancher sozialer Arbeit" (6, 93).

Der dazu entwickelte Plan einer „Erfahrungsschule des sozialen Lebens" (6, 99) läßt sich – so Montessori – „als eine Entwicklung aus den Übungen des praktischen Lebens betrachten" (6, 101), eine Aussage, die auch andere Projektierungen möglich machen dürfte als die eines Landerziehungsheimes.

Bei der Schaffung anders strukturierter sozialer Erfahrungsfelder für dieses Alter ist Montessoris Formulierung eines Prinzips wichtig, das offensichtlich aus der kosmischen Perspektive gewonnen wurde: die Einführung „in die Natur und in die Kultur" (d.h. der kosmisch orientierte andere ‚Unterricht' als ‚neue Form intellektueller Bildung') muß „von den Ursprüngen her in die Kultur eindringen lassen" (6, 104) mit dem Ziel, dabei den eigenen Platz in der Menschheit und in ihrer Geschichte zu begreifen.

Die Einbildungskraft wird stärker durch den Willen gelenkt (vgl. 12, 38). Sie wird praktisch und führt vom Sehen hin zum Tun des Seinigen in der Menschheit und im Universum. Verantwortung – soziale Verantwortung – wird so vorbereitet, so daß die Selbstvervollkommnung konkret den „ersten Platz an das Dienen abtritt." (12, 36)

Um das Ziel des Erziehungsplanes für die dritte sensible Periode zu erreichen, in der es um „die Wertschätzung der Personalität unter den augenblicklichen sozialen Bedingungen" geht (6, 107), „muß die Erfahrung der Führer dabei sein." (6, 108)

Vor diesem Hintergrund wird Montessoris Feststellung verständlich, daß die Sekundarbildung nicht auf der Linie der ersten Erziehungsstufe konzipiert werden darf (vgl. 4, 62). Hinsichtlich der ersten und zweiten Periode stellt Montessori jedoch ebenfalls konzeptionelle Unterschiede fest (vgl. 6, 41).

Auch für den Erziehungsplan des Alters von 12 bis 18 Jahren gilt elementar, was Montessori 1946 zum davorliegenden Erziehungsplan (7–12) sagt. „Die Selbsttätigkeit und Freiheit ändern sich nicht, sie sind sozialer Natur. Die Organisation der Schule ändert sich. Mehrere Laboratorien, Büchereien. Der Hintergrund ist die Harmonie und die Einheit der Welt." (7, 40. Vortr.)

5.3 Programm Kosmischer Erziehung
Universaler Lehrplan

Die „neue Form intellektueller Bildung" als reformierte „Art und Weise der Einteilung von Wissensgebieten" zeigt sich in der Orientierung an der zentralen Idee des kosmischen Planes. Das fundamentale Bildungsprinzip der „Wechselwirkung aller Dinge und ihrer Zentrierung" fordert einen „universalen Lehrplan." (12, 27)

Der universale Lehrplan befaßt sich mit dem „Wie" der „Vorstellung" der zentralen Idee (vgl. 12, 46). Im universalen Lehrplan müssen die „Einzelheiten der Bildung" als „verschiedene Aspekte des Wissens von der Welt und vom Kosmos verbunden werden. Astronomie, Geographie, Geologie, Biologie, Physik, Chemie sind nur Details eines Ganzen. Ihr Bezug untereinander ist das, was das Interesse von einem Zentrum bis zu seinen Ausläufern hin treibt." (12, 27) Der kosmische Aufbau der menschlichen Gesellschaft muß das Zentrum des Studiums der Geschichte und Soziologie bilden.

5.4 Progressive Bedeutungserweiterung der Umgebung

Durch die kosmisch orientierte Untersuchung der „verändernden Funktion des Menschen", deren Ziel das Schaffen von „Umgebung" ist, die Montessori auch Kultur, Zivilisation, Super- oder Supra-Natur (vgl. 4, 48.59; 12, 25) nennt, erfährt auch das pädagogisch-didaktische Verständnis der Umgebung eine Bedeutungs-"Erweiterung" und eine Differenzierung für die einzelnen Entwicklungsperioden.

Neben den spezifisch didaktischen Aspekt tritt die aus der Fortschrittskritik entstehende Aufgabe der Hinführung zum Gleichgewicht zwischen äußerem Fortschritt und innerer Entwicklung des Menschen in der Perspektive einer sozialen Humanität. „In diesem Sinne wird die Erziehung ein Austausch zwischen der menschlichen Natur und der Super-Natur ... al-

les baut sich auf der Möglichkeit auf, die natürlichen Grenzen zu über-
schreiten." (4, 48) Montessori verweist in diesem Kontext konkretisierend
auf die wissenschaftlich-technisch konstruierte Super-Natur als Lebensraum und Lebensordnung des Menschen, für den es unmöglich geworden
ist, „nur noch in der Umgebung der Natur" zu leben (4, 48).

Diese durch die Arbeit der menschlichen Intelligenz entstandene und in
Entstehung begriffene „super-natürliche Umgebung" ist der komplexe
kosmische Hintergrund zum Verständnis dessen, was Montessori als
pädagogisch-didaktische Aufgabe der „Gestaltung" der Umgebung nennt.
„Im Super-Natürlichen muß sich die Seele bilden." (4 59)

Die Gestaltung dieses Super-Natürlichen – der Umgebung – muß sensibilitätsorientiert geschehen. So fordert Montessori für die Periode von
0–6 Jahren eine „verkleinerte Umgebung" (4, 61). Die Umgebung für die
Periode von 7–12 Jahren muß als „Erweiterung der Welt" geschaffen werden (10, 52). Die Umgebung für die Periode von 12–18 Jahren ist die „super-natürliche Umgebung" als unmittelbares Gegenüber, zu dem Beziehungen aufgebaut werden müssen, und zwar via didaktischer Konkretionen (vgl. 4, 59.63; 6, 114).

Dieses Angebot einer „Skala sozialer Erfahrungen" (4, 72) als Grund-
element von Humanität und gesellschaftlicher Organisation ist der Hintergrund für die Ermittlung und Präsentation unmittelbarer didaktischer Ge-
halte – des „Wie" der Vorstellung der zentralen kosmischen Idee in den
verschiedenen Lebensaltern.

Montessori sieht diesen Aspekt 1948 als im Versuchsstadium begriffen,
das der Fortsetzung gemäß der vorgestellten Idee bedarf (vgl. 12, 43; l0,
28).

Sie selbst legt 1939 didaktische Konkretionen für das Alter von 6–12
bzw. 12–18 Jahren vor, und zwar mit Hilfe von „Ursprungsmaterialien"
(13a, 83) als auch der Aufschlüsselung der Erdgeschichte und der „Psycho-
historie" (7, 13. Vorl.; 6, 50.52), und für das Alter von 12–18 Jahren den
Entwurf einer „Erfahrungsschule des sozialen Lebens".

Bemerkenswert ist die kosmische Einbettung ihrer Materialeinführung
in den Londoner Vorträgen von 1946. Um das Universum der Einbildungskraft des Kindes von 6–12 Jahren vorzustellen, nimmt Montessori 1948
eine didaktische Erschließung der Erd- und Menschheitsgeschichte vor
(vgl. 12, 57 f.).

Auf der Basis dieser Ursprungsmaterialien sind in den vergangenen
Jahrzehnten weitere Materialien entstanden, deren literarische Beschreibung – periodisch aufgeschlüsselt – dem Literaturverzeichnis eingefügt
sind. Im folgenden soll unter Berücksichtigung der periodenspezifischen
Eigenart das Angebot „kosmischer Materialien" oder Projekte – soweit literarisch erfaßt und zugänglich – zusammenfassend skizziert werden.

5.4.1 Verkleinerte Umgebung (0–6 Jahre)

Das „Maß" des Kindes liegt dieser Forderung zugrunde (vgl. 10a, 169), und zwar sowohl proportional als auch mental. Generell verweist Montessori auf die im Kind ans Licht tretende „Schaukraft der Liebe" (10a, 144) als leidenschaftliches Interesse am Kleinen, Winzigen und Verborgenen, eine Wahrnehmungs- und Beobachtungsdimension, die dem Erwachsenen sehr schwerfällt. Hier kann der Erwachsene nur „mit ihm gehen" (7, 18. Vorl.). Das „laufende Kind" erweist sich als Forscher (vgl. 9, 146).

● Für den Erziehungsplan von 0–2 Jahren ergeben sich unmittelbar person- und kulturorientiert zwei Aspekte.
1. Die verkleinerte Welt als Umwelt-, Kulturausschnitt für die Ausarbeitung embryonaler Verhaltensentwürfe der Art – aufrechter Gang, Sprache, technische Intelligenz –, die soziale Modelle mit ihren Ausprägungen von Kultur erfordern.
2. Der verkleinerte Umweltausschnitt von sozialen Modellen als unmittelbare Bezugspersonen oder sozialen Gruppierungen der Familie muß sich an drei didaktischen Kriterien orientieren, die den Wahrnehmungsmaßen des Kindes entsprechen: a) Eindeutigkeit (Präzision), b) Genauigkeit (Exaktheit), c) emotionale Einbettung – Atmosphäre – (Gefühle als Koeffizienten des Menschseins; 2, 144). Diese Art der Ausprägung sozialer Modelle ist wichtig, weil das Kind in den ersten beiden Lebensjahren durch die Tätigkeit des absorbierenden Geistes „die Anpassung an seine Gruppe konstruiert." (7, 11. Vorl.) Es muß in dieser verkleinerten Weise von Anfang an mit der Menschheit in Beziehung gebracht werden, damit ihm die Vision für seine sich bildende Imagination geboten wird.

● Für das forschende Kind ab drei Jahren hat Montessori in den Londoner Vorträgen die kosmische Relevanz der elementaren didaktischen Materialien aufgewiesen (vgl. 7). Typische „Ursprungsmaterialien" sind z.B. Globus und Erdkundepuzzle (vgl. 13a, 83f.).
● Stephenson gibt 1972 eine Fülle didaktischer Anregungen für die kosmische Erziehung im Kinderhaus (vgl. 28, 22f.).
● Weitere didaktische Anstöße zur kosmischen Erziehung im Alter von 0–6 Jahren können der zusammengetragenen Literatur aus den vergangenen 25 Jahren entnommen werden (vgl. 28).
● Verwiesen sei besonders auf Geilens Hinführung zu kosmischen Erfahrungen mit der Natur (vgl. 28, 76f.).
● Für das Alter von 5 und 6 Jahren – der sensiblen Zeit für die Konstruktion der Einbildungskraft – weist Montessori auf die Möglichkeit der visionären Erhellung des Universums durch die Erzählung und ihre Formen hin (vgl. 7, 26. Vorl.).

5.4.2 Erweiterte Welt (7–12 Jahre)

Für die vermittels der Einbildungskraft nun „extrovertierende Intelligenz", der Einbildungskraft in allen Entwicklungsbereichen, ist die Darbietung der Welt selbst erforderlich (vgl. 6, 44), und zwar als eine „erweiterte" Welt (10, 52). „Mit der Einbildungskraft, d.h. dank einer Intelligenz, die ‚über die Dinge hinaus sieht'" (9, 33), vermag das Kind Geschehnisse zu rekonstruieren und die Welt als ganze „geistigerweise vermittels der Vorstellung zu erfassen". (6, 45) Deshalb wird es notwendig, die „Phantasie anzustoßen". (12, 47)

Da es unmöglich geworden ist, „das Ganze der modernen Kultur dem Kinde zu vermitteln", ergibt sich die „Notwendigkeit einer besonderen Methode, durch die alle Faktoren der Kultur dem Sechsjährigen vorgestellt werden können ... ein breitwürfiges Säen einer Höchstzahl von Interessensamen. Diese werden leicht im Geiste festgehalten, aber späterer Keimung fähig sein, wenn der Wille mehr die Leitung übernimmt." (12, 38)

Der Imagination wird die Vision des Ganzen angeboten (vgl. 12, 41), Mario Montessori spricht diesbezüglich von „panoramaartigen Überblicken". (36, 131) Damit wird eine weiterführende didaktische Perspektive eingeführt – die Vision der Vorstellungskraft, „die über die bloße Wahrnehmung eines Gegenstandes „hinaus geht" (12, 46), „über die Dinge hinaus sieht".

Gemäß den Sensibilitäten dieses Alters soll die auf sie abgestimmte „Vorstellung der zentralen Idee" – Ursprungsmaterialien und Arbeiten aus dem Versuchsstadium – skizziert werden.

1. Hinsichtlich der feststellbaren Sensibilität für die Erweiterung des Aktionsradius hebt Montessori in Erhellung der Symbolik des Gehens den „Aufbruch" (la sortie) als „Schlüssel zur Intensivierung der Bildung" hervor (6, 45). Tielkes hat 1991 diesen Vorgang interpretativ projiziert (vgl. 44b, 119f.).

● Die „Organisation" des Spaziergangs, Ausflugs oder der Wanderung (vgl. 6, 33 f.) hat das Ziel, „das Kind fähig zu machen, seinen Weg allein zu finden" und gleichzeitig „Erlerntes leben zu lassen". (6, 38)
Im Rahmen dieses Projekts erweitert sich für das Kind die Welt, in der es sich einerseits mit den zur Verfügung stehenden Instrumenten räumlich orientieren muß, andererseits bringt es aus der beobachtenden Begegnung „Kultur und Zivilisation, d.h. Fortschritt, mit nach Hause." (6, 41)

2. Das Bedürfnis, zur Abstraktion überzugehen, das sich in der „extrovertierenden Intelligenz" zeigt, fordert die Eröffnung eines weiten Erfahrungsfeldes. In Zusammenarbeit von Hand und Imagination (vgl. 12,

45.46) kann dem Kind die „Geschichte des Universums" angeboten werden, die es mit „seiner Phantasie zu rekonstruieren vermag". (12, 48)

Als Studienweg nennt Montessori die Planung und Durchführung des Studiums des Ganzen durch die „Meditation über das Detail" (6, 45). Diese darf einerseits nicht mehr „rein sinnenhaft", muß andererseits „äußerst präzise und exakt sein". (6, 47) Gefordert wird, daß das Kind jetzt immer seine Phantasie (Imagination) zu Hilfe nehmen muß (6, 47).

- Vor dem Hintergrund der Erd- und Menschheitsgeschichte erhellt Montessori 1939 und 1948 deren didaktische Relevanz mit ihren verändernden Wirkmöglichkeiten (vgl. 6, 52f.; 12, 57f.).
- Bei der didaktischen Vorstellung des Universums in unterschiedlichen Perspektiven und Details beachtet Montessori die kindliche Sensibilität für Ursachen und Wirkzusammenhänge (vgl. 6, 46). „Fakten interessieren das Kind weniger als die Weise, in welcher diese Fakten entdeckt worden sind; und so können die Kinder an die Geschichte der menschlichen Leistung herangeführt werden, an der sie auch selbst teilnehmen möchten." (12, 86)

3. Hinsichtlich der Sensibilität für die Entwicklung des moralischen Bewußtseins ist die damit verbundene soziale Sensibilität zu beachten: „Die Moral hat gleichzeitig eine praktische Seite, die die sozialen Beziehungen regelt und eine geistige Seite, die das erwachende Gewissen des Individuums leitet." (6, 39)

- Um der Tendenz zu „organisierter Aktivität" und „zur Erkundung des sittlichen Bereiches durch das Kind" didaktisch zu begegnen, exemplifiziert Montessori als soziales Feld die Organisationsstruktur der Pfadfinder im Sinne einer Erfahrungsgrundlage für die Organisation der Menschheit (vgl. 6, 41; 12, 39).

4. Neben dem Erfahrungsfeld mit den darin angebotenen Bildungsmöglichkeiten für das „soziale Interesse" des Kindes müssen seiner „Geistesschärfe" und „Forschungsbegierde" die weiten Felder des Wissens eröffnet werden". (12, 39) Montessori erkennt die didaktische Aufgabe, „eine riesige Wissensmenge zuzubereiten „gemäß dem universalen Lehrplan". (12, 40.41)

- Die von Montessori selbst vorgelegten Materialien und Projekte für die Periode von 7–12 Jahren wurden bei der didaktischen Korrespondenz mit der Sensibilität für den Gebrauch der Einbildungskraft genannt.
- Mario Montessori stellt 1977 eine „ökologische Lektion" vor, in der er am Beispiel des „Lebenszyklus des Lachses" die „Wechselbeziehung zwischen verschiedenen Aspekten der natürlichen Umwelt" herausstellt (36, 135).
- Die didaktischen Literaturbeiträge für das Alter von 7–12 Jahren aus

102

der Zeit von 1963 bis 1992 enthalten eine Fülle von Materialhinweisen und -beschreibungen (vgl. 29).

● Hervorzuheben sind H. Elsners „Geologie-Baukasten" und Ewijks „Tierkasten" (29).

● Bennemann stellt 1990 eine Sequenz von „Ursprungsmaterialien" hin zu den „neuentworfenen" Materialien des Geologie-Baukastens und des Tierkastens vor (13a, 83–117).

Für die bundesdeutsche Schulorganisation ergibt sich eine Überschneidung in der Phasen- und Material- bzw. Projektzuordnung. Durch die vierjährige Grundschulzeit im Gegensatz zur internationalen sechsjährigen Elementarschulzeit werden Materialien für die Phase von 7-12 Jahren auch sekundarschulrelevant.

5.4.3 Super-natürliche Umgebung (12–18 Jahre)

Die durch die „verändernde Funktion des Menschen" konstruierte Super-Natur ist in dieser Zeit die „zu gestaltende Umgebung" (4, 39). Hinzu kommt die pädagogisch-didaktische Perspektive, daß Erziehung es mit der Gestaltung des Verhältnisses von Natur und Super-Natur zu tun hat, und zwar individuell-praktisch und theoretisch-reflexiv (vgl. 4, 48). Hier geht es um den Erwerb und Erhalt bzw. die Wiedergewinnung des gleichgewichtigen Verhältnisses von innerem und äußerem menschlichen Fortschritt (vgl. 10, 21; 4, 65) als persönliche Aufgabe und didaktischem Gehalt.

Kosmische Erziehung in der Periode von 12–18 Jahren hat auf der „Skala sozialer Erfahrungen" und vor dem Hintergrund der Intention der „Harmonie und Einheit der Welt" die Begegnung mit der Super-Natur im Sinne einer Handlungsbeteiligung zu ermöglichen. „Die Erfahrung muß dabei Führer sein." (6, 108)

Aufgrund der sozialen Sensibilität – die eigene Rolle in der Gesellschaft zu begreifen – rückt das Interesse am Finden des eigenen Platzes und dem Tun des Seinigen in der Menschheit und im Universum sowie seiner Geschichte in den Mittelpunkt des jugendlichen Interesses. Kosmische Erziehung korrespondiert hier unmittelbar mit spezifischen Altersinteressen und erweist sich als zu fordernde „neue Form intellektueller Bildung" einerseits und didaktisches Angebot für die „Kultivierung neuer Gefühle der Menschlichkeit" andererseits (vgl. 12, 26.27).

Die ambivalente Sensibilität – angesichts erfahrbarer psycho-physischer Destabilisierung der frühen Zeit, Schutz zu erfahren und gleichzeitig Gerechtigkeit in der Anerkennung der Würde der eigenen Person – bewirkt Unsicherheit. Sie ist auf pädagogische Hilfe angewiesen, die vermittels der Möglichkeiten kosmischer Erziehung zu einer „dynamischeren Charakterbildung" und dem „Bewußtsein einer klareren sozialen Realität" finden läßt (vgl. 6, 95).

Das Ziel dieser Erziehung besteht in dem Finden der konkret kosmischen Aufgabe und der Bereitschaft, das, was als Tun des Seinigen erkannt wird, verantwortlich zu übernehmen. Es geht um die Vorbereitung der kosmischen Verantwortung durch ein hinführendes partielles Mitwirken. In diesem Vorgang vollzieht sich ein Prioritätenwechsel des Interesses und des Handelns. Die primäre Tendenz der Selbstvervollkommnung muß konkret „den ersten Platz nun an das Dienen" abtreten. (12, 36) Das Tun des Seinigen fordert in der Wahrnehmung der kosmischen Aufgabe ein Selbstverständnis des Dienens und des Dienenden.

Als fundamentales Bildungsprinzip gilt auch für diese Periode die „Wechselwirkung aller Dinge und ihre Zentrierung in dem kosmischen Plan" – sozial-human konkretisiert als Entwicklung des Verstehens, „daß in dieser Union jeder Mensch abhängig ist von anderen Menschen und jeder zur Existenz aller beitragen muß. Wir hängen nicht länger direkt von der Natur ab, sondern von allem, was der Mensch in den verschiedenen Teilen der Welt produziert und das allen durch wechselseitigen Austausch zur Verfügung steht." (12, 28.29) Die pädagogisch-didaktische Umgebung ist demnach die Supra-Natur.

- Das didaktische Prinzip, von den „Ursprüngen her in die Kultur eindringen zu lassen" (6, 104), kann der Projektierung partieller Erfahrungsfelder dienen. Montessori hat beide Prinzipien – das fundamentale und das didaktische Prinzip – im „Erdkinder-Plan", der „Erfahrungsschule des sozialen Lebens" konkretisiert (6, 91–121).

Hier liegt ein Problem im Sekundarschulbereich. Die Realisierung der Utopie will schwer gelingen und darum wird gerungen.

- Die Bischöfliche Maria-Montessori-Gesamtschule in Krefeld und die Gesamtschule der IMS Borken haben Konzeptionen entworfen bzw. Projekttage oder -wochen eingerichtet, die sich an den genannten pädagogisch-didaktischen Prinzipien orientieren (vgl. 30, 347.30).
- Didaktische Einzelprojekte für die kosmische Erziehung, die altersspezifisch relevant sein könnten, sind von Montessori 1939 und 1948 erschlossen worden (vgl. 6, 52f.; 12, 57f.).
- Die didaktischen Literaturbeiträge aus den Jahren 1963–1992 enthalten Beschreibungen weiterer Einzelprojekte bzw. Hinweise auf solche (vgl. 30).
- Auch Maria Montessoris „Ökologische Lektion" über den „Lebenszyklus des Lachses" von 1977 ist hier relevant (vgl. 36, 134f.).
- 1980 wurden eigene Projektierungen vorgestellt, darunter das „Projekt Papyrus", das vor dem Hintergrund der pädagogisch-didaktischen Prinzipien kosmischer Erziehung entworfen worden ist (vgl. 24, 37.38).
- Eine Reihe von Projekten stellt Kumetat in seiner „Fallstudie über eine humane Schule" (Hauptschule Ferdinandstraße) von 1985 (vgl. 30, 77–90) vor. Diese Projekte zeigen die Prinzipien kosmischer Didaktik

auf und verdeutlichen, was Ludwig 1992 „die zentrierende Achse der übrigen Schularbeit" nennt (vgl. 33, 23).

Der mit Hilfe der kosmischen Erziehung vorbereitete junge Mensch, der sich seiner kosmischen Aufgabe und Verantwortung bewußt ist, weist jenen „Hauch von Universalität" auf, von dem Montessori sagt, daß er „den Menschen bis zu seinem Tod begleiten muß." (4, 113)

6. Kosmische Erziehung – „Doppelendige Relevanz"

Die bisherigen Analysen und Interpretationen der kosmischen Erziehung Montessoris – die begründende zentrale Idee und ihre altersspezifische didaktische Vorstellung – dürften Kratochwils Untersuchungsbefund von 1991 bestätigen, daß Montessoris Konzeption eine „Doppelendigkeit" zeigt. „Ihr Konzept entbehrt einer einheitlichen Grundlage, hat vielmehr zwei Fundierungshorizonte, die zueinander in einer grundsätzlich unauflöslichen Spannung stehen: nämlich letztlich in der Spannung von Wissen und Glauben, von Wissenschaft und Religion, von Empirie und Metaphysik – eine Spannung, welche allerdings ,die Einheit von Montessoris Denken nicht zerstört'." (31, 81.82)

Die „Doppelendigkeit" des Theorieansatzes dürfte für die konkrete Handlungsdimension und ihrer theoretischen Rückvergewisserung relevant sein in einer doppelten Perspektive: 1. kosmologisch-universal und 2. religiös-christlich.

6.1 Kosmologische Relevanz

Unter diesem Aspekt, der in den kosmologisch fundierten Theorien – struktur-, systemtheoretisch, kybernetisch, ökologisch, biochemisch, ethologisch – heute bearbeitet und diskutiert wird, kann Montessoris kosmische Theorie und Erziehung einen wertvollen Beitrag leisten. Ihr kosmisch orientiertes pädagogisches Konzept ist auf der Suche nach einer effektiven pädagogischen Antwort auf die Zeitsituation – dem Ungleichgewicht zwischen dem vom Menschen geschaffenen äußeren Fortschritt und seiner inneren Entwicklung – entstanden. Es ist heute nicht erkenntbar, daß die Pädagogik der 90er Jahre eine alternative handlungsrelevante Antwort auf das noch immer fortbestehende Problem dieser „geistigen Lücke" bereithält.

Montessoris kosmische Erziehung – noch im anfänglichen Versuchs- und Untersuchungsstadium steckend – scheint einen Lösungsweg für die Herausforderung der Aufarbeitung und Verhinderung menschlicher „Disproportionalität" zu enthalten.

Montessoris Konzept einer kosmischen Erziehung ist in „Affinität zu der ‚Einheit Gottes, des Schöpfers'" (12, 29) entworfen und wird in seiner Wirkungsdimension aus dem bibeltheologischen Kontext interpretiert.

Vor diesem Hintergrund zeigt der Entwurf die Grundstrukturen eines christlich-religiösen Erziehungs- und Schulkonzeptes auf, das von bemerkens- und bedenkenswerter ökumenischer Relevanz ist.

Die christlich-religiöse, bibeltheoretisch orientierte Dimension des kosmischen Konzeptes läßt sich in zehn Aspekten zusammenfassen:

1. Einheitlicher Schöpfungsplan gemäß der „Einheit Gottes, des Schöpfers" (12, 29)

2. „Unvollendeter" Schöpfungsplan auf dem Wege zu seiner Vollendung (12, 27.29.43.62.68)

3. Neues Element des Geistes durch den Menschen der Schöpfung zugebracht (vgl. 12, 36)

4. Geist und Intelligenz des Menschen partizipieren am göttlichen Geist und kommunizieren unmittelbar mit ihm (vgl. 12, 14.17)

5. Aufgabe des Menschen als Fortsetzung des Schöpfungswerkes mit seiner Intelligenz (vgl. 9, 46), Mitarbeit am Schöpfungswerk und seiner Vollendung (vgl. 12, 19.100)

6. Wahrnehmung der Mitarbeit am Schöpfungswerk aus der Position des Geschöpfes (vgl. 12, 19.43.94)

7. Finden des Platzes und Tuns des Seinigen im Schöpfungswerk (vgl. 12, 23.43) als verantwortliche Aufgabe bei der Umwandlung der Welt zur Vollendung der Schöpfung (vgl. 12, 58.68.100)

8. Zusammenwirken mit anderen „auf dem Weg zur Vollendung der Schöpfung" (vgl. 12, 27.68)

9. Mitarbeit am Schöpfungswerk als Dienen im Geiste der Ehrfurcht und Dankbarkeit, des Verstehens und der Liebe, der Solidarität und Harmonie (vgl. 12, 19.28.36.57)

10. Erziehung als Dienst am Göttlichen im Menschen, das es zu „erkennen, zu lieben und ihm zu dienen gilt; zu helfen und mitzuarbeiten von der Position des Geschöpfes und nicht des Schöpfers." (12, 18.19)

Die religiös-kreative Transparenz des am göttlichen Schöpfungswerk mitwirkenden und es fortsetzenden Menschen in seiner Position des Dienens beschreibt Montessori phänomenologisch, wenn sie sagt, daß der „kosmische Plan ... der auch als der Wille Gottes genannt werden kann ... im Ganzen seiner Schöpfung wirkend in Erscheinung tritt." (12, 94)

An einer anderen Stelle wird die Wirkfunktion des Menschen im Schöpfungsplan noch konkreter beschrieben: „Der Mensch ist in seiner schöpferischen Arbeit weit über die Natur hinaus gelangt. Aber er hätte dies nicht gekonnt, hätte er nicht einen Gott akzeptiert und gefühlt, der keine Hände oder Füße hat und doch die Länge und Breite des Universums durchmißt, das Er erschaffen hat und an dem Er immer noch durch den Menschen und andere Wesen weiter wirkt." (12, 100)

6.3 „Schlüssel" für die Zukunft

Angesichts der Tatsache, „daß welterschütternde Kräfte heute die Verwirklichung der menschlichen Einheit zu einer dringenden Notwendigkeit werden" lassen, hebt Montessori den Stellenwert von Erziehung und Schule für einen „allgemeinen Wandel des Denkens hervor". (12, 108)

In einer an der kosmischen Erziehung orientierten Reform der Erziehung, die die „Wahlfreiheit" junger Menschen (seine freie Arbeit) respektiert, meint Montessori einen „Schlüssel" gefunden zu haben. „Von unserem Mut und unserer Ausdauer, ihn zu benutzen, hängt die Zukunft der Menschheit ab." (12, 110)

7. Zeitaufgabe – Neuer Erwachsener

Der „Schlüssel" zur Wahrnehmung der Zukunftsaufgabe liegt in der Hand der Erwachsenen, die qua Erziehungsauftrag an der Bildung der „sozialen Personalität" der Heranwachsenden beteiligt sind (vgl. 9,2), gleichzeitig aber hinsichtlich der Ausprägung ihrer eigenen sozialen Humanität disproportional leben.

Montessori fordert zur Bewältigung dieser doppelten „Disproportionalität" – das ungelöste Erwachsenenproblem als Hemmschuh in der Wahrnehmung des Erziehungsauftrages – einen „allgemeinen Wandel im Denken" (12, 108), zu dem ein Umdenken in „unseren Herzen" kommen muß (12, 83). Nur so kann ein „neuer Mensch" entstehen, „der nicht mehr Opfer des Geschehens" ist (vgl. 9, 7).

Um dies zu erreichen, ist eine geistige und sittliche Hygiene erforderlich, „zu der Familie, Schule und Bürgerschaft alle einen Beitrag" leisten müssen. „Darin wird der Fortschritt der Zivilisation bestehen." (11, 175)

7.1 Neuer Erwachsener – Neuer Mensch

Montessori stellt 1948 kritisch fest, daß der Erwachsene sich selbst der Änderung entziehe, „wie das Fehlschlagen wiederholter Versuche gezeigt hat. Zur Offenbarung neuer menschlicher Möglichkeiten ist er als Vorbild ein zäher Stoff." (12, 111)

Die beschriebene „Erneuerung der Erziehung" muß mit der „Erneuerung des Menschen Hand in Hand gehen", da diese eine große „Bedeutung für die ganze Gesellschaft" hat, denn sie „stellt das Erwachen eines Teils des menschlichen Bewußtseins dar." (10, 67)

Die „Neugestaltung des Menschen" muß zum einen auf die Aufwertung der inneren Entwicklung der Persönlichkeit ausgerichtet sein und sich gleichzeitig an Zielen der Menschheit und an den gegenwärtigen Bedingungen des sozialen Lebens orientieren (vgl. 4, 26). Diese „soziale Ausrichtung der Persönlichkeit" – wie Tielkes 1991 formuliert (44a, 149) – als sozial-individuale Bildungsaufgabe der Erwachsenen, formuliert Montessori so: „Anderen und sich selbst helfen, sich „in der stetigen Entwicklung der Umgebung auf dem erreichten Niveau zu erhalten." (4, 65)

Montessori skizziert das sozial-humane Profil des so entstehenden neuen Menschen: „Dieser Mensch besitzt wahre Qualitäten: die Liebe, die nicht Anhänglichkeit bedeutet; die Disziplin, die nicht Unterwerfung bedeutet; die Möglichkeit, sich in Beziehung zur Wirklichkeit zu setzen, was nicht Phantasie bedeutet." (4, 36) Liebe, Disziplin und Realitätsbezug sind eine andere Beschreibung für das, was in der kosmischen Erziehung als Aufgabe aus der „verändernern Funktion des Menschen", seiner Wirkweise im Kosmos, ans Licht trat: das verantwortliche Suchen und Tun des Seinigen an seinem Platz im Universum im Sinne des Dienens.

7.2 Jahrhundert des Erwachsenen?

Um die umrissene Aufgabe der Erwachsenenbildung effektiv wahrzunehmen, bedarf es des Erwachens und der Aufarbeitung eines „Teils des menschlichen Bewußtseins", das „verdunkelt" ist. (10, 67.68) Die Aufarbeitung der Bewußtseinslücke im Sinne einer Erweiterung sieht Montessori darin, daß der Mensch „noch zu dem Bewußtsein seiner weit größeren Verantwortung für eine kosmische Aufgabe gelangen" muß. (12, 68)

Hinsichtlich dieser Aufgabenperspektive dürfte Eriksons Feststellung relevant sein, daß die Erwachsenen es lernen müssen, „die nächste Generation nicht mit den unreifen Zügen zu belasten, die sie selbst von früheren Generationen ererbt haben ... denn wir alle müssen uns heute fragen, was in der künftigen Arbeitswelt Erwachsene einander und sich selbst bedeuten können". (15a, 141.138)

Am Schluß solcher Überlegungen stellt Erikson 1973 die Frage, ob nach dem Jahrhundert des Kindes und der Jugend nicht ein „Jahrhundert des Erwachsenen anfangen" müsse. „Hier scheinen einige Fragen offen geblieben zu sein." (15a, 137)

8. Chronologische Aufschlüsselung des Montessori-Schrifttums zur „Kosmischen Erziehung"

1932 (Genf)	Frieden und Erziehung. In: Maria Montessori, Frieden und Erziehung. Freiburg 1973, S. 1–25, vgl. Maria Montessori, die Macht der Schwachen. Freiburg 1989, S. 15–42.
1935 (London)	Die Stellung des Menschen in der Schöpfung. In: Maria Montessori, Kosmische Erziehung. Freiburg 1988, S. 14–19.
1936 (Brüssel)	Für den Frieden. In: Maria Montessori, Frieden und Erziehung. Freiburg 1973, S. 26–31, vgl. Maria Montessori, Die Macht der Schwachen. Freiburg 1989, S. 43–47.
1936 (Amersfoort)	Die Bedeutung der Erziehung für die Verwirklichung des Friedens. In: Maria Montessori, Frieden und Erziehung. Freiburg 1973, S. 32–65.
1937 (Kopenhagen)	Erzieht für den Frieden. In: Maria Montessori, Frieden und Erziehung. Freiburg 1973, S. 66–72, vgl. Maria Montessori. Die Macht der Schwachen, Freiburg 1989, S. 47–54.
1939 (London)	Erzieht für den Frieden. In: Maria Montessori, Frieden und Erziehung. Freiburg 1973, S. 129–134.
1939	Maria Montessori: Von der Kindheit zur Jugend. Freiburg ³1979, vgl. Maria Montessori, Kosmische Erziehung. Freiburg 1988, S. 115–169.
1945 (Indien)	Kosmische Erziehung. In: Maria Montessori, Kosmische Erziehung. Freiburg 1988, S. 19–30.
1946 (Indien)	Maria Montessori: Londoner Vorträge. Unveröffentl. Lehrgangsvorträge.
1948 (Indien)	Menschliche Potentialität und Erziehung. In: Maria Montessori, Kosmische Erziehung. Freiburg 1988, S. 31–114.

9. Literaturverzeichnis

Primärliteratur

1. **Montessori, Maria:** Die Entdeckung des Kindes. Freiburg [10]1991.
2. **Dies.:** Schule des Kindes. Montessori-Erziehung in der Grundschule. Freiburg [4]1991.
3. **Dies.:** Kinder, die in der Kirche leben. (1930). Freiburg/Br. 1963.
4. **Dies.:** Frieden und Erziehung. Die Bedeutung der Erziehung für die Verwirklichung des Friedens. Freiburg 1973.
5. **Dies.:** Radio-Interview November 1936. In: MWB 1989, H.4, S. 122.123.
6. **Dies.:** Von der Kindheit zur Jugend. Freiburg [3]1979.
7. **Dies.:** Londoner Vorträge (1946). Unveröffentl. Lehrgangsvorträge. 12. Vortrag.
8. **Dies.:** To educate the human potential. Madras 1973.
9. **Dies.:** Das kreative Kind. Der absorbierende Geist. Freiburg [8]1991.
10. **Dies.:** Über die Bildung des Menschen. Freiburg 1966.
10a. **Dies.:** Kinder sind anders. Stuttgart [8]1967.
11. **Dies.:** Die Macht der Schwachen. Kleine Schriften Maria Montessoris, Bd. 2. Freiburg 1989.
12. **Dies.:** „Kosmische Erziehung". Kleine Schriften Maria Montessoris, Bd. 1. Freiburg 1988.
13. **Dies.:** Dem Leben helfen. Kleine Schriften Maria Montessoris. Bd.3. Freiburg 1992.

Sekundärliteratur

13a. **Bennemann, K.:** Zur Theorie und Didaktik einer kosmischen Erziehung im Verständnis Maria Montessoris. Hausarbeit für das 1. Staatsexamen an der Westfälischen Wilhelms-Universität Münster 1990.
14. **Eibl-Eibesfeldt, I.:** Die Biologie des menschlichen Verhaltens. Grundriß der Humanethologie. München 1984.
15. **Erikson, E. H.:** Jugend und Krise. Die Psychodynamik im sozialen Wandel (1968). Stuttgart 1970.
15a. **Ders.:** Dimensionen einer neuen Identität. Frankfurt/M. 1975.
16. **Ders.:** Kindheit und Gesellschaft (1950). Stuttgart [4]1971.
17. **Herrmann, Th.:** Ganzheitspsychologie und Gestalttheorie. In: Geschichte der Psychologie. Bd. 1 Geistesgeschichtliche Grundlagen. Hrsg. von H. Balmer. Weinheim/Basel 1982. S. 573–658.
18. **Holtstiege, H.:** Erziehung – Emanzipation – Sozialisation. Perspektiven zum Problem einer Erziehung zur Mündigkeit. Bad Heilbrunn 1974.
19. **Dies.:** Identitätssuche – Lücken in der psychosozialen Konstitution des Menschen? In: Meyer, E. (Hg.), Kinder und Jugendliche in seelischer Not. Braunschweig 1982, S. 60–79.
20. **Dies.:** Maria Montessori und die „reformpädagogische Bewegung" (Studien zur Montessori-Pädagogik 1). Freiburg 1986.
21. **Dies.:** Maria Montessoris Neue Pädagogik: Prinzip Freiheit – Freie Arbeit (Studien zur Montessori-Pädagogik II). Freiburg 1987.
22. **Dies.:** Montessori-Pädagogik. In: Lenzen, D. (Hg.), Pädagogische Grundbegriffe. Bd. 2, Stuttgart 1989, S. 1060–1071.
23. **Dies.:** Montessori-Pädagogik. In: Lenzen, D. (Hg.), Enzyklopädie Erziehungswis-

senschaft, Bd. 7: Hemmerer, P./Wundtke, H. (Hg.), Erziehung im Primarschulalter. Stuttgart 1985, S. 425–435.

24. **Dies.:** Sensible Phasen im Jugendalter. Impulse zu Konkretionen für die Sekundarstufe I und II. In: Montessori-Pädagogik in der Sekundarstufe. Schriftenreihe zur Lehrerfortbildung. Orientierung, H.8. Aachen o.J. S. 29–44.

25. **Dies.:** Erzieher in der Montessori-Pädagogik. Freiburg 1991.

26. **James, W.:** Das pluralistische Universum (1909). Kröner: Leipzig 1914 (Philosophie-soziologische Büchereien, Bd. XXXIII).
    – Psychologie. Quelle & Meyer: (1890) Leipzig 1909.
    – Psychologie und Erziehung. Ansprachen an Lehrer. Engelmann: (1892/1899) Leipzig 1900.

27. Kosmische Erziehung – allgemein einführende Literatur in Theorie und Didaktik:
- **Helming, H.:** Die Beziehung zur Natur bei Montessori. In: MWB 1967, H.12, S. 3.
- **Portielje, A. F. J.:** Die Entwicklung von Naturerkenntnis und Naturliebe in der Amsterdamschen Montessori-Schule und ihr Verhältnis zu dem ganzen Lehrplan. In: MWB 1967, H.12, S. 4–12.
- **Stephenson, M.:** Kosmische Erziehung. In: MWB 1972, H.29, S. 19–25
- **Helming, H.:** Das kostbare Fleckchen Erde. In: MWB 1973, H.30, S. 22–23.
- **Montessori, M. M.:** Kosmische Erziehung. In: Montessori, M. M., Erziehung zum Menschen. München 1977, S. 131–143.
- **Oswald, P.:** „Kosmische Erziehung" in der pädagogischen Theorie Maria Montessoris. In: MWB 1977, H.47/48, S. 12–24.
- **Ders.:** Montessoris Beitrag zu einer indirekten religiösen Erziehung. In: MWB 1980, H.57/58, S. 33–45.
- **Laufkötter, E./Schmutzler, H. J.:** Kosmische Erziehung als Natur-, Technik- und Sachbegegnung im Kinderhaus. In: MWB 1981, H.3/4, S. 86–94.
- **Schulz-Benesch, G.:** Hinweise auf die „Kosmische Erziehung" bei Montessori. In: MWB 1982, H.1, S. 7–8.
- **Holtstiege, H.:** Montessori-Pädagogik. In: Enzyklopädie Erziehungswissenschaft. Bd. 7 Erziehung im Primarschulalter. Hrsg. von D. Lenzen. Stuttgart 1985, S. 426–429.
- **Oswald, P.:** Wirklichkeit und Vision. Eine realistisch-visionäre Konzeption und die Ansätze ihrer praktischen Verwirklichung: Montessoris „Kosmische Erziehung". In: MWB 1989, H.4, S. 124–138.
- **Kratochwil, L.:** Die pädagogische Bedeutung der Dimension des Kosmischen im Werk Maria Montessoris. In: MWB 1990, H.1, S. 69–82.
- **Heimbring,D.:** Die kosmische Erziehung des Menschen. In: D. Heimbring, Montessori-Pädagogik und naturwissenschaftlicher Unterricht. Aachen 1990, S. 98–119.
- **Ludwig, H.:** „Kosmische Erziehung". Zum Ansatz einer ökologisch orientierten Schulpädagogik und Didaktik bei Maria Montessori. In: MWB 1992, H.1/2, S. 14–34.

28. Kosmische Erziehung – didaktische Literaturbeiträge für das Alter von 0–6 Jahren.
- **Schäfer, A.:** Das Kind und die Natur. In: MWB 1967, H.12, S. 20–21.
- **Portielje, A. F. J.:** Die Entwicklung von Naturerkenntnis und Naturliebe in der Amsterdamschen Montessori-Schule und ihr Verhältnis zu dem ganzen Lehrplan. In: MWB 1967, H.12, S. 4–12.
- **Stephenson, M.:** Kosmische Erziehung. In: MWB 1972, H.29, S. 19–25.
- **Helming, H.:** Das kostbare Fleckchen Erde. In: MWB 1973, H.30, S. 22–23.
- **Oswald, P.:** „Kosmische Erziehung in der pädagogischen Theorie Maria Montessoris. In: MWB 1977, H.47/48, S. 12–24.

- **Laufkötter, E./Schmutzler, H. J.:** Kosmische Erziehung als Natur-, Technik- und Sachbegegnung im Kinderhaus. In: MWB 1981, H.3/4, S. 86–94.
- **Geilen, H.:** Leben als Teil des Kosmos. In: H. Geilen, Vom Greifen zum Begreifen. Aachen 1990, S. 76–95.
- **Heimbring, D.:** Die kosmische Erziehung des Menschen. In: D. Heimbring, Montessori-Pädagogik und naturwissenschaftlicher Unterricht. Aachen 1990.
- **Ludwig, H.:** „Kosmische Erziehung" zum Ansatz einer ökologisch orientierten Schulpädagogik und Didaktik bei Maria Montessori. In: MWB 1992, H.1/2, S. 14–34.
- **Müllers, K.:** Aus der Praxis: Schraubenbretter. In: MWB 1992, H.3, S. 100–102.
29. Kosmische Erziehung – didaktische Literaturbeiträge für das Alter von 7–12 Jahren:
- **Wachendorf, M.:** Kinder erforschen die Welt. In: MWB 1963, H.1, S. 11–16.
- **Montessori,Mario:** Die Botanischen Karten. In: MWB 1966, H.11, S. 15–23.
- **Fischer, K.:** Anfänge des Naturkundeunterrichts in unserer Montessori-Klasse. In: MWB 1967, H.12, S. 16–18.
- **Spelten,** Naturkunde in einer Montessori-Grundschule in Aachen vor dem 2. Weltkrieg. In: MWB 1967, H.12, S. 22.
- **Portielje, A. F. J.:** Die Entwicklung von Naturerkenntnis und Naturliebe in der Amsterdamschen Montessori-Schule und ihr Verhältnis zum Lehrplan. In: MWB 1967, H.12, S. 4–12.
- **Stephenson, M.:** Kosmische Erziehung. In: MWB 1972, H.29, S. 19–25.
- **Helming, H.:** Das kostbare Fleckchen Erde. In: MWB 1973, H.30, S. 22–23.
- **Oswald, P.:** „Kosmische Erziehung" in der pädagogischen Theorie Maria Montessoris. In: MWB 1977, H.47/48, S. 12–24.
- **Elsner, H.:** Der Geologie-Baukasten. In: MWB 1982, H.1, S. 1–51.
- **Ders.:** Kreislauf der Gesteine. In: MWB 1982, H.4, S. 114–115.
- **Amelunxen, H.:** Von einem, der auszog, das Lesen zu lernen oder Kosmische Erziehung in der Primarstufe. In: MWB 1982, H.4, S. 116–122.
- **Kumetat, H.:** Hauptschule Ferdinandstraße. Heinsberg 1985.
- **Lehlirz, W.:** Eine Hundertjahreskette. In: MWB 1985, H.4, S. 150–154.
- **Ewijk van, N.:** Entwicklungsmaterial. Formgebung, Herstellung und Bewertung von Lernmitteln für den Montessori-Unterricht. Amsterdam 1986 – Münster 1988. (Das evaluierte Material – der Tierkasten – ist beziebar bei Nienhuis. Die Texte sind in niederländischer Sprache gehalten.)
- **Dernbach, U.:** Arbeitsgruppe Thomas Elsner: Fangnetze (Bad Honnef, 26.9.87). In: MWB 1987, H.4, S. 163–164.
- **Keune, D.:** Bericht über den Arbeitskreis von Frau Gobbin-Clausen: „Biologie in der Grundschule – Anregungen und Materialien" im Rahmen der Arbeitstagung 1987. In: MWB 1987, H.4, S. 165–170.
- **Schmitz, W.:** Kurzbericht über die Exkursion in die Wälder von Bad Honnef. In: MWB 1987, H.4, S. 171.
- **Heinzmann, A./Rades, H. J.:** Geologiebaukasten – Arbeit des Wassers, Flüssenetz der Eifel. (Walberberg, 14.10.–16.10.1988). In: MWB 1988, H.3/4, S. 136–142.
- **IMS** (Integrative Montessori-Schule): Gemeinsam leben lernen, Konzept für eine Schule der Sekundarstufe I. Borken, Stand: März 1988.
- **Ortling,P.:** Bischöfliche Maria Montessori-Gesamtschule in Krefeld. In: Sonderdruck aus Katholisches Krefeld 2. Hrsg. von Dr. A. Düppengießer. Krefeld 1988.
- **Oswald, P.:** Wirklichkeit und Vision. Eine realistisch-visionäre Konzeption und die Ansätze ihrer praktischen Verwirklichung: Montessoris „Kosmische Erziehung". In: MWB 1989, H.4, S. 124–139.

- **Elsner, H.:** „Erzählstoff" zur „Kosmischen Erziehung". In: MWB 1990, H.4, S. 120–121.
- **Heimbring, D.:** Die kosmische Erziehung des Menschen. In: D. Heimbring, Montessori-Pädagogik und naturwissenschaftlicher Unterricht. Aachen 1990, S. 98–119.
- **Elsner, H.:** Der Geologie-Baukasten. In: MWB 1991, 5. Beiheft.
- **Ludwig, H.:** „Kosmische Erziehung". Zum Ansatz einer ökologisch orientierten Schulpädagogik und Didaktik bei Maria Montessori. In: MWB 1992, H.1/2, S. 14–34.

30. Kosmische Erziehung – didaktische Literaturbeiträge für das Alter ab 12 Jahre:
- **Wachendorf, M.:** Kinder erforschen die Welt. In: MWB 1963, H.1, S. 11–16.
- **Montessori, Mario:** Die Botanischen Karten. In: MWB 1966, H.11, S. 15–22.
- **Stephenson, M.:** Kosmische Erziehung. In: MWB 1972, H.29, S. 19–25.
- **Helming, H.:** Das kostbare Fleckchen Erde. In: MWB 1973, H.30, S. 22–23.
- **Schroers, M.:** Überlegungen zum Physikunterricht in der Sonderschule für Lernbehinderte. In: MWB 1975, H.39/40, S. 26–29.
- **Oswald, P.:** „Kosmische Erziehung" in der pädagogischen Theorie Maria Montessoris. In: MWB 1977, H.47/48, S. 12–24.
- **Holtstiege, H.:** Impulse zu Konkretionen für die Sekundarstufe I und II. In: Montessori-Pädagogik in der Sekundarstufe. Schriftenreihe zur Lehrerfortbildung, Orientierung, H.8 o.J.
- **Kumetat, H.:** Hauptschule Ferdinandstraße. Heinsberg 1985.
- **IMS** (Integrative Montessori-Schulen): Gemeinsam leben lernen, Konzept für eine Schule der Sekundarstufe I. Borken, Stand: März 1988.
- **Ortling, P.:** Bischöfliche Maria Montessori-Gesamtschule in Krefeld. In: Sonderdruck aus Katholisches Krefeld 2. Hrsg. von Dr. A. Düppengießer. Krefeld 1988.
- **Ludwig, H.:** „Kosmische Erziehung". Zum Ansatz einer ökologisch orientierten Schulpädagogik und Didaktik bei Maria Montessori. In: MWB 1992, H.1/2, S. 14–34.

31. **Kratochwil, L.:** Die pädagogische Bedeutung der Dimiension des Kosmischen im Werk Maria Montessoris. In: MWB 1991, H.2, S. 69–82.

32. **Ders.:** Pädagogisches Handeln bei Hugo Gaudig, Maria Montessori und Peter Petersen. Donauwörth 1992.

33. **Ludwig, H.:** „Kosmische Erziehung" – zum Ansatz einer ökologisch orientierten Schulpädagogik und Didaktik bei Maria Montessori. In: MWB 1992, H.1/2, S. 14–34 (vgl. Pädagogische Rundschau 46 (1992), H.4, S. 389–405).

34. **Mainberger, G. K.:** Imagination. In: Psychologie der Kultur. Bd. 1. Transzendenz und Religion. Hrsg. von G. Condran. Weinheim/Basel 1982, S. 21–39.

35. **Mead, G. H.:** Geist, Identität und Gesellschaft. Frankfurt 1973 stw. 28 (1934).

36. **Montessori, Mario:** Erziehung zum Menschen. Montessori-Pädagogik heute. München 1977.

37. **Oswald, P.:** „Kosmische Erziehung" in der pädagogischen Theorie Maria Montessoris. In: Beiträge zur Montessori-Pädagogik. Hrsg. von P. Scheid und H. Weidlich. Stuttgart 1977, S. 122–138.

38. **Ders.:** Maria Montessori und die kosmische Erziehung. In: Montessori-Pädagogik und die Erziehungsprobleme der Gegenwart. Hrsg. von B. Fuchs und W. Harth-Peter. Würzburg 1989, S. 34–47.

39. **Ders.:** Montessori-Erziehung als Hilfe zu personaler, sozialer und kosmischer Integration. In: Montessori, Maria – Texte und Gegenwartsdiskussion. Hrsg. von Winfried Böhm. Bad Heilbrunn [3]1985, S. 124–129.

40. **Ders.:** Wirklichkeit und Vision. Eine realistisch-visionäre Konzeption und die An-

sätze ihrer praktischen Verwirklichung: Montessoris „Kosmische Erziehung". In: MWB 1989, H.4, S. 124–128.

41. **Portmann, A.:** Biologische Fragmente zu einer Lehre vom Menschen. Basel/Stuttgart [3]1969.

42. **Schmutzler, H. J.:** Spiel, Phantasie und Arbeit bei Fröbel und Montessori. Diss. Münster 1975.

43. **Spitz, R. A.:** Eine genetische Feldtheorie der Ich-Bildung. (1969) Fischer 1972.

44a. **Tielkes, M.:** Der „Pädagogische Versuch" Maria Montessoris. Amersfoort 1991.

44b. **Dies.:** Die Sensibilitäten des Jugendalters. In: H. Holtstiege: Maria Montessoris Neue Pädagogik: Prinzip Freiheit – Freie Arbeit (Studien zur Montessori-Pädagogik II). Freiburg 1987, S. 115–127.

45. **Vester, F.:** Neuland des Denkens. Vom technokratischen zum kybernetischen Zeitalter. Stuttgart [2]1984.

46a. **Vogel, G./Angermann, H.:** Atlas zur Biologie. Bd. 1. München 1984.

46b **Dies.:** Atlas zur Biologie. Bd. 2. München 1984.

III. Stille – Humanisierendes Didacticum

Montessori nennt 1946 die Schweigelektion – die Übung der Stille oder Leiseübung – eine der Hauptübungen, um das Kind als „psychisches Wesen zu konstruieren" (11, 16. Vortr.). Diese Konstruktion als psychisches Wesen ist ein Selbstschöpfungsakt des Kindes durch seine Selbsttätigkeit. Die Stille wird damit zu einer selbsttätigen kindlichen Einübung ins Menschsein und ins Menschwerden.

Die Schweigelektion oder Übung der Stille im Sinne Montessoris ist eine „kollektive Aktion". Sie kann nur zustandekommen, wenn zwei Konstituenten kindlichen Menschseins beteiligt sind und zwar 1. der ursprüngliche innere Wunsch eines jeden einzelnen Kindes und 2. die Bereitschaft zum sozialen Konsens als Wille zum gemeinsamen Schweigen. Die Stilleübung erweist sich als eine in der individual-sozialen Verfaßtheit des Menschen selbst begründete und von ihr abhängige Übung. Von ihrem Wesen her ist sie eine unmittelbare Einübung in das Menschsein, das sich ausprägt in sozialer Humanität. Damit ist die Einübung ins Menschsein – in eine soziale Humanität – der Inhalt, d.h. der unmittelbare Gegenstand der Stilleübung.

Vor dem Hintergrund der bisherigen Untersuchungen und angesichts der notwendigen Aufarbeitung menschlicher Disproportionalität erhält die Stilleübung einen hohen Stellenwert.

So ist zuerst nach dem Charakter und der didaktischen Struktur dieser von Montessori entdeckten und entwickelten Übung – auch unter dem Aspekt der Überwindung gegebener menschlicher Disproportionalität – zu fragen. Am Ende soll im Hinblick auf die Wirkungsdimension – dem erreichten Stellenwert der Stilleübung heute – eine kurze Standortbestimmung vorgenommen werden.

1. Übung der Stille – Schweigelektion: Historische Entstehung – Didaktische Struktur

Montessori wählt 1918 die „Stille", um ihre Erziehungskonzeption zu erläutern und von den herkömmlichen zu unterscheiden.

„In der gewöhnlichen Schule geht man von einem Zustand durchschnittlicher Ordnung aus, der sich intuitiv erfassen läßt, obwohl er nie definiert wurde. Es ist der Zustand, in dem das Verhalten der Schüler den Unterricht durch den Lehrer ermöglicht." (1, 194)

Der Zwang zu dieser Art durchschnittlichem Zustand von Ordnung führt zur Tendenz der Schüler, zu einer Art von Unordnung zu gelangen. Dies löst verschiedenartige, unkontrollierte und zwecklose Bewegungen aus, die Lärm und Unruhe bewirken und den Unterricht schwierig oder unmöglich machen. Die durchschnittliche Ordnung wird gestört. Es folgt eine energische Aufforderung zur Stille, wobei dieses Wort die „durchschnittliche Ordnung" bezeichnet (1, 194).

„In unserer Methode ist jedoch die ‚durchschnittliche Ordnung' (die allerdings eine andere Form hat, da sie sich aus den individuellen Arbeiten der Schüler ergibt) ein Ausgangspunkt, um zu einem über den Durchschnitt liegenden, nicht erreichten und unbekannten Niveau aufzusteigen. Die Stille ist also eine positive Eroberung, die durch Erkenntnis und Übung erreicht werden soll." (1, 195)

In Montessoris Konzeption tritt an die Stelle der sozial ermittelten „durchschnittlichen Ordnung" des einzelnen Schülers eine individuell ermittelte. Der einzelne Schüler mißt sich an sich selbst und nicht an anderen. Um zur Stille zu kommen ist es erforderlich, das eigene – also individuelle – Bewußtsein dahin zu bringen, geringste Bewegungen zu beachten und alle Einzelheiten des Tuns zu kontrollieren. Auf diese Weise ist es dem einzelnen Schüler möglich, zu einer „absoluten Unbeweglichkeit zu gelangen, die zur Stille führt" (1, 195). Montessori spricht von einem Vorgang, der einen neuen, vorher nicht gegebenen Zustand bewirkt.

„In den üblichen Schulen hat der Ruf nach ‚Stille' den Zweck, das normale Leben unter seinen normalen Bedingungen wieder herzustellen. Die Stille der Unbeweglichkeit bedeutet jedoch eine Unterbrechung des normalen Lebens, der nützlichen Arbeit; sie erfüllt keinerlei ‚praktischen Zweck'. Ihre ganze Bedeutung, ihr Zauber rühren daher, daß der einzelne durch eine Unterbrechung des gewöhnlichen Lebens auf ein höheres Niveau gehoben wird, wo ihn nicht die Zweckmäßigkeit, sondern die Eroberung als solche anspricht." (1, 195)

Bedeutung und Zauber der Stille liegen zum einen im Unterbrechen des „normalen Lebens", verbunden mit der Erfahrung einer qualitativen Niveauanhebung des eigenen Zustandes. Diese Erhebung zur Niveauanhebung ist ein Prozeß, der an Erkenntnis und Übung rückgebunden ist. Diesen Prozeß gilt es im einzelnen zu analysieren und zu betrachten.

1.1 Lektion des Schweigens – Historische Entstehung

1.1.1 Zwei Arten von Lektionen

Montessori spricht (1938) von zwei zu unterscheidenden Lektionen. Da ist die schon bekanntere „Lektion der drei Zeiten" (6, 67). Es handelt sich um die sachbezogene und sprachlich sparsame Einweisung in den Umgang mit didaktischen Materialien und ihrer kulturellen Erschließungsfunktion im Hinblick auf die elementaren Kulturtechniken des Schreibens, Lesens und Rechnens.

„Die andere, bei der es sich um etwas völlig anderes handelt, ist die ‚Lektion des Schweigens'." (6, 67)

Die „Lektion des Schweigens" steht im Widerspruch zur Auffassung, daß eine Lektion, eine Unterweisung, etwas Gesprochenes darstellt, durch Rede entsteht. Wie aber läßt sich dann eine Schweige-Lektion erteilen? – so fragt Montessori. „Wenn wir das Schweigen wollen, müssen wir es lehren. Und bevor wir es lehren, müssen wir noch etwas anderes tun. Wir müssen in Betracht ziehen, daß man es demonstrieren, kennenlernen lassen muß." (6, 68)

Die Lektion des Schweigens besteht – vorweggenommen – im Lehren des Schweigens durch schweigende Erzieher, damit Kinder es zunächst kennenlernen können. Montessori spricht (1928) vom „Unterricht im Stillsein" (4, 38).

1.1.2 Entdeckung der Übung der Stille

In drei verschiedenen Zusammenhängen beschreibt Montessori (1918, 1938, 1950) ihre Entdeckung der „Übung der Stille" (vgl. 1, 157; 6, 70; 8, 172).

Sie hatte im Hof eines Kinderhauses das vier Monate alte Kind einer Mutter auf den Arm genommen, als ihr die Kinder entgegenliefen.

„Die Stille dieses Geschöpfes machte mir großen Eindruck und ich suchte mein Gefühl auch den Kindern mitzuteilen. ‚Es macht gar keinen Lärm', sagte ich und scherzend fügte ich hinzu: ‚Niemand von euch könnte ebenso still sein'. Verblüfft beobachtete ich, wie sich der Kinder ringsumher eine intensive Spannung bemächtigte. ... ‚sein Atem geht ganz leise' fuhr ich fort. ‚Niemand von euch könnte so leise atmen'. Erstaunt und regungslos hielten die Kinder den Atem an. Eine eindrucksvolle Stille verbreitete sich in diesem Augenblick ... Niemand machte auch nur die leiseste, wahrnehmbare Bewegung und als ich die Kinder später aufforderte diese Übung der Stille zu wiederholen, gingen sie sogleich darauf ein ...
Was sich hier kundgab, war eine innere Übereinstimmung, geboren aus einem tiefinneren Wunsch. Die Kinder saßen still bis zur Regungslosigkeit, beherrschten sogar ihre Atemzüge und hatten dabei heiter-angespannte Züge, so als seien sie in Meditation versunken." (8, 172; vgl. 1, 1957; 6, 71)

Für Montessori war diese Stille eine Offenbarung, ein Phänomen mit einer sehr komplexen Bedeutung. Neben der wachsenden kindlichen Sensibilität für Geräusche beobachtete sie deren zunehmende Fähigkeit, die Stille zu genießen. Ein bemerkenswertes Beobachtungsergebnis scheint die Erfahrung der Stille als kollektive Aktion zu sein (vgl. 1, 154).

Von der Stille sagt Montessori (1938) generell, daß sie eine „Gegeben-heit" sei, die „entweder die Einsamkeit oder aber die Zustimmung einer Anzahl von Menschen fordert." (6, 75)

1.2 Stille – Lektion kollektiver Übung

An verschiedenen Stellen hebt Montessori unter Hinweis auf zahlenmäßi-ge Gruppen- und Klassenstärken den Charakter einer „kollektiven Akti-on" hervor. Trotz einer Klassenstärke von 40 Kindern zwischen 3 und 6 Jahren war eine absolute Stille erreichbar (vgl. 1, 154). Montessori be-richtet von 200 Kindern verschiedener Klassen einer Schule, mit denen die Lehrer eine kollektive Schweigeübung durchführten (vgl. 6, 74).

„Die kollektive Aktion wurde bei Kindern erreicht, von denen jedes gewohnt war, bei der Suche nach innerer Befriedigung selbständig zu handeln." (1, 154)

Voraussetzung für die kollektive Aktion ist der Wille zum Schweigen, der einer inneren Übereinstimmung aller sowie einem inneren Wunsch jedes einzelnen entspringt (vgl. 8, 172; 6, 72).
Montessori spricht von der „Lektion einer kollektiven Übung" par ex-cellence. (6, 73)

„Um absolute Stille zu erreichen, müssen alle einverstanden sein: Wenn einer es nicht ist, ist die Stille gebrochen; daher muß das Bewußtsein vorhanden sein, gemeinsam zu han-deln, um ein Ergebnis zu erreichen. Hier beginnt ein bewußter sozialer Konsens." (9, 235)

In diesem Konsens drückt sich Neigung zum Gehorsam, in diesem Falle ein „Phänomen gemeinschaftlichen Gehorsams" aus (ebd.).
Montessori weist nachdrücklich darauf hin, daß eine solche kollektive Übung vorbereitet werden muß. Sie bedarf einer Erläuterung und einer Vorbereitung der Umgebung.

1.2.1 Vorbereitung der Umgebung

Die Vorbereitung einer kollektiven Übung der Stille, die aus dem individu-ellen Wunsch jedes einzelnen sowie dem sozialen Konsens entspringt, ist zunächst eine Vorbereitung der Umgebung.

„Alle Kinder müssen alles Material nehmen und fortlegen, so daß sie nichts mehr auf ihrem Tisch haben. Das ist eine notwendige Vorbereitung, weil die ganze Klasse diesen Willen zum Schweigen haben muß, und eben dies fordert immer die Übereinstimmung, damit es geschehen kann. Man muß sich vorbereiten." (6, 72)

Die Vorbereitung der kollektiven Übung des Schweigens bezieht sich auf drei Aspekte, die darauf abzielen, daß die Stille als ein individual-soziales Phänomen durch die Kinder selbst herbeigeführt wird und nicht von außen durch den Erzieher.

1.2.1.1 Alles „leer" machen – Wille zum Schweigen

Gemeint ist das Fortlegen aller Materialien durch alle Kinder in der Weise, daß sie eine Anstrengung unternehmen, um „alles in Ordnung zu bringen." (6, 72)

1.2.1.2 Bequeme Stellung – Sich Wohlfühlen – Gleichgewicht

Die eigene Person wird gleichsam in Ordnung gebracht. „Man muß einen so bequemen Platz einnehmen, daß man sich ganz wohlfühlt", so daß man es vermag, sich nicht zu bewegen (6, 72).

„Die Kinder müssen lernen, diese Übung erfolgreich auszuführen. Die Hauptbedingung ist hierbei das Auffinden einer bequemen Lage, d.h. einer Lage im Gleichgewicht. Da sie bei dieser Übung sitzen, müssen sie es sich selbst auf ihren Stühlchen oder auf dem Boden bequem machen." (4, 39)

Das Auffinden einer bequemen Lage im Gleichgewicht fällt in die Wahl des Kindes und schließt eine äußere Kollektivierung der Haltung der Kinder aus.

1.2.1.3 Bedenken, was sich bewegen könnte

Sich nicht bewegen, heißt, alle Bewegungsantriebe zu hemmen. Die Kontrolle der Bewegung umfaßt ein Sitzen „mit stillen Füßen, stillem Rumpf, stillen Armen und bewegungslosem Kopf. Auch die Atembewegungen sollten geräuschlos ausgeführt werden." (4, 38)

Mit dieser Bewegungsanalyse zur Herbeiführung der Unbeweglichkeit differenziert Montessori sehr klar die Schwierigkeiten, um die das auf dem Wege zum Schweigen selbsttätige Kind wissen muß, damit es seine eigene Position selbst kontrollieren kann. Die Kollektivität der Übung wird nur so und durch den sozialen Konsens aller Beteiligten herbeigeführt. sie darf nicht in der „kollektiven Verordnung" von Verhaltensweisen von außen bestehen.

1.2.2 Demonstration: Schweigende Positionen des Erziehers

Montessori spricht in diesem Zusammenhang die unmittelbare und unverzichtbare Bedeutung des Erziehers für das Lehren des Schweigens an, d.h. seine erworbene Fähigkeit, tatsächlich schweigen, stillsein zu können. Dies schließt die äußere Kontrollierbarkeit der analysierten Bewegungslosigkeit ein. Vor der Lektion des Schweigens ist es erforderlich, das Schweigen zu demonstrieren, damit Kinder es zunächst kennenlernen können (vgl. 6, 68).

„Ich lenke die Aufmerksamkeit der Kinder auf mich – und schweige. Ich nehme verschiedene Positionen ein – stehe, sitze – unbeweglich, schweigsam.
Ein Sichbewegen der Finger könnte ein, wenn auch nicht wahrnehmbares Geräusch verursachen; ich könnte hörbar atmen ...
Während solcher Handlungen und meiner kurzen von Unbeweglichkeit unterbrochenen anregenden Worte hören und schauen die Kinder entzückt zu ...
Sie sehen mich verblüfft an, wenn ich mitten im Saal stehen bleibe und es wirklich so ist, als wäre ich nicht da." (1, 155)

Hier deutet sich eine wahrzunehmende Aufgabe an, die in die Selbstvorbereitung des Erziehers fällt – noch vor der Begegnung mit den Kindern sich in schweigende Positionen einzuüben. Die Bewegungsanalyse zur Herbeiführung einer schweigenden Position der Unbeweglichkeit dürfte zur Selbstkontrolle ebenso hilfreich sein wie gemeinsame Positionsübungen mit anderen Erziehern. Nur durch die klare Erkenntnis dieser Aufgabe und ihrer klaren Wahrnehmung kann verhindert werden, die Stille als kollektive Übung von ihrer kollektiven An- und Verordnung her mißzuverstehen. Die Stille muß aus dem individualsozialen Konsens entstehen können, damit sie eine kollektive Selbstübung der Kinder und nicht eine kollektive Übung mit Kindern wird.

1.3 Übung des Schweigens, der Stille

Montessori verweist auf den durch mangelndes Nachdenken entstandenen schulischen Irrtum, daß Stille sich durch Befehle erreichen läßt. Sie differenziert in diesem Zusammenhang unterschiedliche Verständnisweisen von Stille.

1.3.1 Verständnis der Stille – Zustand

Auf eine Kurzformel gebracht nennt Montessori die Stille „die Einstellung jeder Bewegung" im Gegensatz zu der üblichen Meinung, daß Stille die Einstellung von Geräuschen sei, „die über das normale im Raum geduldete Geräusch hinausgehen." (1, 154) Stille bedeutet im letzteren Sinne nur „das Aufhören des Lärms, das Unterdrücken von Unarten und Unordnung." (ebd.) Abgrenzend zu dieser Art Verständnis von Stille legt Montessori eine sehr differenzierte Sichtweise der Stille dar, sozusagen deren didaktische Struktur:

„Dabei läßt sich die Stille positiv als ein der normalen Ordnung ‚übergeordneter‘ Zustand verstehen, als eine plötzliche Behinderung, die Mühe kostet, eine Anspannung des Willens, durch die man sozusagen durch Isolierung des Geistes von den äußeren Stimmen, von den Geräuschen des gewöhnlichen Lebens Abstand gewinnt." (1, 154)

Die Stille ist nicht das Aufhören von Lärm und Geräuschen. Sie wird durch plötzliche Behinderung erfahren als mühsame Anstrengung, durch Anspannung des Willens und Isolierung des Geistes, um Abstand vom normal dahinfließenden Leben zu gewinnen.

Stille ist ein dem normalen Leben übergeordneter Zustand. Den Zustand der Stille beschreibt Montessori als absolute Unbeweglichkeit, verbunden mit wachsender Geräuschsensibilität und einem sinnenden In-Sich-Versinken, in dem „das innere Spiel der Gemütsbewegungen" zur Empfindung kommt und der freiwerdende Geist sich öffnet (4, 39.40).

1.3.2 Weg zur Stille – Didaktische Analyse der Übung

In komplexer Form enthalten die drei wichtigsten Berichtsquellen über Montessoris Entdeckung der Stille alle Stadien der Stilleübung (vgl. 1, 157; 6, 70; 8, 172).

Wegen der Bedeutung dieser Übung und der Einfachheit ihrer Mittel soll die didaktische Struktur der Lektion des Schweigens analysiert dargestellt werden.

1.3.2.1 Erläuterung und Vorbereitung der Lektion
Montessori spricht von einem Zusammenspiel der Erkenntnis und Übung. In diese Phase fällt die Vorbereitung des Willens zum Schweigen durch das Herbeiführen einer „Leere". Hinzu kommt die Vorbereitung des Gefühls durch die Suche nach einem bequemen Platz. Die Demonstration schweigender Positionen durch den Erzieher leitet zur unmittelbaren Übung hin.

1.3.2.2 Nachahmung
Montessori weist in verschiedenen Zusammenhängen darauf hin, daß das Schweigen gelehrt werden muß durch Demonstration des Schweigens, damit Kinder es zunächst kennenlernen können.

„Da beschränkt sich die Lehrerin nicht darauf zu sagen ‚sitz still!‘, sondern sie macht es selbst vor und zeigt ihnen, wie man völlig still sitzt." (4, 38)

Zunächst ist es wichtig, die Aufmerksamkeit auf sich zu lenken, auf die Haltung von Füßen, Rumpf, Armen und Kopf sowie auf die Atmung, auf die Unbeweglichkeit im Stehen oder Sitzen. Beobachtungen haben gezeigt, daß die Kinder versuchen, diese Haltung nachzuahmen.

„Das sich bewegende Leben wird durch Ansteckung ganz plötzlich unterbrochen." (1, 195)

Bedeutsam ist die Beobachtung, daß diese Unterbrechung nicht von außen, sondern durch die Kinder selbst verursacht wird.

In dieser Nachahmungsphase kann Hilfestellung gegeben werden, indem einzelne Kinder gezielt aufgefordert werden, die Bewegungsdemonstration nachzuvollziehen. Dazu ist es erforderlich, daß das Kind seine Aufmerksamkeit auf alle Teile des Körpers richtet.

„Es bringt den Fuß in eine bessere Lage, und schon entsteht ein Geräusch. Es bewegt seinen Arm, und auch das gibt ein Geräusch, sein Atem ist noch nicht ganz lautlos..." (1, 155)

Durch die Nachahmung macht das Kind die selbstkontrollierte Erfahrung, wie viel Geräusch durch die eigene Bewegung entstehen kann, ein Vorgang, der Primärmotivationen auslösen kann.

1.3.2.3 Verzicht auf Aktivität

Die Vermeidung wahrnehmbarer Geräusche führt zur Unbeweglichkeit und Regungslosigkeit.

„Deshalb wird das Bewußtsein dazu gebracht, die geringsten Bewegungen zu beachten, das Tun in allen seinen Einzelheiten zu kontrollieren, um zur absoluten Unbeweglichkeit zu gelangen, die zur Stille führt." (1, 195)

Bis hierher dürfte bereits deutlich geworden sein, daß die Lektion des Schweigens gleichzeitig zur Analyse und Koordinierung der Bewegungen beiträgt. Montessori nennt sie ausdrücklich „Übungen zur Kontrolle der Bewegung" (1, 103).

„Man ist nicht von ungefähr unbeweglich und schweigt, sondern es ist eine stufenweise erreichte Vervollkommnung, keinen Laut von sich zu geben, nicht das geringste Geräusch zu verursachen, das man beim Bewegen eines Fußes, beim Streifen einer Hand oder beim hörbaren Atmen machen kann. Die absolute Stille entspricht absoluter Unbeweglichkeit." (1, 103)

Stille wird mit Hilfe der kontrollierten Bewegung für Kinder erfahrbar durch Unbeweglichkeit und Regungslosigkeit.

1.3.2.4 Vertiefung ins Schweigen – Absolute Stille

Die Sensibilität für Geräusche tritt wahrnehmbar hervor. Geräusche wirken stärker und lassen sich in ihren Abstufungen einschätzen (6, 73).

„Es scheint, daß das Leben allmählich entschwindet, daß sich der Saal nach und nach leert, als befände sich keiner mehr darin. Dann beginnt man das Ticken der Wanduhr zu vernehmen und mit der langsam absolut werdenden Stille scheint dieses Ticken an Intensität zu gewinnen. Von draußen, vom Hof, der still erschien, kommen nun verschiedene Geräusche – ein zwitschernder Vogel, ein vorbeigehendes Kind. Die Kleinen sind von dieser Stille fasziniert, als hätten sie einen Sieg errungen. (1, 155)

Montessori beschreibt den Vorgang des sich vertiefenden Schweigens, dessen Phänomen sie an Kindern in dieser Phase beobachtete:

„Sie scheinen sich einer Art von Zauber hinzugeben; man möchte sagen, sie seien in Sinnen versunken. Nach und nach, wenn jedes Kind unter eigener Kontrolle immer stiller wird, vertieft sich das Schweigen." (4, 39)

Trotz der zunehmenden Intensität der Wahrnehmung äußerer Geräusche, „die in das tiefe Schweigen eindringen" stören sie dieses nicht (4, 39).

1.3.2.5 Erweiterung der Übung – Abschluß
Diese Phase bildet den Abschluß der Stilleübung. Montessori spricht von der Erweiterung durch eine „Art Appell". Die Übung wurde intensiviert durch die Verdunkelung der Fenster oder das Verschließen der Augen (vgl. 9, 236; 1, 155).

„Die Lehrerin oder eins von den Kindern stellt sich hinter die Klasse oder in ein Nebenzimmer und ‚ruft' die bewegungslosen Kinder eins nach dem anderen beim Namen; der Ruf wird flüsternd, d.h. ohne vokalischen Klang ausgeführt. Soll das Kind den Namen hören, so muß es scharf aufpassen. Dann muß es aufstehen und seinen Weg zu der rufenden Stimme finden, die Bewegungen müssen leicht und bewußt und so gut beherrscht sein, daß kein Geräusch entsteht." (4, 40)

Neben der durch Geräuschwahrnehmung gegebenen Fehlerkontrolle verweist Montessori auch auf die Förderung der Selbstbeherrschung, die diese Phase der Anwendungen bewirkt.
    „Bei vierzig Kindern erfordert diese Übung des geduldigen Wartens einen Aufwand an Selbstbeherrschung, den ich für unmöglich gehalten hatte." (8, 173)
    Montessori hatte anfangs den Kindern über die Wartezeit hinweghelfen wollen, indem sie Süßigkeiten zur Belohnung für gelungene Übungen mitbrachte. Sie mußte die Erfahrung machen, daß die Kinder sich erfolgreich gegen diese Belohnungen wehrten (vgl. 1, 156; 8, 173).
    „Da erkannte ich, daß die Seele des Kindes ihre eigenen Belohnungen und geistigen Genüsse hat." (1, 157)

1.3.3 Grade der Stille – Wiederholung

Die Analyse der didaktischen Struktur der Stille dürfte schon deutlich gemacht haben, „daß es mehrere Grade der Stille gibt", wie Montessori feststellt (1, 155). Das Interesse an der Stille-Übung führt zur Erfahrung, daß so viele Geräusche – von innen und von außen – gemacht werden, die man gar nicht bemerkt. Mit wachsender Geräuschsensibilität nimmt die Geräuschwahrnehmung an Intensität zu, und zwar sowohl für die inneren als auch für die äußeren Geräusche. Gleichzeitig verschärft sich die Wahrnehmung für Geräuschabstufungen. „Wo sich nichts, aber auch gar nichts bewegt, herrscht absolute Stille". (1, 155) Ein Zustand der Isolation und des Insichversunkenseins inmitten einer kollektiven Übung tritt ein.

„Man ist nicht von ungefähr unbeweglich und schweigt, sondern es ist eine stufenweise erreichte Vervollkommnung." (1, 103)
„Man befindet sich fast in einer verfeinerten, subtileren Welt ... Und all das kommt spontan, diese Vervollkommnung ist eine Art höherer Disziplin ..." (6, 74)

Von den beschriebenen „Leiseübungen" wie Montessori die Lektion des Schweigens auch nennt, sagt sie (1948), daß an ihnen die Willenskraft der Kinder gemessen werden könnte.
„Mit dem Wiederholen der Übung wuchs die Kraft und die Zeiten der Stille wurden länger." (9, 235)
Bei solchen Kindern genügt es, das Wort „Stille" an die Tafel zu schreiben oder in Buchstaben aufzustellen, um Ruhe und Stille zu erreichen (9, 235).

1.3.3.1 „Schwirige Kinder"

Montessori beobachtete, daß die Schweigelektion besonders anziehend für junge Kinder ist. Zum Alter und Entwicklungsstand dieser jungen Kinder sagt sie: „Wir geben die Übung, wenn die Kinder sich schon normalisiert haben. Sie müssen fähig sein, ihre Bewegungen zu kontrollieren. Die Zustimmung jedes Kindes muß Voraussetzung der Übung sein." (11, 16. Vortr.)
Hier spricht Montessori (1946) das Problem der „schwierigen Kinder" (11. 29. Vorl.) an, das ein differenziertes Verhalten des Erziehers fordert, d.h. unterscheiden zu können, wann welche Kinder an der Stilleübung teilnehmen können bzw. welche elementaren Vorübungen erforderlich sind.
Es gilt die Ursachen der Schwierigkeit zu finden, die „im Mangel irgendeines Elementes liegen, das für das Leben wesentlich ist." (11, 29. Vorl.) Zwei Mangelphänomene wurden genannt: fehlende Bewegungskontrolle durch fehlende Bewegungserziehung und fehlende Fähigkeit zum sozialen Konsens.
Als Vorübungen zur Schweigelektion werden Übungen zur Bewegungs-

koordination und -kontrolle ebenso erforderlich wie darin integrierte kindliche Kooperationen. Kindliche Selbstentscheidungen für die Teilnahme an den Schweigelektionen könnten Übergänge zur Normalisierung schaffen.

1.3.3.2 Bedeutung der Wiederholung

Montessori hebt die Wichtigkeit der Wiederholung der Übungen des Schweigens, der Stille, hervor.

„Die Wiederholung dieser Übung führt schließlich zu einer so feinen Beherrschung der Handlungen, wie sie durch rein äußerlichen Unterricht niemals erreicht werden könnte. Unsere Kinder lernten, sich zwischen einer Menge von Gegenständen zu bewegen, ohne anzustoßen, leicht und geräuschlos zu laufen, und sie wurden dabei achtsam und geschickt. Sie genossen die Vollkommenheit ihrer Leistungen, waren daran interessiert, ihre eigenen Möglichkeiten zu entdecken und zu üben." (8, 173)

Die schon erwähnten angebotenen Süßigkeiten zur Belohnung der kindlichen Leistungen nennt Montessori in diesem Kontext „eine regelwidrige Speise" (ebd.), da die Seele des Kindes ihre eigenen Belohnungen und geistigen Genüsse hat.

1.3.4 Genuß der Stille – Geistige Freude – Gemütsbildung

Bei den Übungen der Stille beobachtete Montessori, daß diese eine große „Faszination" auf die Kinder ausübten. Der „Zauber" schien daher zu rühren, daß die Übung selbst keinen praktischen Zweck hatte, sondern der Vorgang der „Eroberung eines höheren Niveaus die Kinder ansprach" (1, 195). Sie erkannte durch diese Beobachtung, „daß die Kinder dazu neigen, sich zu erheben, und daß sie höhere Freuden genießen." (1, 195)

Die Bedeutung der Lektion des Schweigens oder der Stille liegt darin, daß Kinder lernen, die „Stille zu genießen" (2, 208; 6, 75). Das sich einstellende tiefe Schweigen in der Stilleübung vergleicht Montessori mit einer Versunkenheit in Meditation (vgl. 8, 172). Hier liegt die Brücke zu sich einstellenden Konzentrationen in Vorgängen der Polarisation der Aufmerksamkeit. In allen Vorgängen geht es um den ganzheitlich-menschlichen Ertrag der Übungen.

„Nach einer Meditationsübung über die Dinge werden unsere Kinder fähig, die Stille zu genießen; nachdem sie höchst sensibel für die Eindrücke geworden sind, suchen sie keinen Lärm zu machen, wenn sie sich bewegen, und keine Unhöflichkeit zu begehen; denn sie sind dabei, die Frucht der ‚Konzentration‘ des Geistes zu genießen. Auf diese Weise sammelt und stärkt sich ihre Persönlichkeit." (2, 208)

Der Genuß der Stille besteht also im Genuß der Früchte der Konzentration des Geistes. Das Gemüt bildet sich heraus. Die Fähigkeit geistiger Wert-

Schätzungen als Basis geistiger Bindungsprozesse entwickelt sich in diesen Vorgängen. Montessori beschreibt und interpretiert innerpsychische Phänomene, in denen die ganzheitliche Beteiligung aller menschlichen Funktionsbereiche ins Licht der Selbsterfahrung tritt.

In einer komplexen Weise spricht Montessori von der Empfindung des „inneren Spieles der Gemütsbewegungen", durch das dem Geiste Schwingen wachsen (4, 40). Das Gemüt erweist sich als integrierende und erhebende Instanz sowie als sensitive Basis geistigen Genießens und geistiger Freude. In diesem Zusammenhang dürfte es einleuchten, daß Montessori das Schweigen unter die Übungen der Sinne einreiht (vgl. 1, 104). Sie differenziert eine doppelte sensitive Basis: die der äußeren Sinne und die des inneren Sinnes (vgl. 2, 310.312).

„Nachdem die Kinder die Anstrengungen, Aufregungen und Freuden der Stille hinter sich gebracht hatten, erreichten sie wie Schiffe den Hafen. sie waren glücklich, daß sie etwas Neues gefühlt und einen Sieg davon getragen hatten. Das war ihre Belohnung." (1, 156)

Anstrengungen, Aufregungen, Freuden, das Gefühl von etwas Neuem und die Erfahrung einer gelungenen Eroberung sind sehr differenzierte innere Wahrnehmungen, die „genossen" werden.

Montessori beschreibt differenzierte Phänomenbereiche im „inneren Spiel der Gemütsbewegungen":

- Die Kinder „scheinen sich einer Art von Zauber hinzugeben",
  wie in Sinnen versunken (vgl. 4, 39),
  mit heiter-angespannten Zügen (vgl. 1, 172).
- Nach und nach vertieft sich das Schweigen, bis es vollkommen und fühlbar wird – vergleichbar dem Zwielicht der Dämmerung.
- Leise, vorher nicht bemerkte Töne werden vernommen – wie das Ticken der Uhr, das Zirpen eines Vogels oder der Flug eines Falters.
- Die Welt füllt sich mit unhörbaren Lauten, die in das tiefe Schweigen eindringen, ohne es zu stören – wie die Sterne im Dunkel der Nacht.
- Man entdeckt eine neue Welt: „Der Geist wird frei und öffnet sich" nachdem die „Welt der lauten Geräusche und des Aufruhrs, der den Geist bedrückt" ins „Zwielicht" versinkt. Das Sichauftun des Geistes, das aktive Verstehen, von starken Gemütsbewegungen begleitet, verspürt man wie ein inneres Erlebnis. (2, 204)
- Gefühle stellen sich ein – vergleichbar dem Erleben eines Sonnenuntergangs, nachdem alle „lebhaften Tageseindrücke" ... zur Ruh „gegangen" sind.
- Der Geist empfindet nun lebhafter „das innere Spiel der Gemütsbewegungen, bald stark und dauernd, bald wechselvoll und heiter."
- „Unserem Geist wachsen Schwingen", er vermag sich zu erheben. (4, 66)

126

Das Erleben der Annehmlichkeit, der Stille und der Entdeckung der Welt der zarten Töne wirken verfeinernd auf Haltung und Bewegung ein. Die ans Licht tretende Anmut „ist aus dem Vergnügen heraus geboren, das der Geist in der Regungslosigkeit und Stille empfindet." (4, 41)

Montessori spricht von der „Frucht der inneren Stärke", in der die Seele sich festigt, sammelt und aktiv wird. (2, 207)

„Tatsächlich ist für unsere freien Kinder jede geistige Errungenschaft eine Quelle der Freude. Das ist inzwischen das ,Vergnügen', von dem sie gepackt sind ... (ein) Vergnügen, das den Menschen vom Tier unterscheidet." (2, 205)

Es war für Montessori eine Offenbarung zu sehen, daß Kinder für die Stille empfänglich waren und daß sie das Schweigen liebten (vgl. 8, 173)

„Ich hatte also bemerkt, daß die ganz kleinen Kinder von drei und vier Jahren, und später, daß auch die Kinder von zwei Jahren auf äußerst deutliche Weise das Schweigen lieben. Dies beeindruckt, weil wir die Vorstellung haben, daß da, wo es Kinder gibt, Lärm sein muß, daß die Kinder nahezu die Personifikation von Lärm sind. Das läßt begreifen, ... daß alle diese Dinge doch eine Anlage verlangen, den Entwurf des normalisierten Kindes." (6, 70)

Wenn Stille eine anthropologische Notwendigkeit ist, durch die sich der Mensch zu seinem innersten Wesen erheben kann, dann erweist sich das „Fehlen der Stille im menschlichen Leben" als ein existentielles Vakuum, das die Erziehung herausfordert (6, 75).

1.4 Stille – Erhebung zur Niveauanhebung

Montessori bezeichnet die Stille-Übung als Vorgang der Eroberung eines höheren Niveaus. Sie spricht von einer „Erhebung" – „elevazione" –, die das einzelne Individuum selbst vollziehen muß (1, 195; 2, 310).

„Ein gewisses durchschnittliches Niveau bedeutet in den üblichen Schulen das Gute, ein nicht definiertes, nicht untersuchtes Gutes, das jedoch aus Gewohnheit als das Schulniveau angesehen wird, das erreicht werden soll.
In unseren Schulen geht man von einem durchschnittlichen Guten aus das dem entspricht, was spontan durch individuelle Tätigkeit erzielt wird –, um sich dann in Richtung auf einen höheren Zustand zu erheben, dem Ziel der „Vollkommenheit". (1, 196)

Vollkommenheit versteht Montessori als ein zum Fortschritt treibendes Verhalten des einzelnen Individuums. Es ist „der verfeinerte Mensch auf dem Weg zur Vervollkommnung" (1, 104).

Die didaktische Analyse der Stilleübung hat Dimensionen der Verfeinerung und Vervollkommnung des Menschen ans Licht treten lassen, durch die es möglich wird, „neue Gefühle der Menschlichkeit" zu kultivieren (10, 26).

In der Stille-Übung verbindet sich die Erziehung der Sinne und der Bewegung mit der Erziehung des Gefühls und der Freiheit in der Weise, daß das Zusammenspiel aller als „inneres Spiel der Gemütsbewegungen" erfahrbar und genießbar wird. Die Fähigkeit, die Stille zu genießen:

- führt über die Verfeinerung von Gehörswahrnehmungen – Gehörschärfe und Geräuschsensibilität – hin zur Öffnung des Geistes;
- führt über die Verfeinerung der Bewegung – Koordination, Gleichgewicht, Kontrolle, Gehorsam, Geschicklichkeit, Anmut – hin zu spontan auftretender höherer Disziplin, der Freiheit im Sinne der Selbstkontrolle;
- führt über die Verfeinerung des Gefühls – sich wohlfühlen in der Position, sich solidarisch fühlen mit den anderen, dem Fühlen der Stille, der Feinfühligkeit, dem Verspüren und Genuß der Stille – hin zur geistigen Freude.

Die „Früchte" der Stilleübung haben sensibilisierende Wirkungen für das Eintreten der Konzentration in der Polarisation der Aufmerksamkeit, sowie für die Entwicklung des sozialen, moralischen und religiösen Sinnes. Zum Stellenwert der Stilleübung in ihrer Erziehungskonzeption sagt Montessori:

„Das Hemmen der Impulse sowie die Kontrolle der eigenen Handlungen ist eines der großen Ergebnisse dieser Übung. Von hier leitet sich ein Zug unserer Methode ab: Auf der einen Seite der Wille, auswählen und frei tätig sein zu können, und auf der anderen Seite die Einschränkung. In dieser Umgebung konnten (die Kinder) ihren Willen üben sowohl im Handeln wie in der Enthaltung zu handeln und sie bildeten wirklich eine bewundernswerte Gruppe." (9, 236)

Durch die Stille-Übung, die Montessori als Lektion einer kollektiven Übung par excellence bezeichnet, entsteht selbst eine „verfeinerte, subtilere Welt", die spontane Verfeinerungen und Vervollkommnungen in den beschriebenen Dimensionen bewirkt (vgl. 6, 74).

2. Disproportionalität – Anthropologische Relevanz der Stille

Die didaktische Analyse der Stille weist in der Phase des tiefen Schweigens alle Merkmale der Meditation oder der Konzentration in der Polarisation der Aufmerksamkeit auf: Sammlung, Versunkenheit, hingegebenes Sinnen und die Isolation des Geistes von Zeit und Raum. Von diesem geistigen Phänomen heißt es: „dann erlebt der Mensch die Offenbarung seiner selbst, und er fühlt, daß er zu leben beginnt." (2, 71)

2.1 Notwendigkeit der Stille

Montessori setzt sich 1938 mit der Notwendigkeit der Stille für den Menschen und die menschliche Gesellschaft auseinander.

Stille hat einen sehr hohen inneren Wert für das individuelle und kollektive Streben des Menschen nach seiner Vervollkommnung, nach innerem Fortschreiten (vgl. 6, 68.73).

Die Stille „ist eine positive Eroberung", die durch Erkenntnis und Übung erreicht werden kann, „um zu einem über dem Durchschnitt liegenden, nicht erreichten und unbekannten Niveau aufzusteigen." (1, 195)

Durch die Stille wird das „normale Leben" unterbrochen und die „durchschnittliche Ordnung" verlassen, um zu einem „über dem Durchschnitt liegenden ... Niveau aufzusteigen" (1, 194.195)

Wer – so wendet Montessori kritisch ein – den Durchschnitt (das durchschnittliche Leben, die durchschnittliche Ordnung) anvisiert, kann Niveauerhebungen nur als Abweichungen betrachten. In dieses Problem ist die institutionalisierte Erziehung verstrickt.

Ohne Stille kommt der Mensch nicht zur Offenbarung seiner selbst, zur Aktivierung menschlicher Lebendigkeit.

„Die Stille fehlt, obwohl alle geistig auf höherer Ebene befindlichen Menschen ... das Bedürfnis nach Stille empfunden haben.
Es ist also ganz und gar nicht gleichgültig für den Menschen, ganz außerhalb dieser Gegebenheit zu stehen, die entweder die Einsamkeit oder aber die Zustimmung einer Anzahl von Menschen fordert: die Stille!" (6, 75)

Montessori erkennt einen Fortschritt im „sozialen Leben unserer Tage", daß dem Schweigen eine Bedeutung beigemessen werde in der Herbeiführung der „Schweigeminute" (6, 69).

2.2 Stille – Fehlendes Element

Wenn Montessori in dem behandelten Kontext auf das Fehlen der „Stille im menschlichen Leben" aufmerksam macht (6, 75), dann analysiert sie damit gleichsam ein „fehlendes Element" von unentbehrlicher Art (vgl. 5, 33).

Und wenn der Mensch erst im tiefen Schweigen der Stille sich selbst begegnet, sein Leben, seine Existenz zu fühlen beginnt, dann ist der Verlust der Stille ein fehlendes Element für die Entwicklung und Bildung des Selbstbewußtseins und Selbstwertgefühls, ein Hindernis für seine „Erhebung zur Niveauveränderung".

2.3 Stille – Weg psychischer Hygiene

In ihren kultur- und sozialkritischen Analysen stößt Montessori (1937) auf eine Befindlichkeit des Menschen, die in einem konträren Verhältnis zu den Wirkungen der Stille auf den Menschen steht. Sie beschreibt eine „verzweifelte Dürre", einen „Stillstand in der Entwicklung" und ein „Unglücklichsein des Menschen."

„Er ist nicht imstande, sich zu freuen, er hat Angst, er fühlt sich einem Etwas unterlegen, das in ihm selbst ist.
Er trägt in sich die Leere! ... Die wahre Gefahr für die Menschheit ist die Leere der Seelen:
der Rest ist nur eine Folge davon." (7, 83.84)

Die Ursache für den Zustand sieht Montessori (1946) „im Mangel eines wesentlichen Elements des Lebens." (6, 93)

„Ein neues Element muß in Korrelation zur gegenwärtigen Art der Gesellschaft ... hinzugefügt werden ... In der jetzigen Zeit brauchen wir eine positive Hilfe in Bezug auf die Aufwertung der menschlichen Seele. Es muß eine geistige und eine sittliche Hygiene geben." (6, 94)

So betrachtet, könnte die Stille das neue Element herbeiführen, das der Art der gegenwärtigen Gesellschaft hinzugefügt werden muß – die Aufwertung der menschlichen Seele durch eine psychische Hygiene. Die Übung der Stille wäre dazu eine „positive Hilfe" – die Bildung des Gemüts eine andere Bezeichnung –, denn „der Mensch besitzt viel mehr, als er weiß und worüber sich zu freuen er gegenwärtig imstande ist. Er hat alles! Er muß zu werten wissen, was er hat! Er muß sich darauf vorbereiten, es zu genießen." (7, 83)

3. Wirkungsdimension der Stille-Übung
Standortbestimmung

Angesichts der humanisierenden Relevanz der Übung der Stille im Sinne Montessoris und ihrer – monetär ausgedrückten – „Kostenneutralität" fällt die literarisch erfaßbare Dimension ihrer Breitenwirkung minimal aus. Vielleicht zeigt sich in diesem Phänomen bereits eine der Fragen, die im Hinblick auf Erwachsene noch offengeblieben sind (vgl. II, 7.2).

3.1 In seiner abwägend-positiven Würdigung sagt A. Flitner 1992, daß Übungen zur Konzentration und Stille „gewiß nicht am Straßenrand der heutigen Reformdiskussion (liegen). Aber sie hätten mehr Beachtung verdient. Die wichtigsten Anstöße kommen von Maria Montessori, die sehr eindrucksvolle Übungen unternommen und damit die Kinder offensichtlich fasziniert hat." (12, 225) Flitner verweist angesichts bestehender Erziehungsprobleme auf die in der Stille-Übung enthaltene Hilfe, durch die Montessoris Vorschläge und Übungen bei Erziehern heute in hohem Ansehen stehen.

3.2 Unbeschadet der Wertschätzung der Stille-Übungen vor Ort und ihrer Praxis in den Montessori-Einrichtungen müssen sich Montessori-Pädagogen fragen lassen, welchen Stellenwert sie dem kostbaren Erbe der Schweigelektion beimessen. Literarische Bearbeitungen und didaktische Arbeitsberichte aus den vergangenen 30 Jahren sind sehr spärlich (vgl. 15, 22–26.28–32).

3.3 Die größere Breitenwirkung der Stille-Übungen Montessoris ist durch die religionspädagogisch orientierten Impulse H. Halbfas' entstanden. Von seinen Arbeiten führt eine Spur in die religionspädagogische Praxis generell und insbesondere auch mit Kindern im Vorschulalter (vgl. 13, 17.27). Über die religionspädgogische Praxis hinaus führt eine weitere Spur zurück in die Schulpädagogik der 90er Jahre (vgl. 33, 34).

Halbfas würdigt 1982 die Stille-Übungen als eines der wesentlichsten Elemente der Montessori-Pädagogik, insbesondere auch unter dem Aspekt eines „Modus, der in den Religionsunterricht übernommen werden sollte." (16, 199) Er regt dazu den weiteren Ausbau dieser Übungen an, und zwar hinsichtlich einer Differenzierung auf verschiedenen Schulstufen, sowie zwischen Anfangs- und Aufbauübungen.

In der Arbeit von 1982 stellt Halbfas die bohrend-kritische Frage, wie es die Montessori-Schulen ihrerseits mit den Übungen der Stille halten. Es fällt auf, „daß der überlieferte Ansatz allem Anschein nach nicht weiterentwickelt worden ist, ja eher in Vergessenheit geriet. Hier sind neue Impulse dringend erwünscht." (16, 200)

Die Stille-Übungen haben in Halbfas' Handbüchern zum Religionsunterricht in der Grundschule aus den Jahren 1983, 1984 und 1985 einen bemerkenswerten Stellenwert (vgl. 18, 43f.; 19, 81f.; 20, 117f.).

3.4 G. Faust-Siehl stellt 1990, aus der Tradition von Halbfas kommend, die „Stille-Konzeption Maria Montessoris" vor, unter Hervorhebung des Aspektes der „Bereitschaft des Kindes zur Stille". (34, 23)

Aus dieser Perspektive heraus formuliert sie überzeugend die „These, daß die Stille in der Schule heute für Lehrer und Schüler drei Funktionen erfüllen kann: Stille setzt gegenüber den Lebensbedingungen ein Gegengewicht der Ruhe und der Eigentätigkeit, das ist ihre ausgleichende Funktion; Stille öffnet Wege zu sich selbst und innerer Veränderung – dies ist ihre persönlichkeitsfördernde oder bildende Funktion – Stille darf nicht als Disziplinierungstechnik mißbraucht werden – sie hat keine disziplinierende Funktion." (34, 29)

Mit der erkennbar ans Licht tretenden hohen Wertschätzung der Stille-Übung Montessoris durch die Gegenwartspädagogik betrachtet, muß die Montessori-Pädagogik sich dringend dieser Herausforderung stellen. Mehr Beachtung (Flitner) und mehr Arbeitsimpulse zum Ausbau und zur Differenzierung der Stille-Übung für die Schulstufen (Halbfas) kennzeichnen den Erwartungshorizont.

Hier tut sich ein konkretes pädagogisches Arbeitsfeld – auch der Kooperation – auf, um die Möglichkeiten zur Lösung der in dieser Arbeit geschilderten Menschheitsprobleme, die die Montessori-Pädagogik bereithält, auch tatsächlich einzubringen. Dies ist die Herausforderung, der sich die Montessori-Pädagogik in der 90er Jahren zu stellen hat.

4. Literaturverzeichnis

1. **Montessori, M.:** Die Entdeckung des Kindes. Freiburg [10]1991.
2. **Dies.:** Schule des Kindes. Freiburg [8]1987.
3. **Dies.:** Mein Handbuch. Stuttgart 1922.
4. **Dies.:** Mein Handbuch. Stuttgart 1928 (umgearb.Aufl.).
5. **Dies.:** Grundlagen meiner Pädagogik. Heidelberg 1965.
6. **Dies.:** Spannungsfeld Kind – Gesellschaft – Welt. Freiburg 1979.
7. **Dies.:** Frieden und Erziehung. Freiburg 1973.
8. **Dies.:** Kinder sind anders. Stuttgart [10]1978.
9. **Dies.:** Das kreative Kind. Freiburg [8]1991.
10. **Dies.:** Kosmische Erziehung. Freiburg 1988.
11. **Dies.:** Londoner Vorträge (1946). Unveröffentl. Lehrgangsvorträge.

Sekundär-Literatur

12. **Flitner, A.:** Reform der Erziehung. Impulse des 20. Jahrhunderts. Jenaer Vorlesungen. München 1992.
13. **Geilen, H.:** Still werden. Zur Mitte finden. Anleitung zur Übung mit Kindern und Erwachsenen. Sammlung von Hedwig Geilen. Aachen o.J.
14. **Gottfried, E.:** Meditation mit Vorschulkindern. In: Welt des Kindes. Zeitschrift für Kleinkindpädagogik und außerschulische Erziehung, 12. Jg. 1973, S. 273–282.
15. **Gupta, T.:** Lektion der Stille – Nach einer Vorlesung von A. M. Joosten, Calcutta. In: MWB 1967, H.13, S. 6–8.
16. **Halbfas, H.:** Das dritte Auge. Religionsdidaktische Anstöße. Düsseldorf [5]1992.
17. **Ders.:** Religionsbücher für das 1.–4. Schuljahr. Düsseldorf [2]1987.
18. **Ders.:** Lernen als Weg in die Stille. In: H. Halbfaß, Religionsunterricht in der Grundschule. Lehrerhandbuch 1. Düsseldorf [3]1988, S. 43–55.
19. **Ders.:** Mit Kindern die Stille erleben. In: H. Halbfaß, Religionsunterricht in der Grundschule. Lehrerhandbuch 2. Düsseldorf [5]1992, S. 81–100.
20. **Ders.:** Stille werden. In: H. Halbfaß, Religionsunterricht in der Grundschule. Lehrerhandbuch 3. Düsseldorf [4]1992. S. 117–127.
21. **Ders.:** Stille und Bewegung. In: H. Halbfaß, Religionsunterricht in der Grundschule. Lehrerhandbuch 4. Düsseldorf [3]1991, S. 44–51.
22. **Helming, H.:** Der Fuß und das Gleichgewicht – Nach dem Materialbuch der AMI. In: MWB 1965, H.7, S. 12–13.
23. **Dies.:** Über die Stille. In: MWB 1969, H.20, S. 9–12.
24. **Mengeler, H.:** Gedanken zur Stille. In: MWB 1983, H.1/2, S. 28–31.
25. **Montessori-Material** Teil 1. Handbuch für Lehrgangsteilnehmer. Hrsg. von der Montessori-Vereinigung e.V., Sitz Aachen. Zelhem 1978.
26. **Montessori-Material** Teil 1. Materialien für den Bereich Kinderhaus. Handbuch für Lehrgangsteilnehmer. Hrsg. von der Montessori-Vereinigung e.V., Sitz Aachen. Zelhem 1986.
27. **Religionspädagogische Praxis.** Handreichungen für elementare Religionspädagogik. Landshut 1978: H.2, H.3; 1979.
28. **Schrage, A.:** Protokoll der religionspädagogischen Arbeitstagung im Kinderhaus Düsseldorf-Garath am 22.11.80. In: MWB 1981, H.1/2, S. 32–34.

29. **Schulz-Benesch, G.:** Das Schweigen in der Pädagogik Montessoris. In: MWB 1982, H.4, S. 103–108.

30. **Steenberg, U.:** Montessori-Pädagogik und Kontemplation. In: MWB 1991, H.2, S. 35–56.

31. **Suffenplan, W.:** Aus der Arbeit der Dozentenkonferenz. In: MWB 1983, H.1/2, S. 24–27.

32. **Ders.:** Was wurde bewegt in den Arbeitskreisen zur Bewegung? Fakten, Eindrücke, Durchblicke, Anstöße aus der Arbeitstagung 14.–16.9.1984. In: MWB 1985, H.1/2, S. 42–50.

33. **Faust-Siehl, G./Wallaschek, U.:** „Es ist erforderlich, die Kinder Stille zu lehren" (M. Montessori). In: Grundschulzeitschrift 19/1988 S. 35.

34. **Faust-Siehl, G. u.a.:** Mit Kindern Stille entdecken. Frankfurt/M. ³1992.

C. Kommentierte Bibliographie zur Montessori-Pädagogik
Deutschsprachige Sekundärliteratur 1970–1992
(A. Thies)

I. Vorbemerkungen

Angesichts der Fülle von Montessori-Sekundärliteratur hat vorliegende Bibliographie zum Ziel, Erziehern, Lehrern, Eltern, Studenten und interessierten Pädagogen bei der Literatursuche und -auswahl eine Orientierungshilfe zu geben.

Die gesichtete Literatur wird zunächst vier zentralen, sogenannten „Anwendungsbereichen" der Montessori-Pädagogik (vgl. II.1.–4) zugeordnet, um der Bibliographie einen möglichst hohen Nutzwert zu verleihen. Zur Einführung in die Problemkreise dieser „Anwendungsbereiche", wie auch als Anregung zum selbständigen und kritischen Arbeiten, werden die einzelnen Abschnitte mit Kurzkommentaren eingeleitet.

Da sich nicht sämtliche, für relevant befundene Publikationen diesen Kategorien eindeutig zuordnen lassen, kommt es zur gesonderten Aufnahme weiterer Beiträge unter II.5. Es handelt sich um Veröffentlichungen, die sich nicht oder nicht ausschließlich mit den Themen der Punkte II.1.–4. befassen. Sie werden zugunsten einer besseren Übersicht einzelnen Unterpunkten zugeteilt (vgl. II.5.1–5.5).

Einige Veröffentlichungen konnten mehreren Kategorien eindeutig zugeordnet werden. Die bibliographischen Angaben sind unter der jeweiligen Kategorie in alphabetischer Ordnung nach Autoren, Herausgebern oder nach dem Titel zu finden. Da sich die Literatur in alphabetischer Ordnung leichter auffinden läßt, wurde keine chronologische Ordnung vorgenommen. Gegebenenfalls werden Seitenempfehlungen mit Hilfe eckiger Klammern angezeigt.

Bei der Erhebung der Literatur wurde der Zeitraum von 1970–1992 berücksichtigt, so daß sich ein Eindruck von der zunehmenden Bedeutung der Montessori-Pädagogik seit 1970, dem Zeitpunkt eingeleiteter Bildungsreformen (vgl. Deutscher Bildungsrat: Strukturplan für das Bildungswesen 1970), vermitteln läßt. Dieser Zeitraum erwies sich darüber hinaus als günstig, da dem Leser damit ein breites und zudem relativ aktuelles Spektrum von Montessori-Sekundärliteratur vorgelegt werden kann.

Diejenigen Leser, die an früher erschienener Montessori-Sekundärliteratur und an Primärliteratur interessiert sind, seien auf die unter II.5.4 notierten und die zahlreichen in Büchern zur Montessori-Pädagogik befindlichen Bibliographien verwiesen. Letztere konnten aus Platzgründen im einzelnen hier nicht aufgenommen werden. Es sei jedoch auf zwei Werke hingewiesen, die ausführliche internationale Bibliographien zur Montessori-Pädagogik enthalten:

– **Schulz-Benesch, Günter:** Der Streit um Montessori. Freiburg 1961. S. 240–325.

– **Böhm, Winfried:** Maria Montessori. Hintergrund und Prinzipien ihres pädagogischen Denkens. Bad Heilbrunn ([1]1969) unveränderte Auflage [2]1991. S. 219–359.

Als Quelle vorliegender Bibliographie dienten allgemeine Bibliographien sowie pädagogische Fachbibliographien. Eine große Hilfe bei der Erhebung und Sichtung der Literatur war zudem die Montessori-Dokumentation im Fachbereich Erziehungswissenschaft der Westfälischen Wilhelms-Universität Münster.

Wegen der Fülle existierender Montessori-Sekundärliteratur und des begrenzten Erhebungszeitraums kann diese Bibliographie keinen Anspruch auf Vollständigkeit erheben, zumal bei der Literatursichtung einige Titel für weniger relevant befunden und daher nicht aufgenommen wurden.

Auf die Aufnahme und inhaltliche Auswertung einzelner Beiträge aus den von Montessori-Vereinen herausgegebenen Zeitschriften (vgl. II.5.5) wurde verzichtet. Für die bis 1992 erschienenen „Montessori-Werkbriefe" kann jedoch auf ein von R. Fischer und A. Thies erstelltes Autoren- und Sachregister verwiesen werden. Diese Publikation wurde hier aufgenommen, obwohl sie nach 1992 erschienen ist, da sie einen Überblick über die Beiträge der „Montessori-Werkbriefe" bietet (vgl. II.5.4).

Mit Hilfe einer abschnittweisen Durchnumerierung der bibliographischen Angaben konnte bei den Anmerkungen der Kurzkommentare nach einem Ziffernschlüssel verfahren werden. Dabei gibt die erste Zahl die Literatur des jeweiligen Abschnittes an und ist durch ein Komma von den Seitenangaben getrennt. Verschiedene Literaturangaben werden durch ein Semikolon, verschiedene Seitenangaben durch einen Punkt voneinander abgesetzt.

II. „Anwendungsbereiche" der Montessori-Pädagogik

1. Einsatz der Montessori-Pädagogik in der Früherziehung

Im fachsprachlichen Verständnis bleibt die Früherziehung auf den Zeitraum der beiden ersten Lebensjahre begrenzt. Um jedoch Montessoris Konzept einer kontinuierlichen Bildung in den ersten sechs Lebensjahren zu entsprechen, wird hier der gesamte Erziehungszeitraum vom Zeitpunkt der Geburt bis zur Einschulung mit Früherziehung bezeichnet (vgl. 24, 11).

Vor dem Hintergrund gesichteter Literatur bestätigte sich H. Holtstieges These, daß in der BRD die Möglichkeiten für die Gestaltung der Früherziehung nicht ausgeschöpft werden (vgl. ebd. 11–13), insofern als sich vorwiegend Beiträge fanden, in denen die Erziehung der sogenannten Vorschuljahre von Drei- bis Sechsjährigen, insbesondere im Kinderhausbereich, thematisiert wird. Demgegenüber wird nur vereinzelt von Bemühungen der Montessori-Pädagogik um die Erziehung von jüngeren Kindern, z.B. in Montessori-Spielstuben (vgl. 24, 13; 25, 43–56) oder innerhalb der Familie (vgl. 21, 13–16; 22, 9498; 51, 114–116), berichtet.

Anleitungen für die praktische Arbeit mit den klassischen Montessori-Materialien im Kinderhaus gibt das Materialbuch Teil 1, das von der Montessori-Vereinigung für Teilnehmer an Montessori-Diplomkursen herausgegeben wurde (vgl. 35). um eine Erweiterung dieser klassischen Montessori-Materialien ist H. Geilen bemüht. Sie zeigt mit ihrem Bildband alltägliche Gegenstände, möglichst aus natürlichen Materialien, für die Früherziehung. (Vgl. 12)

Neben Aufgaben, Bedeutung und Problemen des Montessori-Erziehers im allgemeinen, thematisiert H. Holtstiege in ihrem Buch „Erzieher in der. Montessori-Pädagogik" (22) in einem Abschnitt besonders die Aufgabenbereiche des Erziehers im Montessori-Kinderhaus (vgl. 22, 100–102).

In Annäherung an die Vorstellungen Montessoris geben A. Schäfer (vgl. 49), H. Geilen (vgl. 11) und E. Gottfried (vgl. 13) Impulse für die religionspädagogische Praxis und Übungen der Stille in der Früherziehung. Obwohl der Wert der dort vorgestellten Übungen für die Früherziehung nicht in Frage gestellt werden soll, wäre zu prüfen, inwieweit diese den originalen Stille-Übungen nach Montessori wirklich entsprechen (vgl. Holtstiege, Hildegard: Soziale Humanität – Reformanalyse – Montessori-Pädagogik. Freiburg 1994. Kap. B.III.; 19, 69–72).

M. Eisenbrand untersucht in ihrer Dissertation das Sozialverhalten von Kindern in einem Mönchengladbacher Montessori-Kinderhaus und kommt zu Ergebnissen, die das Vorurteil einer zu individualistischen Früherziehung bei Montessori fundiert widerlegen (vgl. 5).

Die zahlreichen Beiträge zur Montessori-Vorschulerziehung aus den

70er Jahren sind im Kontext der damaligen Bildungssituation zu verstehen. Der 1970 vom Deutschen Bildungsrat vorgelegte Strukturplan für das Bildungswesen gibt unter anderem Empfehlungen für den Ausbau der vorschulischen Erziehung und weist auf die Bedeutung der Montessori-Pädagogik für die Entwicklung didaktischer Programme besonders im Bereich der Frühförderung hin (vgl. 23, 120f.).

1970 bezeichnet G. Rurik die Montessori-Pädagogik geradezu als „Fundament" (48, 45) moderner Vorschulerziehung, mit dessen Hilfe diese zu einem „nebenfamiliären Lernfeld [wird], in dem erstens der Ausgleich sozio-kultureller Deprivation und zweitens die Förderung aller Kinder durch ein erhöhtes Angebot an Lernanregungen gelingt"(ebd.).

Aus den 70er Jahren stammen auch einige aus dem Amerikanischen übersetzte Beiträge, die konkrete Möglichkeiten der Montessori-Pädagogik für die familiale Früherziehung aufzeigen (vgl. 1; 16; 37). Sehr differenziert wendet sich E. G. Hainstock diesem Bereich mit ihrem Buch „Montessori zu Hause. Die Vorschuljahre" (16) zu, das die Autorin mit dem Band „Montessori zu Hause. Die Schuljahre" (15) später fortsetzt. Gewissermaßen als theoretische Ergänzung zu diesen sehr praxisorientierten Beiträgen kann das Buch von P. Oswald und G. Schulz-Benesch mit dem Titel „Montessori für Eltern"(39) gelesen werden. Darin stellen die Herausgeber Montessoris zentrale Aussagen für Eltern zusammen (vgl. auch 38).

In neueren Veröffentlichungen wird Montessoris Konzept der Früherziehung zunehmend im Vergleich zu anderen Modellen frühkindlicher Erziehung dargestellt und diskutiert.

H. J. Schmutzler gibt mit seinem Buch „Fröbel und Montessori"(51) Erzieherinnen für die Ausbildung und praktische Arbeit einen vergleichenden Überblick über die Früherziehungsmodelle der beiden Reformpädagogen. Wie in seiner Dissertation (vgl. 54) zeigt H. J. Schmutzler Unterschiede auf und zeichnet deutliche Verbindungslinien zwischen beiden Modellen. Damit trägt er zur Beilegung der seit den 20er Jahren diskutierten Fröbel-Montessori-Kontroverse bei (vgl. dazu 14, 75f; 18; 36; 44; 58; 59).

Eine vergleichende Analyse der italienischen Konzepte vorschulischer Erziehung von den Geschwistern Rosa und Caroline Agazzi und Maria Montessori strebt Th. F. C. Schröder an (vgl. 55).

R. Bührlen-Enderle und B. Irskens stellen die Montessori-Früherziehung neben den Modellen J. Oberlins, F. Fröbels und R. Steiners vor (vgl. 3). Bei ihrer Publikation handelt es sich um eine Zusammenstellung von Materialien zur Vorbereitung und Durchführung von Lehrgängen für Erzieherinnen, Fachkräfte für die Aus- und Fortbildung und für interessierte Pädagogen. Mit dem Bemühen um einen eingängigen Sprachstil führen die Autorinnen in die einzelnen pädagogischen Konzepte ein und eröffnen dem Leser ihre methodischen Umsetzungsideen zur Verlebendigung historischer Aspekte der Pädagogik (vgl. ebd. 5f.).

Der Beitrag von B. Fuchs zum Thema „Montessoris Theorie und Methode frühkindlicher Erziehung" (9) erscheint in einer Sammelschrift neben Beiträgen über andere Modelle der Früherziehung, die von den Herausgeberinnen für eine kritische wissenschaftliche Auseinandersetzung und als Anregung für die pädagogische Praxis für geeignet befunden werden (vgl. 9,7f.).

Während H. J. Schmutzler und Th. F. C. Schröder jeweils systematische Studien zum Vergleich der entsprechenden Früherziehungsmodelle vornehmen, bleibt diese Vergleichsarbeit bei den Publikationen von R. Bührlen-Enderle/B. Irskens und von B. Fuchs dem Leser selbst überlassen.

Literatur:

1. **Beck, Joan:** Montessori-Methoden, die Sie zu Hause anwenden können. In: Beck, Joan: Intelligenz für Ihr Kind. Freiburg 1970. S. 237–250.
2. **Böhm, Winfried:** Wie modern ist Montessori? In: Bayrische Schule 25 (1972) H.4/5. S. 87–89.113–114.
3. **Bührlen-Enderle, Rotraud/ Irskens, Beate:** Lebendige Geschichte des Kindergartens. Eine „Bildungsreise" zu Oberlin, Fröbel, Montessori und Steiner. Frankfurt/M. 1989. [S. 55–76]
4. **Dehe, Marlies:** Hilf mir, es selbst zu tun. Was hat Maria Montessori dem heutigen Kindergarten zu sagen? In: Kindergarten heute. Freiburg 10 (1980) H.4. S. 172.174.176.178.180.
5. **Eisenbrand, Margarete:** Die soziale Dimension im Erziehungswerk Montessoris. Darstellung und Reflexion der aktuellen Geltung, aufgezeigt am Beispiel phänomenologischer Beobachtungen im Elementarbereich. Dissertation Aachen 1986.
6. **Engbarth, Godlinde:** Erziehung ohne Zwang. Montessori-Vorschulversuch im Lehrkindergarten der Fachschule für Sozialpädagogik in Landstuhl. Kaiserslautern 1972.
7. **Esser, Barbara/Wilde, Christiane:** „Hilf mir, es selbst zu tun!" Die Arbeit im Kinderhaus. In: Esser, Barbara/Wilde Christiane: Montessori-Schulen. Zu Grundlagen und pädagogischer Praxis. Reinbeck bei Hamburg 1989. S. 40–65.
8. **Fritz, Magdalene:** Vorschulische Erziehung bei Montessori. In: Evangelische Kinderpflege. 79=22 (1971). S. 132–140.
9. **Fuchs, Birgitta:** Montessoris Theorie und Methode der frühkindlichen Erziehung. In: Fuchs, Birgitta/Harth-Peter, Waltraud (Hrsg.): Alternativen frühkindlicher Erziehung. Von Rousseau zu Montessori. Würzburg 1992. S. 103–119.
10. **Geiger, Sibylle:** Maria Montessori – pädagogische Grundprinzipien und die Praxis im Kinderhaus St. Albertus Magnus, Düsseldorf. In: Eltern Forum (1971) H.5. S. 5–8.
11. **Geilen, Hedwig:** Still werden. Zur Mitte finden. Anleitung zur Übung mit Kindern und Erwachsenen. Sammlung von Hedwig Geilen. Aachen o.J.

12. **Dies.:** Vom Greifen zum Begreifen – Alltägliche Gegenstände als sinnvolles Spielzeug für Kinder. Aachen 1990.

13. **Gottfried, Elionore:** Meditation mit Vorschulkindern. In: Welt des Kindes. München; Kempten 51 (1973). S. 273–282.

14. **Günnigmann, Manfred:** Montessori-Pädagogik in Deutschland. Bericht über die Entwicklung nach 1945. Freiburg 1979. [S. 31–36.50f.75f.]

15. **Hainstock, Elisabeth G.:** Montessori zu Hause. Die Schuljahre. Freiburg 1973.

16. **Dies.:** Montessori zu Hause. Die Vorschuljahre. Freiburg 1971.

17. **Hebestreit, Sigurd:** Der Beitrag der Montessori-Pädagogik für die Idee des Schulkindergartens. In: Hebestreit, Sigurd: Schulkindergarten. Modell ausgleichender Erziehung. Kronberg Ts. 1971. S. 51–58.

18. **Heiland, Helmut:** Zur Fröbel-Montessori-Diskussion. In: Pädagogische Rundschau. Bern 35 (1981) H.7. S. 433–453.

19. **Helming, Helene:** Montessori-Pädagogik. Ein moderner Bildungsweg in konkreter Darstellung. Freiburg ([1]1977) [14]1992.

20. **Dies.:** Unser Kinderhaus [1977]. In: Oswald, Paul/ Schulz-Benesch, Günter (Hrsg.): Grundgedanken der Montessori-Pädagogik. Freiburg ([1]1967) [11]1991. S. 134–139.

21. **Holtstiege, Hildegard:** Erzieher in der Montessori-Pädagogik. Hrsg. von der Aktionsgemeinschaft Deutscher Montessori-Vereine e.V. Köln o.J. (Pädagogische Schriften H.4). [Kleinschrift]

22. **Dies.:** Erzieher in der Montessori-Pädagogik. Eltern, Erzieher, Lehrer. Bedeutung, Aufgaben und Probleme aus der Sicht Maria Montessoris und aus Praxisberichten. Freiburg 1991. [S. 94–102]

23. **Dies.:** Modell Montessori. Grundsätze und aktuelle Geltung der Montessori-Pädagogik. Freiburg ([1]1977) [6]1991.

24. **Dies.:** Montessori-Pädagogik in der frühkindlichen Erziehung Heute und Morgen. Eine Gedanken- und Materialskizze. In: Das Kind. Würzburg (1990) H.8. S. 11–22.

25. **Integrative Montessori-Schule Münsterland e.V. Borken (Hrsg.):** Gemeinsam leben lernen – Konzept und Erfahrungen. Borken 1985.

26. **Kohlberg, Lawrence:** Montessori für kulturell Benachteiligte. In: Hess, Robert D./Meyer-Bear, Roberta (Hrsg.): Frühkindliche Erziehung. Weinheim; Basel 1972. S. 111–126.

27. **Ludwig, Harald:** Anregungen zur Ausländerpädagogik. Montessori-Pädagogik und Ausländerkinder. In: Welt des Kindes. München; Kempten 61 (1983) H.4. S. 303–311.

28. **Montessori, Renilde/ Schneider-Henn, Karin:** Uns drückt keine Schulbank. Montessori-Erziehung im Bild. Stuttgart 1983.

29. **Montessori-Kreis e.V. Düsseldorf (Hrsg.):** 25 Jahre Montessori-Arbeit in Düsseldorf. Werkmappe. Montessori Heute. Beispiele aus der Praxis in Kinderhaus, Grundschule, Hauptschule, Gymnasium. Düsseldorf 1982. [S. 14–22]

30. **Ders. (Hrsg.):** Mitteilungen der Düsseldorfer Schulen und -Kindergärten und des Montessori-Kreises e.V. Düsseldorf Januar 1989. Nr. 16.

31. **Ders. (Hrsg.):** 20 Jahre Montessori-Arbeit in Düsseldorf. Düsseldorf o.J. [Kleinschrift]

32. **Montessori-Kreis e.V. Mönchengladbach:** 30 Jahre Montessori-Arbeit in Mönchengladbach. Mönchengladbach 1986. [Kleinschrift]

33. **Montessori-Verein Krefeld e.V. (Hrsg.):** Verwirklichung einer Idee. 25 Jahre Montessori-Pädagogik in Krefeld. Krefeld o.J. [Kleinschrift]

34. **Ders. (Hrsg.):** Verwirklichung einer Idee. 20 Jahre Montessori-Pädagogik in Krefeld. Krefeld 1986. [Kleinschrift]
35. **Montessori-Vereinigung e.V.** (Sitz **Aachen**) **(Hrsg.):** Montessori-Material Teil 1 für den Bereich Kinderhaus. Handbuch für Lehrgangsteilnehmer. Zelhem 1986.
36. **Muchow, Martha:** Allgemeine Würdigung des Montessorischen Versuchs. Kritik der Hauptforderungen Montessoris und ihrer praktischen Durchführung im System des Kinderhauses [1927]. In: Schulz-Benesch, Günter (Hrsg.): Montessori. Darmstadt 1970. (Wege der Forschung Bd. CC). S. 111–154.
37. **Orem, R. C.:** Förderung der Montessori-Arbeit zu Hause. In: Orem, R. C.: Montessori heute. Gedanken und Reports zur Montessori-Renaissance in den USA. Ravensburg 1975. S. 160–165.
38. **Oswald, Paul:** Montessori für Eltern. Hrsg. von der Aktionsgemeinschaft Deutscher Montessori-Vereine e.V. Köln o.J. (Pädagogische Schriften H.3) [Kleinschrift]
39. **Oswald, Paul/Schulz-Benesch, Günter (Hrsg.):** Montessori für Eltern. Eine Auswahl aus dem Werk Maria Montessoris. Ravensburg 1974.
40. **Pavel, Annegret:** Über die Dauer von Aufmerksamkeitszuwendungen bei Kleinkindern. Beobachtungen über das Aufmerksamkeitsverhalten bei Kindern im Alter von 3 bis 6 Jahren während der freien Beschäftigung mit Spiel- und didaktischem Material in dem Modellkindergarten nach Maria Montessori der Forschungsstelle für soziale Pädiatrie und Jugendmedizin der Universität München. Dissertation München 1972.
41. **Pines, Maya:** Kindergärten nach Montessori. In: Pines, Maya: Kinder werden klüger. Intelligenztraining im Vorschulalter. Berlin 1970. S. 99–122.
42. **Renner, Karl:** Die Arbeit des Kindes, ein Mensch zu werden. In: Sozialmagazin. Weinheim 4 (1979) H.1. S. 20–22.
43. **Ders.:** Vom möglichen Mißbrauch und der Zweischneidigkeit. Überlegungen zur Integration eines alternativen Konzepts in die gewohnte Praxis. In: Sozialmagazin. Weinheim 2 (1979) H.1. S. 32–33.
44. **Röhrs, Hermann:** Fröbel und Montessori – ein konstruktiver Beitrag zur Kleinkinderziehung. In: Scheid, Paul/Weidlich, Herbert (Hrsg.): Beiträge zur Montessori-Pädagogik 1977. Stuttgart 1977. S. 75–85.
45. **Rüdiger, Dietrich:** Aspekte einer „modernen" curricularen und entwicklungspsychologischen Artikulation des Montessori-Systems. In: Freie Bildung und Erziehung. Darmstadt 23=48 (1972). S. 3–14.
46. **Ders.:** Aspekte einer „modernen" curricularen und entwicklungspsychologischen Artikulation des Montessori-Systems. In: Scheid, Paul/Weidlich, Herbert (Hrsg.): Beiträge zur Montessori-Pädagogik 1977. Stuttgart 1977. S. 93–108.
47. **Rühl, Karl:** Die Schule der Fünfjährigen. In: Scheid, Paul/Weidlich, Herbert (Hrsg.): Beiträge der Montessori-Pädagogik 1977. Stuttgart 1977. S. 50–60.
48. **Rurik, Gerlind:** Montessori-Pädagogik und moderne Vorschulerziehung. In: Die Grundschule. Braunschweig 3 (1971) H.2. S. 40–46.
49. **Schäfer, Anni:** Erträge der religionspädagogischen Arbeitsgemeinschaft. Hrsg. vom Katholischen Bildungswerk Leverkusen. 1989.
50. **Scheid, Paul:** Ist Montessori noch zeitgemäß? In: Forum E. Bochum 26 (1973) H.1. S. 14–17.
51. **Schmutzler, Hans-Joachim:** Fröbel und Montessori. Zwei geniale Erzieher – Was sie unterscheidet, was sie verbindet. Freiburg 1991.
52. **Ders.:** Montessori-Pädagogik im Elementarbereich. Hrsg. vom Verband Bildung und Erziehung. Hamm 1991. [Kleinschrift]

53. **Ders.:** 70 Jahre Montessori-Kinderhaus. Grundgedanken der Montessori-Pädagogik. In: Archiv für angewandte Sozialpädagogik. Seevetal 9 (1978) H.3. S. 207–222.

51. **Ders.:** Spiel, Phantasie und Arbeit bei Fröbel und Montessori. Dissertation Münster 1975.

55. **Schröder, Theo F. C.:** Die Geschwister Agazzi und Maria Montessori, eine vergleichende Analyse ihrer Erziehungskonzeptionen: dargestellt im Zusammenhang der deutschen und italienischen Vorschulentwicklung in Verbindung mit einer empirischen Untersuchung. Frankfurt/M. 1987.

56. **Schwerdt, Dirk:** Frühkindliche Sozialisation und die Rolle unbewußter Lernprozesse bei Montessori. In: Vierteljahresschrift für wissenschaftliche Pädagogik. Bochum 49 (1973) H.2. S. 116–122.

57. **Ders.:** Zur Vorschuldidaktischen Bedeutung von Montessori-Prinzipien. In: Dollase, Rainer (Hrsg.): Handbuch der Früh- und Vorschulpädagogik Bd. 2. Düsseldorf 1978. S. 151–161.

58. **Spranger, Eduard:** Einleitung zu „Friedrich Fröbel und Maria Montessori" [von Hecker, Hilde/Muchow, Martha 1927]. In: Schulz-Benesch, Günter (Hrsg.): Montessori. Darmstadt 1970. (Wege der Forschung Bd. CC). S. 106–110.

59. **Ders.:** Nachtrag der Einleitung zu „Friedrich Fröbel und Maria Montessori" [von: Hecker, Hilde/Muchow, Martha 1927] . In: Schulz-Benesch, Günter (Hrsg.): Montessori. Darmstadt 1970. (Wege der Forschung Bd. CC). S. 240–244.

2. Übertragung von „Elementen"
der Montessori-Pädagogik auf die Regelschule
unter besonderer Berücksichtigung der Primarstufe

Im folgenden werden ausschließlich solche Beiträge berücksichtigt, die für die Übertragung von „Elementen" der Montessori-Pädagogik auf die Regelschule relevant sind. Literatur, die sich explizit mit den meist als Angebots-, seltener als Privatschulen geführten Montessori-Grundschulen befaßt, findet sich unter 5.3.

Neuere Buchveröffentlichungen weisen auf ein reges Interesse an der Nutzbarmachung der Montessori-Pädagogik für die Regelschule hin. H. Sester skizziert 1985 ein einfaches Montessori-Modell für die Hauptschule (vgl. 66). 1987 legen I. Gesslein und H. Lippert eine Sammlung von Lernmaterialien für den individualisierenden Unterricht vor (vgl. 14). Die Dokumentation „Materialgeleitetes Lernen: Elemente der Montessori-Pädagogik in der Regelschule-Grundschulstufe" erscheint 1991 (vgl. 51). W. Kateins Sammelschrift von 1992 zeigt die Grundlagen der Montessori-Pädagogik und die Möglichkeiten der Übertragung an (Regel-)Schulen (vgl. 32).

An den Primarstufen-Richtlinien einiger Bundesländer mit ihren Forderungen nach „Freier Arbeit" bzw. „Freiarbeit" läßt sich ablesen, daß die Ideen Montessoris neben denen anderer Reformpädagogen bereits in die aktuelle Regelschulpraxis eingegangen sind (vgl. 59, 3). Nach H. J. Schmutzler kann auch der teilweise Wegfall von Ziffernzeugnissen „als Beispiel für Montessoris indirekte Wirkung auf das allgemeine Schulwesen" (ebd.) gedeutet werden. Offenbar ermutigen die revidierten staatlichen Richtlinien und Lehrpläne Lehrer an Regelschulen, besonders an Grundschulen, zunehmend dazu, „Elemente" der Montessori-Pädagogik in ihre Arbeit aufzunehmen (vgl. 39, 6; 59,4). Dabei muß jedoch die Frage gestellt werden, inwieweit es überhaupt möglich ist, einzelne „Elemente" aus dem Gesamtkonzept der Montessori-Pädagogik herauszulösen, um diese in die Regelschulpraxis zu integrieren.

Wie die vorliegende Literatur zeigt, steht die Freie Arbeit, die Montessori als den „‚schultechnischen' Quellpunkt ihrer Grundschule" (63, 247) sieht, an erster Stelle, wenn es um den Versuch des Transters der Montessori-Pädagogik auf die Regelschule geht.

Verschiedentlich wird darauf hingewiesen, daß das Freiarbeitskonzept Montessoris mit anderen Konzepten und Vorstellungen von Freier Arbeit nicht einfach gleichgesetzt oder vermischt werden darf und die Konkretisierung in die Erfüllung bestimmter Bedingungen gebunden ist (vgl. 26, 110–112; 31; 59, 5).

Bei der Dokumentation „Materialgeleitetes Lernen" wurde sogar bewußt auf den Begriff der Freien Arbeit im Titel verzichtet, da diese nur innerhalb eines freiheitlichen Gesamtkonzepts adäquat realisierbar ist (vgl. 51, 9). Stattdessen ist hier von „Materialgeleitetem Lernen" die Rede, womit ein Unterrichtskonzept umschrieben wird, „bei dem der Lehrer Lernprozesse zwischen Kind(ern) und geeignetem Material initiiert und sich dabei gleichzeitig schrittweise zurücknimmt, um die Konzentration des Kindes auf den Gegenstand in einer lernwirksamen Umgebung und die ablaufenden Lernprozesse möglichst wenig zu stören. Dies kann in der Regelschule an verschiedenen didaktischen Orten (Vorviertelstunde, Unterrichtsanfang, ‚echte' Freiarbeitsansätze, Übungsphasen) in unterschiedlichen Zeitspannen praktiziert werden." (ebd. 9f.).

Auch I. Gesslein und H. Lippert vermeiden den Begriff der Freien Arbeit und ersetzen ihn durch den des „individualisierenden Unterrichts" (14). Vermutlich wird in beiden Veröffentlichungen befürchtet, dem Konzept der Montessori-Freiarbeit in der Regelschule nicht gerecht werden zu können.

Anders verfährt H. Sester mit seinen Bemühungen, „die aus der Montessori-Pädagogik bekannte ‚Freie Arbeit' für die normale Hauptschule zu modifizieren" (66, 5). Wie nahe diese von ihm skizzierte Arbeitsform der Montessori-Freiarbeit letzlich kommt, wäre zu prüfen.

Prinzipiell ist nach G. Schulz-Benesch die Arbeitsweise der Freiarbeit unter bestimmten Umständen jedoch auch in der Regelschule realisierbar. „Die zu erfüllenden Bedingungen beträfen den Lehrer (in bezug auf Ausbildung bzw. ‚Abstützung'), die ‚vorbereitete Umgebung' (Minimum: zu Arbeitsmitteln und -anweisungen ausgebaute Teilcurricula-Serien sowie eine Grundausstattung für Freiarbeit), kollegiale und aufsichtliche Absprache, Erreichung einiger organisatorischer Zugeständnisse (Stundentafel etc.)." (63, 247)

Nach G. Schulz-Benesch unterscheiden sich wirkliche Montessori-Schulen von solchen, die begrenzt einzelne Züge der Montessori-Pädagogik, besonders die Freiarbeit, aufnehmen, letztlich im Verhältnis der Zeit für Freiarbeit und der Zeit für Unterricht mit der gesamten Klasse, wobei er eine gegenseitige Anregung der beiden Arbeitsformen für durchaus möglich hält (vgl. ebd. 248). Da die Freiarbeit das Vorhandensein geeigneter Arbeitsmaterialien voraussetzt, geben I. Gesslein und H. Lippert wie auch die Dokumentation „Materialgeleitetes Lernen" konkrete Anleitungen zur eigenen Herstellung von Freiarbeitsmaterialien, die teilweise den originalen Montessori-Materialien entsprechen und teilweise mit der Intention entwickelt wurden, Weiterführungen derselben zu sein (vgl. 14, 25; 51, 10.177ff.). In diesem Kontext sei auf die Arbeit von N. van Ewijk verwiesen, in der Hinweise für die Formgebung, Herstellung und Evaluierung von Lernmitteln für die Unterweisung nach Montessori gegeben werden (vgl. 6).

Da der Erzieher neben dem Material eine zweite Säule der Montessori-Freiarbeit darstellt, werden unter dieser Kategorie auch H. Holtstieges Arbeiten zum Erzieher in der Montessori-Pädagogik aufgeführt (vgl. 22; 23).

Zahlreiche Beiträge geben praxisrelevante Anregungen für die Gestaltung von Freier Arbeit hinsichtlich der Lernbereiche Sprache (vgl. 14, 66–97; 19; 33; 34; 36; 37; 51, 171–243; 52; 53), Mathematik (vgl. 14, 98–134; 28; 29; 35; 43; 51, 244–312; 54; 61; 67; 68), Heimat- bzw. Sachunterricht (vgl. 3, 51; 314–321; 76) und Sport (vgl. 75). Ein weiterer, bislang teilweise in Vergessenheit geratener und zukünftig weiter aufzuarbeitender Anregungsbereich der Montessori-Pädagogik für die Regelschule liegt im Bereich der Stille-Übungen und religionspädagogischen Impulse (vgl. 8; 9; 13; 15; 16; 17; 18; 50; 56; Holtstiege, Hildegard: Soziale Humanität Reformanalyse – Montessori-Pädagogik. Freiburg 1994 Kap. B.III).

Für die Primarstufe liegen einige empirische Untersuchungen vor:

W. Suffenplan (vgl. 71), I. Fähmel (vgl. 7) und R. Fischer (vgl. 10) weisen die positiven Effekte der Montessori-Freiarbeit auf die Entwicklung von Motivation, Interesse, Begabung, Sozialkompetenz und Leistungsverhalten nach und diskutieren Chancen und Grenzen der Freiarbeit für die Regelschule.

W. Dartmann stellt in ihrer Dissertation ein breites Spektrum an Realisierungsmöglichkeiten von Freier Arbeit in der Grundschule und Sekundarstufe I auf der Basis der Richtlinien und eigener unterrichtspraktischer Erfahrungen heraus (vgl. 1).

Auf die Möglichkeiten der Freiarbeit für die Förderung und soziale Integration ausländischer Kinder weisen R. Fischer und H. Ludwig hin (vgl. 11; 48; 49). Die Sammelschrift von E. Stein wendet sich schließlich an diejenigen, die den Bereich der Regelschule verlassen und eine Schule in freier Trägerschaft und damit auch im Raum größerer inhaltlicher Freiheit, möglicherweise nach dem Konzept Montessoris, gründen wollen (vgl. 69).

Literatur:

1. **Dartmann, Wilma:** Realisierungschancen Freier Arbeit in der Grundschule und die Frage ihrer Kontinuität beim Übergang zur Sekundarstufe I. Diss. Münster 1989.
2. **Ebersberger, Hermann/Mages, Franz Josef:** Beobachtungsfelder und -hilfen. In: Materialgeleitetes Lernen. München 1991. S. 153–158.
3. **Elsner, Hans:** Der Geologie-Baukasten. In: Montessori-Werkbrief. 5. Beiheft (1991).
4. **Englberger, Angelika:** Offenes und selbstgesteuertes Arbeiten in einer zweiten Klasse in der Grundschule. In: Materialgeleitetes Lernen. München 1991. S. 94–97.
5. **Etti, Gerda/Tilmann, Heribert:** Anwendbarkeit der Montessori-Pädagogik im Hinblick auf den Bildungsplan der Grundschule (Beispiel Baden-Württemberg). In: Katein, Werner (Hrsg.): Maria Montessori. Langenau 1992. S. 65–72.
6. **Ewijk, Nico van:** Entwicklungsmaterial. Formgebung, Herstellung und Bewertung von Lernmitteln für den Montessori-Unterricht. Amsterdam 1986. Münster 1988.
7. **Fähmel, Ingrid:** Zur Struktur schulischen Unterrichts nach Maria Montessori: Beschreibung einer Montessori-Grundschule in Düsseldorf. Frankfurt/M.; Bern 1981.
8. **Faust-Siehl, Gabriele/Wallaschek, Uta:** „Es ist erforderlich, die Kinder die Stille zu lehren." (M. Montessori). In: Die Grundschulzeitschrift. Seelze 2 (1988) H.19. S. 35.
9. **Faust-Siehl, Gabriele [u.a.]:** Mit Kindern Stille entdecken. Frankfurt/M. 1990.
10. **Fischer, Reinhard:** Lernen im non-direktiven Unterricht. Eine Felduntersuchung im Primarbereich am Beispiel der Montessori-Pädagogik. Frankfurt/M.; Bern 1982.
11. **Ders.:** Die schulische Betreuung ausländischer Kinder – eine Herausforderung für Schulleitung und Schulverwaltung zur Organisation angemessener Lehrerfortbildungsmöglichkeiten. In: Schulmanagement 13 (1983) H.5. S. 42–47.
12. **Freidhoff, Peter:** Pensenbuch und Wortgutachten. In: Materialgeleitetes Lernen. München 1991. S. 159–165.
13. **Geilen, Hedwig:** Still werden. Zur Mitte finden. Anleitung zur Übung mit Kindern und Erwachsenen. Eine Sammlung von Hedwig Geilen. Aachen o.J.
14. **Gesslein, Ingrid/Lippert, Hildegard:** Schule macht Spass. Eine Sammlung von Lernmaterialien für den individualisierenden Unterricht. Würzburg 1987.
15. **Halbfas, Hubertus:** Lernen als Weg in die Stille. In: Halbfas, Hubertus: Religionsunterricht in der Grundschule. Lehrerhandbuch 1. Düsseldorf 1983. S. 13–55.
16. **Ders.:** Mit Kindern die Stille erleben. In: Halbfas, Hubertus: Religionsunterricht in der Grundschule. Lehrerhandbuch 2. Düsseldorf 1984. S. 81–100.
17. **Ders.:** Montessori-Pädagogik und Religionspädagogik. In: Halbfas, Hubertus: Das dritte Auge. Düsseldorf 1982. S. 192–210.

18. **Ders.:** Zur Rezeption der Montessori-Pädagogik. In: Katechetische Blätter. München 111 (1987). S. 403–408.

19. **Hammer, Erich:** Beiträge der Montessori-Pädagogik zum Deutschunterricht der Grundschule. In: Katein, Werner (Hrsg.): Maria Montessori. Langenau 1992. S. 94–111.

20. **Ders.:** Einige Prinzipien der Montessori-Pädagogik: In: Katein, Werner (Hrsg.): Maria Montessori. Langenau 1992. S. 74–81.

21. **Heiß-Meißner, Angelika:** Wochenplan-Unterricht – mehr als nur eine Vorstufe zur Freien Arbeit. In: Materialgeleitetes Lernen. München 1991. S. 114–131.

22. **Holtstiege, Hildegard:** Erzieher in der Montessori-Pädagogik. Hrsg. von der Aktionsgemeinschaft deutscher Montessori-Vereine e.V. Köln o.J. (Pädagogische Schriften H.4) [S. 17f.] [Kleinschrift]

23. **Dies.:** Erzieher in der Montessori-Pädagogik. Eltern, Erzieher, Lehrer. Bedeutung, Aufgaben und Probleme aus Sicht Maria Montessoris und aus Praxisberichten. Freiburg 1991. [S. 102–107]

21. **Dies.:** Freie Arbeit in der Montessori-Pädagogik. Hrsg. von der Aktionsgemeinschaft Deutscher Montessori-Vereine e.V. Köln 1991. (Pädagogische Schriften H.5) [Kleinschrift]

25. **Dies.:** Leitvorstellungen zur repressionsarmen Erziehung in der Pädagogik Maria Montessoris – ein Beitrag zur Gegenwartsdiskussion. In: Pädagogische Rundschau. Bern 29 (1975) H.3. S. 267–295.

26. **Dies.:** Maria Montessoris Neue Pädagogik: Prinzip Freiheit – Freie Arbeit. Studien zur Montessori-Pädagogik. Bd. 2. Freiburg 1987.

27. **Hoverath, Beate/Knauf, Tassilo:** Den Alltag üben und lernen, in sich selbst zu ruhen. Grundlegende Prinzipien des Montessori-Materials. In: Pädagogik extra. Wiesbaden 20 (1992) H.7/8. S. 12–15.

28. **Igl, Josef:** Mathematikdidaktische Aspekte der Montessori-Pädagogik. In: Igl, Josef/Vogl, Erich: Maria Montessori. Beiträge zur Bandbreite ihrer pädagogischen Methode. Rheinfelden; Berlin 1992. S. 84–157.

29. **Ders.:** Montessori-Pädagogik und Mathematikdidaktik; neue Erkenntnisse? In: Mathematische Unterrichtspraxis. Donauwörth 13 (1992) H.3. S. 1–4.

30. **Jordi, Urs/Schiffmann, Daniel:** Freiwahlarbeit, eine Unterrichtsform für die Vermittlung von Zusatzstoff? in: Berner Schule. Bern 77 (1987) Beil. Schulpraxis H.1. S. 18–24.

31. **Katein, Werner:** Bedingungen zur Verwirklichung der Pädagogik Maria Montessoris in den Schulen. In: Katein, Werner (Hrsg.): Maria Montessori. Langenau 1992. S. 133–141.

32. **Ders. (Hrsg.):** Maria Montessori. Die Grundlagen ihrer Pädagogik und Möglichkeiten der Übertragung in Schulen. Langenau 1992.

33. **Kjellshög, Hannelore:** Der Clown in der Dose. Eine Geschichte mit Buchstaben zum Fühlen nach den Grundlagen der Montessori-Pädagogik. Druckschrift. 1989.

34. **Dies.:** Fühle die Buchstaben nach den Grundlagen der Montessori-Pädagogik. Druckschrift. 1987.

35. **Dies.:** Fühle die Zahlen nach den Grundlagen der Montessori-Pädagogik. 1987.

36. **Dies.:** Mein ABC-Fühl- und Malbuch nach den Grundlagen der Montessori-Pädagogik. Druckschrift. 1988.

37. **Dies.:** Mein ABC-Malbuch. Übungsbuch zum Buch „Fühle die Buchstaben". ABC-Übungsbogen und ABC-Farbposter. Druckschrift. 1988.

38. **Klein, Gerhard:** Gründe für das Interesse an der Montessori-Pädagogik – Aus syste-

matischer Perspektive. In: Katein, Werner (Hrsg.): Maria Montessori. Langenau 1992. S. 19–55.

39. **Knauf, Tassilo:** Renaissance der Montessori-Pädagogik. Radikale Kritikerin der Pauk- und Buchschule. In: Pädagogik extra. Wiesbaden 20 (1992) H.7/8. S. 4–6.

40. **Kowald, Rosa:** Ungelenkte, differenzierte Schülerarbeit auf der ersten und zweiten Schulstufe. In: Unser Weg. Graz 40 (1985) H.1/2. S. 30–37.

41. **Kratochwil, Leopol:** Ausgewählte Innovationen und Animationen zur Weiterentwicklung der Grundschule. Unter besonderer Berücksichtigung der Pädagogik Maria Montessoris. In: Forum Pädagogik. Baltmannsweiler 1 (1988) H.2. S. 63–75.

42. **Kreuzberger, Norma:** Fragen und Meinungen zur Montessori-Pädagogik in der Grundschule und Sekundarstufe. Bonn 1989. [Kleinschrift]

43. **Lammel, Roswitha:** Geometrische Körper – Kartensätze; Material für die Freie Arbeit. In: Die Grundschule. Braunschweig 23 (1991) H.2. S. 42–47.

44. **Langen, Marianne:** Wochenplanarbeit, Freie Arbeit? Zu den Empfehlungen der neuen Richtlinien für die Grundschule in Nordrhein-Westfalen. In: Katholische Bildung. Paderborn 87 (1986) H.2. S. 103–112.

45. **Lauralia, Annelie:** Montessoripädagogik und Offener Unterricht in Finnland. In: Erziehungswissenschaft/Erziehungspraxis. Heinsberg 3 (1987) H.3. S. 14–17.

46. **Leopold, Margaretha:** Impulse zur inneren Reform der Schule durch die Reformpädagogin Maria Montessori. In: Unser Weg. Graz 40 (1985) H.1/2. S. 24–30.

47. **Lippert, Hildegard/Müller, Armin/Geßlein, Ingrid:** Einführung in die Montessori-Pädagogik unter besonderer Berücksichtigung der Materialien. In: Materialgeleitetes Lernen. München 1991. S. 39–54.

48. **Ludwig, Harald:** Anregungen der Montessori-Pädagogik zur Gestaltung des Grundschulunterrichts mit deutschen und ausländischen Kindern. In: Sachunterricht und Mathematik in der Primarstufe. Köln 14 (1986) H.6. S. 230–236.

49. **Ders.:** Möglichkeiten der Montessori-Pädagogik zur schulischen Förderung des ausländischen Kindes. In: Katholische Bildung. Paderborn 84 (1983) H.3. S. 141–154.

50. **Mangold, Roman:** Der Morgenkreis an der Marchtaler-Plan-Schule. In: Materialgeleitetes Lernen. München 1991. S. 132–136.

51. **Materialgeleitetes Lernen.** Elemente der Montessori-Pädagogik in der Regelschule – Grundschulstufe. Ein Fortbildungsmodell der Akademie für Lehrerfortbildung Dillingen. Red. Peter Hell. München 1991.

52. **Mattern, Kirsten/Schulze, Annemarie:** Montessori-Wortsymbole. Übungsmaterial für alle Schulstufen. In: Die Grundschule. Braunschweig. 23 (1991) H.1. S. 33–35.

53. **Montessori-Vereinigung e.V. (Sitz Aachen) (Hrsg.):** Montessori-Material Teil 2. Materialien für den Bereich Sprache. Handbuch für Lehrgangsteilnehmer. Zelhem 1986.

54. **Dies. (Hrsg.):** Montessori-Material Teil 3. Mathematik. Handbuch für Lehrgangsteilnehmer. Zelhem 1986.

55. **Ockel, Brigitte:** Individualisierter Unterricht, aber wie? Verwirklichung durch die Montessori-Pädagogik. In: Der katholische Erzieher. Bochum 23 (1970). S. 9–11.

56. **Reents, Christine:** Maria Montessori (1870–1952). In: Schröer, Henning/Zilleßen, Dietrich (Hrsg.): Klassiker der Religionspädagogik. Frankfurt/M. 1987. S. 197–210.

57. **Röbe, Edeltraud:** Reformpädagogische Impulse für die Weiterentwicklung der Regelschule. In: Materialgeleitetes Lernen. München 1991. S. 13–38.

58. **Röbe, Heinrich:** Das Klassenzimmer als Lern-, Lebens- und Handlungsraum: Der Schulraum als Träger pädagogischer Aufgaben. In: Materialgeleitetes Lernen. München 1991. S. 137–152.

59. **Schmutzler, Hans-Joachim:** Freiarbeit in der Montessori-Pädagogik. (Primarstufe). Hrsg. vom Verband Bildung und Erziehung. Hamm 1989. [Kleinschrift]

60. **Ders.:** Montessori-Pädagogik in der Primarstufe – Freiarbeit. In: Forum E. Bochum 41 (1988) H.7/8. S. 8–15.

61. **Schönwald, Hans G.:** Statistische Grundgedanken und Montessori-Pädagogik. In: Sachunterricht und Mathematik in der Primarstufe. Köln 11 (1983) H.6. S. 205–211.

62. **Schulz-Benesch, Günter:** Der Einfluß Maria Montessoris auf die neuen Grundschulrichtlinien. In: Schule heute. Köln 23 (1983) H.12. S. 18f.

63. **Ders.:** Freiheit und Bindung: Montessori-Grundschule. In: Wittenbruch, Wilhelm (Hrsg.): Das pädagogische Profil der Grundschule. Impulse für die Weiterentwicklung der Grundschule. Heinsberg ([1]1984) [2]1989. S. 243–252.

64. **Ders.:** Skizzen zum Bild der Montessori-Grundschule. In: Katholische Bildung. Paderborn 83 (1982). S. 156–163.

65. **Sester, Hans:** Montessori-Pädagogik und die Hauptschule. In: Forum E. Bochum 29 (1976). H.4. S. 100–103.

66. **Ders.:** 7mal freie Arbeit in der Hauptschule. Skizze eines einfachen Montessori-Modells für die Normalschule. Frankfurt/M. 1985.

67. **Stark, Heidrun/Klein, Meike:** Beispiele aus der Unterrichtsarbeit im Fach Mathematik (Arithmetik). In: Katein, Werner (Hrsg.): Maria Montessori. Langenau 1992. S. 112–117.

68. **Starke, Horst:** Geometrische Begriffe für Grundschulkinder. In: Praxis Grundschule. Braunschweig (1991) H.2. S. 26f.

69. **Stein, Ekkehart (Hrsg.):** Wir gründen eine freie Schule. Köln; Berlin; Bonn; München 1985.

70. **Stuffer, Georg:** Der Lernbegleiter. In: Materialgeleitetes Lernen. München 1991. S. 166–170.

71. **Suffenplan, Wilhelm:** Untersuchungen zur Makroperiodik von Lernaktivitäten bei Neun- bis Elfjährigen in einer Schulsituation mit freier Arbeitswahl. Dissertation Dortmund 1975.

72. **Tilmann, Heribert:** Grundanliegen der Montessori-Pädagogik – Systematischer Überblick. In: Katein, Werner (Hrsg.): Maria Montessori. Langenau 1992. S. 42–48.

73. **Ders.:** Gründe für das Interesse an der Montessori-Pädagogik – Nach Erfahrungen von Lehrern und Eltern. In: Katein, Werner (Hrsg.): Maria Montessori. Langenau 1992. S. 56–62.

74. **Ders.:** Was Montessori-Pädagogik nicht ist! In: Katein, Werner (Hrsg.): Maria Montessori. Langenau 1992. S. 63f.

75. **Uhr, Jürgen:** Das Prinzip der Selbständigkeit nach Montessori – eine Möglichkeit zur Realisation im Sportunterricht. In: Sportunterricht. Schrondorf 26 (1977) H.10. Beil. Lehrhilfen für den Sportunterricht. S. 112–116.

76. **Wollny, Dietmar:** Unterrichtsbeispiel im Fach Heimat- und Sachunterricht. In: Katein, Werner (Hrsg.): Maria Montessori. Langenau 1992. S. 118–122.

3. Anwendung von Montessori-Prinzipien in der Sekundarstufe

Während Montessoris Konzept für den Elementar- und Primarbereich weitgehend theoretisch ausgearbeitet und praktisch erprobt ist, liegen ihre Vorstellungen von einer Erziehung im Jugendalter lediglich in Form eines Entwurfs vor. Darin skizziert Montessori eine „Erfahrungsschule des sozialen Lebens", die von ihr selbst nicht mehr verwirklicht werden konnte (vgl. 16, 134f.; 26). Wie Montessoris gesamte Pädagogik ist auch dieser Entwurf rückgebunden an die Beachtung der „Sensiblen Phasen". Deshalb sei hier auf die Arbeiten von H. Holtstiege und M. Tielkes verwiesen, in denen die Autorinnen die „Sensiblen Phasen" des Jugendalters in ihrer Relevanz für die Erziehung von Jugendlichen analysieren (vgl. 16, 74–85; 17; 53; 54).

Obwohl Montessori für die Erziehung im Jugendalter keine ausgearbeiteten Erziehungspläne vorgelegt hat, gibt es heute zahlreiche Versuche, die Montessori-Pädagogik auch in der Sekundarstufe fortzusetzen. Im Vergleich zu den Niederlanden, die von entsprechenden Erfahrungen seit 1930 berichten, gelang die Weiterführung der Montessori-Prinzipien an deutschen Sekundarschulen erst seit Anfang der 60er Jahre (vgl. 10, 36–48; 12, 69.79; 19, 59).

Heute gibt es neben Sekundarschulen, die gänzlich als Montessori-Schulen geführt werden, auch sogenannte Regelschulen mit Montessori-Klassen oder -Zweigen im Bereich von Hauptschulen, Gymnasien und Gesamtschulen (vgl. 12,68f.).

Bei zahlreichen Beiträgen zu diesem Themenfeld handelt es sich um Beschreibungen der Versuche einzelner Lehrer oder einer ganzen Schule, die Montessori-Prinzipien in die Sekundarstufe zu übertragen.

Es finden sich Beiträge aus dem Bereich der Hauptschule (vgl. 18; 24; 25; 29; 49–55; 45; 46; 57). H. Kumetat stellt in Form einer Fallstudie die Kölner Montessori-Hauptschule an der Ferdinandstraße in ihrer Gesamtgestalt dar und verfolgt den Weg ihrer Entwicklung (vgl. 24). I. Jones untersucht die Anwendungsmöglichkeiten der Montessori-Pädagogik für die Jugenderziehung und überprüft mit einer Fragebogenaktion, die mit ehemaligen Schülern einer Düsseldorfer Montessori-Hauptschule durchgeführt wurde, die Aktualität und Applikation der Montessori-Pädagogik in der Sekundarstufe I (vgl. 18). Bei H. Sesters Versuchen, die Montessori-Freiarbeit für den Fachunterricht an Regel-Hauptschulen zu modifizieren, bleibt zu prüfen, inwieweit die von ihm entwickelte Arbeitsform der Montessori-Freiarbeit noch gerecht werden kann. H. Sester gibt selbst zu bedenken, daß „die neue Arbeitsform noch in erheblichem Maße ausbau- und verbesserungsfähig ist" (46, 89).

Über Möglichkeiten und Grenzen der Übernahme von Montessori-Prinzipien in den gymnasialen Bereich informieren Berichte zur pädagogischen Arbeit an Gymnasien in Köln (vgl. 8, 37–49; 10, 42–44. 77–80; 22, 52–57; 47), Bonn (vgl. 27; 28), Mönchengladbach (vgl. 31), Düsseldorf (vgl. 29, 56–63; 30) und Frankfurt/M. (vgl. 3; 10, 4f.; 42, 43).

Zahlreiche Beiträge fanden sich über die Bischöfliche Maria Montessori-Gesamtschule in Krefeld (vgl. 35; 36; 37; 38; 48).

H. Holtstiege stellt bei einer Forschungsexkursion zur Situation der Sekundarstufe I und II in Montessori-Institutionen 1982 individuelle Unterschiede „sowohl von Klasse zu Klasse bzw. Gruppe zu Gruppe in einzelnen Institutionen als auch von Schule zu Schule innerhalb der besuchten Institutionen" (12, 71) fest. Während sie ein durchgehend gutes Arbeitsverhalten der Sekundarschüler und überall ein engagiertes Lehrerverhalten verzeichnen konnte, waren individuelle Unterschiede besonders bezüglich der didaktischen Angebote, der Organisation der Freiarbeit, der Elternaktivität und der Integrationsbemühungen feststellbar (vgl. ebd. 71–74).

Auch N. Kreuzbergers vergleichende Gegenüberstellung der Übertragungsversuche von Montessori-Prinzipien an einzelnen Sekundarschulen zeigt individuelle Unterschiede und macht darauf aufmerksam, daß sich die Weiterführung der Montessori-Pädagogik auf die Sekundarstufe noch in einem Versuchsstadium befindet (vgl. 23, 58–74).

H. Holtstiege nennt denn auch einige Probleme, die die Umsetzung von Montessori-Prinzipien in der Sekundarstufe mit sich bringt. Sie spricht Probleme mit der Organisation und Gestaltung von Freiarbeit, mit der Bereitstellung eines angemessenen Angebots von Materialien und Projekten, Probleme bei der Kooperation der Fächer und Schulen, Probleme mit der Erlangung von Abschlußprofilen und mit der Montessori-Ausbildung für Sekundarschullehrer an (vgl. 12, 74–76).

Eine Weiterführung der Montessori-Pädagogik in der gymnasialen Oberstufe bringt weitere Schwierigkeiten mit sich. Deshalb ist es kaum verwunderlich, daß es dazu noch relativ wenige Versuche gibt. D. Heimbring weist darauf hin, daß ein eindeutiger „Bruch in der kontinuierlichen Weiterführung der Montessori-Pädagogik" (11, 8) entsteht, wenn in der gymnasialen Oberstufe plötzlich nach den traditionellen Methoden unterrichtet wird. Mit seiner Arbeit „Montessori-Pädagogik und naturwissenschaftlicher Unterricht" (11) wendet sich D. Heimbring daher gerade diesem Problemfeld zu.

Er nimmt darin zunächst eine systematische Analyse des gegenwärtigen Standes der Montessori-Pädagogik in der Sekundarstufe vor. Mit der Darstellung einer Pilotstudie am Beispiel des Faches Physik erhält die Arbeit in ihrem zweiten Teil schließlich konkreten unterrichtlichen Bezug. Hier zeigt D. Heimbring Möglichkeiten auf, wie Freiarbeit in der gymnasialen Oberstufe realisiert werden kann. Als Grundlage der Pilotstudie diente dem Autor Montessoris Konzept einer „Kosmischen Erziehung", das er gleichsam „als Basis für einen fächerübergreifenden Unterricht" (ebd. 229) versteht. In diesem Sinne regt er eine „vernetzte Freiarbeit" (ebd. 231) für die Sekundarstufe II an, die nicht von einem einzelnen Lehrer sondern von einem Lehrerteam betreut wird (vgl. ebd.).

Neben der besprochenen Veröffentlichung liegt eine zweite neuere Arbeit vor, die sich mit der Weiterführung der Montessori-Pädagogik in der Sekundarstufe befaßt. Es handelt sich um die Arbeit von M. Tielkes mit dem Titel „Der ‚Pädagogische Versuch' Maria Montessoris" (52). Bereits 1986 wies die Autorin auf eine Aussage Montessoris hin, die schließlich zum Leitsatz ihres nun vorliegenden Buches wurde: „Es ist nicht nötig, daß die Untersuchungsarbeit ganz vollendet wird. Es genügt, die Idee zu verstehen und nach ihren Angaben voranzuschreiten." (Montessori, Maria: Über die Bildung des Menschen. Freiburg 1966. S. 28. Vgl. 53, 127; 54, 18). Diese Worte Montessoris stellen für M. Tielkes eine Aufforderung dar, „Montessoris methodisches Vorgehen bei ihrer Konzeption der Grundschulpläne deutlich zu erfassen zu suchen und auf dem Weg über Erfahrung, Beobachtung und Experiment die wissenschaftliche Forschungsarbeit für den Sekundarbereich auf der Grundlage ihrer Ausführungen [...] fortzusetzen" (53, 127; 54, 18). Sie widmet daher ihre theoretische Untersuchungsarbeit zunächst dem Schlüsselphänomen der Montessori-Pädagogik, der Polarisation der Aufmerksamkeit, dem „methodischen Vorgehen Montessoris zur Ausarbeitung ihrer Pädagogik" (52, 12f.) und den Ergebnissen des pädagogischen Versuchs Montessoris (vgl. ebd. 14). M. Tielkes strebt mit ihrer Arbeit an, „die für den Ausbau der Montessori-Pädagogik im Bereich der Sekundarstufe notwendig verfügbaren theoretischen Grundlagen in einem Überblick offenzulegen" (ebd.), wobei sie sich die experimentalpädagogische Erprobung ihrer Ergebnisse für einen späteren Zeitpunkt vorbehält (vgl. ebd. 14f.).

Literatur:

1. **Altenbrandt, Georg:** Bericht über den versuchsweisen Einbau von Montessori-Prinzipien in den Mathematikunterricht des Gymnasiums. In: Scheid, Gernot (Hrsg.): Festschrift zum 100. Geburtstag von Maria Montessori. Frankfurt/M. 1970. S. 53–56.
2. **Angermeyer, Elke/Jünger-Geier, Ursula:** Montessori-Freiarbeit. Eine Möglichkeit der Differenzierung auch im Gymnasium. In: Praxis Deutsch. Velber 18 (1991) H.108. S. 5–9.
3. **Beer, Brigitta:** Montessori-Pädagogik heute. In: Allgemeiner Schulanzeiger. Freiburg 8 (1974) H.3. S. 108–110.
4. **Dalichow, Irene:** „Pädagogik vom Kinde aus". Montessori-Schulen. In: Betrifft Erziehung. Weinheim 15 (1982) H.6. S. 38–41.

5. **Dartmann, Wilma:** Realisierungschancen Freier Arbeit in der Grundschule und die Frage ihrer Kontinuität beim Übergang zur Sekundarstufe I. Dissertation Münster 1989.

6. **Davids, Bernhard:** Wie läßt sich Freiarbeit in der Sekundarstufe gestalten? In: Montessori-Pädagogik in der Sekundarstufe. Reihe „Orientierung". Folge 8. Hrsg. Bistum Aachen 1982. S. 51–55.

7. **Deutsche Montessori-Gesellschaft (Hrsg.):** Das Kind. Zeitschrift für Montessori-Pädagogik. Sondernummer. Bericht über die Tagung der Aktionsgemeinschaft Deutscher Montessori-Vereine e.V. (ADMV) zum Thema: „Montessori-Grundschule – Montessori-Sekundarschule – Kooperation und Übergang". Frankfurt/M. 1986.

8. **Elsner, Hans/Esche, Johannes:** Das Kölner Montessori-Zentrum. In: Scheid, Paul/Weidlich, Herbert (Hrsg.): Beiträge zur Montessori-Pädagogik 1977. Stuttgart 1977. S. 27–49.

9. **Ewijk, Nico van:** Eigene Herstellung von Arbeitsmaterial. In: Montessori-Pädagogika in der Sekundarstufe. Reihe „Orientierung". Folge 8. Hrsg. Bistum Aachen 1982. S. 61–66.

10. **Günnigmann, Manfred:** Montessori-Pädagogik in Deutschland. Bericht über die Entwicklung nach 1945. Freiburg 1979. [S. 36–48.73–75.77–81]

11. **Heimbring, Darko:** Montessori-Pädagogik und naturwissenschaftlicher Unterricht. Entwicklung von Unterrichtssequenzen nach Montessori-Prinzipien für die Sekundarstufe II. Aachen ([1]1990) [2]1992.

12. **Holtstiege, Hildegard:** Bericht über eine Forschungsexkursion zur Situation der Sekundarstufe I und II in Montessori-Institutionen. In: Montessori-Werkbrief 21 (1983) 3/4. S. 68–79 und in: Erziehungswissenschaft/Erziehungspraxis. Heinsberg 1 (1985) H.2. S. 28–33.

13. **Dies.:** Erzieher in der Montessori-Pädagogik. Hrsg. von der Aktionsgemeinschaft Deutscher Montessori-Vereine e.V. Köln o.J. (Pädagogische Schriften H.4) [S. 18–20] [Kleinschrift]

14. **Dies.:** Erzieher in der Montessori-Pädagogik. Eltern, Erzieher, Lehrer. Bedeutung, Aufgaben und Probleme aus Sicht Maria Montessoris und aus Praxisberichten. Freiburg 1991. [S. 107–125]

15. **Dies.:** Maria Montessoris Neue Pädagogik: Prinzip Freiheit – Freie Arbeit. Studien zur Montessori-Pädagogik Bd. 2. Freiburg 1987. [S. 109–110.115–127]

16. **Dies.:** Modell Montessori. Grundsätze und aktuelle Geltung der Montessori-Pädagogik. Freiburg ([1]1977) [6]1991. [S. 68–92.134f.166f.]

17. **Dies.:** I. Sensible Phasen im Jugendalter. II. Impulse zu Konkretionen für die Sekundarstufe I und II. In: Montessori-Pädagogik in der Sekundarstufe. Reihe „Orientierung". Folge 8. Hrsg. Bistum Aachen 1982. S. 29–44.

18. **Jones, Ilse:** Möglichkeiten und Grenzen der Montessori-Pädagogik: Das Jugenderziehungskonzept der Maria Montessori in der Sekundarstufe I. Frankfurt/M.; Bern; New York 1987.

19. **Jordan, Hermann, Julius:** Montessori aktueller denn je! In: Scheid, Gernot (Hrsg.): Festschrift zum 100. Geburtstag von Maria Montessori. Frankfurt/M. 1970. S. 57–61.

20. **Ders.:** Was ist ein Montessori-Lyzeum? In: Oswald, Paul/Schulz-Benesch, Günter (Hrsg.): Grundgedanken der Montessori-Pädagogik. Freiburg ([1]1967) [11]1991. S. 154–161.

21. **Jordi, Urs/Schiffmann, Daniel:** Freiwahlarbeit, eine Unterrichtsform für die Ver-

mittlung von Zusatzstoff? In: Berner Schule. Bern 77 (1987) Beil. Schulpraxis H.1. S. 18–24.

22. **Klaßen, Theodor F./Skiera, Ehrenhard/Wächter, Bernd (Hrsg.):** Handbuch der reformpädagogischen und alternativen Schulen in Europa. Baltmannsweiler 1990. [S. 12–14.52–57.139–186]

23. **Kreuzberger, Norma:** Fragen und Meinungen zur Montessori-Pädagogik in der Grundschule und Sekundarstufe. Bonn 1989. [S. 48–74] [Kleinschrift]

24. **Kumetat, Heinz:** Hauptschule Ferdinandstrasse. Fallstudie über eine humane Schule. Heinsberg 1985.

25. **Lohmar, H.:** Freiarbeit und Fachunterricht. In: Deutsche Montessori-Gesellschaft (Hrsg.): Das Kind. Sondernummer. Frankfurt/M. 1986. S. 19–23.

26. **Ludwig, Harald:** Montessoris Erfahrungsschule des sozialen Lebens. In: Gesamtschul-Information. Berlin 19 (1988) H.1/2. S. 140–174.

27. **Meisterjahn-Knebel, Gudula:** Elly-Heuss-Knapp-Gymnasium Bonn. Montessori-Pädagogik in der Sekundarstufe. Zeig mit den Weg. Bonn 1987. [Kleinschrift]

28. **Dies.:** Konsequenzen. Hinweise zur organisatorischen Gestaltung der Sekundarschule. In: Deutsche Montessori-Gesellschaft (Hrsg.): Das Kind. Sondernummer. Frankfurt/M. 1986. S. 23–31.

29. **Montessori-Kreis e.V. Düsseldorf (Hrsg.):** 25 Jahre Montessori-Arbeit in Düsseldorf. Werkmappe Montessori Heute. Beispiele aus der Praxis in Kinderhaus, Grundschule, Hauptschule, Gymnasium. Düsseldorf 1982. [S. 49–63]

30. **Ders. (Hrsg.):** 20 Jahre Montessori-Arbeit in Düsseldorf. Düsseldorf o.J. [Kleinschrift]

31. **Montessori-Kreis e.V. Mönchengladbach (Hrsg.):** 30 Jahre Montessori-Arbeit in Mönchengladbach. Mönchengladbach 1986. [Kleinschrift]

32. **Montessori-Pädagogik in der Sekundarstufe.** Reihe „Orientierung". Folge 8. Hrsg. Bistum Aachen 1982.

33. **Montessori-Verein Krefeld e.V. (Hrsg.):** Verwirklichung einer Idee. 25 Jahre Montessori-Pädagogik in Krefeld. Krefeld o.J. [Kleinschrift]

34. **Ders. (Hrsg.):** Verwirklichung einer Idee. 20 Jahre Montessori-Pädagogik in Krefeld. Krefeld o.J. [Kleinschrift]

35. **Ortling, Peter:** Bericht aus einer Montessori-Schule. In: Pädagogische Welt. Donauwörth 31 (1977) H.1. S. 47f.

36. **Ders.:** Maria Montessori und die nach ihr benannten Schulen. In: Die Unterstufe. Berlin 37 (1990) H.12. S. 265–267.

37. **Ders.:** Maria Montessori und die nach ihr benannten Schulen. In: Pädagogik. Weinheim 44 (1992) H.1. S. 44–49.

38. **Ders.:** Wie läßt sich Freiarbeit in der Sekundarstufe verwirklichen? Organisatorisches Konzept der Bischöflichen Maria-Montessori-Gesamtschule in Krefeld. In: Montessori-Pädagogik in der Sekundarstufe. Reihe „Orientierung". Folge 8. Hrsg. Bistum Aachen 1982. S. 45–50.

39. **Oster-Hornung, Rosemarie:** Die Entstehung einer Weltkarte. Arbeit einer Montessori-Unterstufenklasse. In: Scheid, Gernot (Hrsg.): Festschrift zum 100. Geburtstag von Maria Montessori. Frankfurt/M. 1970. S. 47–52.

40. **Oswald, Paul:** Der Jugendliche heute und die Montessori-Pädagogik. (Ist auch bei Jugendlichen die Freiarbeit das Kernstück des Unterrichts in der Montessori-Schule?) In: Montessori-Pädagogik in der Sekundarstufe. Reihe „Orientierung". Folge 8. Hrsg. Bistum Aachen 1982. S. 13–28.

41. **Schatz, Helga:** Neue Entwicklungen (Seit 1963, Stand 1.1.92). In: Helming, Helene: Montessori-Pädagogik. Freiburg (^{1}1977) ^{14}1992. S. 171–185.

42. **Scheid, Gernot:** Die Montessori-Schulen. Erziehung des Menschen in gesellschaftlicher und internationaler Verantwortung. In: Röhrs, Hermann (Hrsg.): Die Schulen der Reformpädagogik heute. Handbuch der reformpädagogischen Schulideen und Schulwirklichkeit. Düsseldorf 1986. S. 143–157.

43. **Scheid, Paul:** Das Frankfurter Modell. In: Scheid, Paul/Weidlich, Herbert (Hrsg.): Beiträge zur Montessori-Pädagogik 1977. Stuttgart 1977. S. 7–26.

44. **Schulz-Benesch, Günter:** Moderne katholische Schulen und Montessori-Pädagogik. In: Montessori-Pädagogik in der Sekundarstufe. Reihe „Orientierung". Folge 8. Hrsg. Bistum Aachen 1982. S. 1–12.

45. **Sester, Hans:** Montessori-Pädagogik und die Hauptschule. In: Forum E. Bochum 29 (1976) H.4. S. 100–103.

46. **Ders.:** 7mal freie Arbeit in der Hauptschule. Skizze eines einfachen Montessori-Modells für die Normalschule. Frankfurt/M. 1985.

47. **Städtisches Montessori-Gymnasium Köln:** 25 Jahre Montessori-Gymnasium Köln. Hrsg. i.A. des Kollegiums des Montessori-Gymnasiums. Köln 1986. [Kleinschrift]

48. **Steenberg, Ulrich:** Kompromiß oder Wagnis. Freiarbeit von Klasse 5 bis zum Abitur. In: Lehrer-Journal. München 54 (1986) H.5. S. 229–232.

49. **Ders.:** I. Zum Verhältnis von Fachunterricht und Freiarbeit. II. Grundlegendes Material im Fachbereich Sprache. In: Montessori-Pädagogik in der Sekundarstufe. Reihe „Orientierung". Folge 8. Hrsg. Bistum Aachen 1982. S. 56–60.

50. **Stein, Barbara:** Erwartungen an die Sekundarstufe. In: Deutsche Montessori-Gesellschaft (Hrsg.): Das Kind. Sondernummer. Frankfurt/M. 1986. S. 10–12.

51. **Tielkes, Monika:** „Entsprechung". Ein pädagogisch-didaktisches Problem. Drei Vorträge. In: Montessori-Werkbrief 6. Beiheft (1991).

52. **Dies.:** Der „Pädagogische Versuch" Maria Montessoris. Untersuchungen zu seinem Ausgangspunkt, seiner Methode und seinen Ergebnissen in Hinblick auf eine Ausarbeitung der Montessori-Pädagogik im Bereich der Sekundarstufe. Amersfoort 1992.

53. **Dies.:** Die Sensibilitäten des Jugendalters. In: Holtstiege, Hildegard: Maria Montessoris Neue Pädagogik: Prinzip Freiheit – Freie Arbeit. Studien zur Montessori-Pädagogik Bd. 2. Freiburg 1987. S. 115–127.

54. **Dies.:** Die Sensibilitäten im Jugendalter – Schule als Lebensraum. In: Deutsche Montessori-Gesellschaft (Hrsg.): Das Kind. Sondernummer. Frankfurt/M. 1986. S. 12–19.

55. **Vellmanns, Annegret:** „Hilf mir, es selbst zu tun!" Erinnerungen eines „Montessori-Kindes". In: Pädagogik extra. Wiesbaden 20 (1992) H.7/8. S. 26–27.

56. **10 Jahre Montessori-Zweig im Gymnasium am Geroweiher.** Mönchengladbach o.J. [Kleinschrift]

57. **Zudeick, Peter:** Der radikale Weg zur Freiheit. Maria Montessori. In: Zudeick, Peter: Alternative Schulen. Frankfurt/M. 1982. S. 85–101.

4. Anwendung der Montessori-Pädagogik in der Behinderten-, Heil- und Sonderpädagogik

In zahlreichen Beiträgen wird zunächst auf den historischen Ursprung der Montessori-Methode verwiesen. Schließlich begann Montessoris pädagogische Arbeit am Ende des 19. Jahrhunderts mit geistigbehinderten Kindern in der psychiatrischen Klinik der Universität in Rom. 1907 übertrug Montessori mit der Eröffnung ihres ersten Kinderhauses ihre bisher entwickelte Methode auf die Erziehung nichtbehinderter Kinder (vgl. 4, 30–33; 24, 33–44; 28, 61–63; 33, 129–136; 37, 66f.; 47, 80–82; 51, 161–164; 53, 713–715; 62, 9–16; 72, 4–14).

Seitdem geriet der Wert der Montessori-Pädagogik für die Erziehung behinderter Kinder zunehmend in Vergessenheit und wird erst seit den 50er/60er Jahren wiederentdeckt. Entsprechend hält K. Neise die Weiterentwicklung der Methode und Materialien, die Montessori seit 1907 bei „normalen" Kindern vornahm, für geeignet „als ideales Fördersystem für die Erziehung und Unterrichtung behinderter Kinder und Jugendlicher" (51, 164).

Eine ähnliche Position vertritt C. M. von Oy, die mit ihrem für die heilpädagogische Praxis relevanten Buch konkrete Einsatz- und Übungsmöglichkeiten des Montessori-Materials für die Förderung des entwicklungsgestörten und behinderten Kindes im Rahmen der Heilpädagogischen Übungsbehandlung aufzeigt (vgl. 61).

H. Holtstiege stellt 1987 fest, daß über die Einbeziehung der Montessori-Pädagogik in die Arbeit mit behinderten Kindern bisher wenig gesicherte literarische Aussagen vorliegen (vgl. 33, 136). Hinsichtlich des internationalen Bereichs kann auf die „wenig differenzierten Berichterstattungen" (ebd.) des 18. Internationalen Montessori-Kongresses 1977 in München verwiesen werden (vgl. 29; 33, 136–138). Aus Österreich liegt ein neuerer Bericht über eine nach Montessori-Prinzipien geführte Integrationsklasse der Wiener Sprachheil-Schule vor (vgl. 2).

Die Vielzahl von Beiträgen des Kinderarztes Th. Hellbrügge weist bereits auf die zentrale Bedeutung seiner Arbeit für den deutschen Bereich hin. Th. Hellbrügge versucht seit Ende der 60er Jahre, „die Grundlagen der Montessori-Pädagogik zu einem heilpädagogischen Ansatz zu erweitern und für mehrfach und verschiedenartig behinderte Kinder nutzbar zu machen" (18, 166). Er führt „der klassischen Montessori-Pädagogik pädiatrische und pädopsychologische Erfahrungen in der Hilfe für mehrfach und verschiedenartig behinderte Kinder" (ebd. 168) zu. Neben den therapeutischen Möglichkeiten der Montessori-Pädagogik spielt für ihn der Aspekt sozialer Integration eine grundlegende Rolle. Er kritisiert den zunehmenden Ausbau des Sonderschulwesens, das schwächere Kinder frühzeitig absondert, während der Vorteil eines integrativen Systems „in den sozialen Lernprozessen [liegt], die schwache und starke Kinder durch Helfen zur Selbständigkeit erziehen und damit auch ihre kognitiven Lernprozesse positiv beeinflussen" (19, 27). Mit Unterstützung der Aktion Sonnenschein konnte Th. Hellbrügge 1968 zunächst mit einem integrativen Vorschulversuch die Entwicklung des Münchener Montessori-Zentrums beginnen. Dies wurde 1970 um eine integrative Grundschule, 1977 um eine Hauptschule sowie um eine Sonderschule für Lernbehinderte und eine Schule für Geistigbehinderte erweitert (vgl. 20, 20–26). Einen anschaulichen Bericht über Konzept und Praxis des Kinderzentrums legte Th. Hellbrügge 1977 mit seinem Buch „Unser Montessori-Modell" selbst vor (vgl. 28). Die große Bedeutung des Münchener Montessori-Modells wird bereits durch die zahlreichen Publikationen zu dessen Entwicklung, Konzept und Arbeit angezeigt (vgl. 1; 3; 11; 14, 49–56; 29, 193–198. 219–335; 36; 38; 55; 56; 57; 58; 64; 66; 72, 68–89; 73; 74; 75).

In Orientierung am Münchener Modell entstanden seit den 70er Jahren in Deutschland zahlreiche, meist integrativ geführte Montessori-Einrichtungen. Es liegen insbesondere Berichte vor über Konzept und Praxis des Kinderneurologischen Zentrums in Mainz (vgl. 33, 140; 43), des Montessori-Zentrums in Krefeld (vgl. 33, 140–142; 45; 46; 59; 60; 70), der Integrativen Montessori-Schulen Münsterland mit ihrem Kinderhaus, ihrer Grund- und Gesamtschule in Borken (vgl. 34; 54; 71; 76), der staatlich integrierten Montessori-Grundschule in Bonn (vgl. 33, 143f.), der Albert-Schweitzer-Schule für Lernbehinderte in Münster (vgl. 35; 79) und der Schule für Lernbehinderte in Ilshofen (vgl. 6; 78).

H. Holtstiege verweist auf die Problematik, die sich aus der von Th. Hellbrügge seit 1981 veröffentlichten Bezeichnung „Montessori-Heilpädagogik" ergibt, da es notwendig wäre, „das theoretische Verständnis des mit Montessori-‚Heilpädagogik' gemeinten auszuweisen" (33, 160). Darin sieht sie eine Forschungsaufgabe im Grenzbereich von Medizin und Pädagogik (vgl. ebd.). In Annäherung an diese Forderung wird an einigen neueren Publikationen ein zunehmendes Bemühen um die Aufarbeitung der historischen und systematischen Relevanz der Montessori-Pädagogik für die moderne Behinderten-, Heil- und Sonderpädagogik sichtbar (vgl. 37; 62; 72). H. Holtstieges Kritik wurde für E. Vogl sogar direkt zum anregenden Impuls, in einer systematischen Untersuchung der Frage nach dem Grad der heilpädagogischen Bedeutung des Erziehungsentwurfs Montessoris in Theorie und Praxis nachzugehen (vgl. 72, 2).

Auf die Ergebnisse empirischer Untersuchungen zur Anwendung der Montessori-Pädagogik bei behinderten Kindern kann hier nicht im einzelnen eingegangen werden. Einige wichtige Ergebnisse werden von H. Holtstiege (vgl. 33, 144f.) und R. Fischer (vgl. 9, 199–203) referiert.

Es liegen mehrere Untersuchungen vor, die am Münchener Kinderzentrum durchgeführt wurden (vgl. 7; 10; 15, 321–329; 41; 63; 77).

L. Kohlberg untersuchte 1972 die Auswirkungen eines Montessori-Vorschulprogramms auf die kognitive Entwicklung sozial benachteiligter Kinder (vgl. 39). K. Neise nimmt auf experimenteller Basis Untersuchungen vor über die Erziehung und Unterrichtung Lernbehinderter nach der Montessori-Methode im Vergleich zu den üblichen Lehrmethoden (vgl. 50, 167–174). 1984 legten K. Neise und W. Suffenplan die Ergebnisse ihrer empirischen Untersuchungen über die Effekte „Montessori-orientierten Unterrichts" bei geistig- bzw. lernbehinderten Schülern vor (vgl. 49; 68). 1992 diskutierte G. Biewer anhand einer Fallstudie die Möglichkeiten der Montessori-Pädagogik für die Erziehung und Förderung geistig schwerbehinderter Schüler (vgl. 4). Er kritisiert einen Mangel an fachlicher Aufarbeitung der Montessori-Methode für Geistigbehinderte, was zur Infragestellaung ihrer Anwendung in der Schule für Geistigbehinderte führen kann. Für G. Biewer stellt sich daher eine wichtige zukünftige Aufgabe in der Weiterentwicklung der Montessori-Pädagogik für Geistigbehinderte (vgl. 4. 173).

Literatur:

1. **Aurin, Margarete:** Aufbau des ersten Montessori-Kinderhauses mit integrierter Erziehung gesunder, mehrfach und verschiedenartig behinderter Kinder. In: Hellbrügge, Theodor (Hrsg.): Klinische Sozialpädiatrie. New York 1981. S. 413–419.
2. **Bachofner, Helga/Schützenhofer, Gudrun/Schimmel, Petra:** Integrationsklasse der Wiener Sprachheil-Schule (Montessori-Klasse). In: Der Sprachheilpädagoge. Wien 24 (1992) H.3. S. 47–62.
3. **Behr, Michael/Jeske, Werner:** Die Aktion Sonnenschein München: Zur Integration Behinderter und Nichtbehinderter. In: Behr, Michael/Jeske, Werner: Schul-Alternativen. Modelle anderer Schulwirklichkeit. Düsseldorf 1982. S. 126–131.
4. **Biewer, Gottfried:** Montessori-Pädagogik mit geistigbehinderten Schülern. Bad Heilbrunn/Obb. 1992.
5. **Czerwenka, Kurt:** Neuropsychologie, Montessori-Didaktik oder „Bewegungsbaustelle". In: Praxis der Psychomotorik. Dortmund 11 (1986) H.3. S. 128–134.
6. **Dautel, Wolfgang:** Kooperation zwischen einer Schule für Lernbehinderte und einer Hauptschule. Aufgezeigt am Beispiel der Maria-Montessori-Schule (SfL) Ilshofen und der Hermann-Merz-Schule (HS) Ilshofen. In: Lehren und Lernen. Villingen 14 (1988) H.12. S. 56–62.
7. **Dietel, Bernd:** Schulangst und psychosomatische Beschwerden. Ursachen, Bedingungen und Konsequenzen – Eine empirische Untersuchung bei 9–16jährigen Schülern verschiedener Schultypen. Dissertation Frankfurt/M. 1984.
8. **Ebersberger, Hermann/Mages, Franz-Josef:** Beobachtungsfelder und -hilfen. In: Materialgeleitetes Lernen. München 1991. S. 153–158.

9. **Fischer, Reinhard:** Empirische Ergebnisse der Montessori-Pädagogik. In: Helming, Helene: Montessori-Pädagogik. Freiburg ([1]1977) [14]1992. S. 187–203.

10. **Geigenberger, Gudrun:** Ein Schulvergleich zwischen Montessori- und Regelgrundschule: psychovegetative Symptomatik bei Schulkindern sowie Herzfrequenzverlauf, subjektives Befinden und Prüfungsangst in einer experimentellen Prüfungssituation. Dissertation München 1984.

11. **Gerhard, Lore:** Der rosa Turm darf nicht umfallen. Wie schwache Kinder stärker werden: Einzel- und Kleingruppenarbeit im Kinderzentrum München. In: Sozialmagazin. Weinheim 4 (1979) H.1. S. 28–29.

12. **Gesslein, Ingrid/Lippert, Hildegard:** Realisierung in sonderpädagogischen Diagnose- und Förderklassen. In: Materialgeleitetes Lernen. München 1991. S. 91–93.

13. **Dies.:** Schule macht Spaß. Eine Sammlung von Lernmaterialien für den individualisierenden Unterricht. Würzburg 1987.

14. **Günnigmann, Manfred:** Montessori-Pädagogik in Deutschland. Bericht über die Entwicklung nach 1945. Freiburg 1979. [S. 48–56.80–81]

15. **Gufler, Wolfgang:** Psychopädagogische Fragen zur integrierten Erziehung behinderter und nichtbehinderter Kinder in der Montessori-Pädagogik. In: Hellbrügge, Theodor/Montessori, Mario sen. (Hrsg.): Die Montessori-Pädagogik und das behinderte Kind. München 1978. S. 321–329.

16. **Hartmannsgruber, Gertrud:** Sozialerziehung durch Förderung nach Montessori-Prinzipien. Eine Fallstudie (Teil 1). In: Sonderpädagogik. Berlin 17 (1987) H.3. S. 124–130.

17. **Dies.:** Sozialerziehung durch Spielförderung nach Montessori-Prinzipien. Eine Fallstudie (Teil 2). In: Sonderpädagogik. Berlin 17 (1987) H.4. S. 170–174.

18. **Hellbrügge, Theodor:** Die Entdeckung der Montessori-Pädagogik für das behinderte Kind. In: Oswald, Paul/Schulz-Benesch, Günter (Hrsg.): Grundgedanken der Montessori-Pädagogik. Freiburg ([1]1967) [11]1991. S. 166–172.

19. **Ders.:** Integration und gemeinsame Erziehung bei lehrer- und kindzentriertem Unterricht. In: Heilpädagogische Forschung. Berlin 17 (1991) H.1. S. 27–33.

20. **Ders.:** Integrierte Erziehung durch Montessori-Heilpädagogik. In: Vierlinger, Rupert (Hrsg.): Die Guten ins Töpfchen, die Schlechten ...? Integration und Selektion in der Pflichtschulzeit; Symposium an der Univ. Passau 1986. Passau 1987. S. 19–42.

21. **Ders.:** Integrierte Erziehung durch Montessori-Heilpädagogik. Ein Bericht über die gemeinsame Erziehung mehrfach und verschiedenartig behinderter mit nichtbehinderten Kindern in den Montessori-Schulen des Kinderzentrums in München. In: Röhrs, Hermann (Hrsg.): Die Schulen der Reformpädagogik heute. Handbuch der reformpädagogischen Schulidee und Schulwirklichkeit. Düsseldorf 1986. S. 305–322.

22. **Ders.:** Integrierte Erziehung gesunder mit mehrfach und verschiedenartig behinderten Kindern. In: Scheid, Paul/Weidlich, Herbert (Hrsg.): Beiträge zur Montessori-Pädagogik 1977. Stuttgart 1977. S. 61–74.

23. **Ders.:** Montessori-Pädagogik als ärztliche Pädagogik. In: Hellbrügge, Theodor (Hrsg.): Klinische Sozialpädiatrie. New York 1981. S. 397–403.

24. **Ders.:** Die Montessori-Pädagogik und das behinderte Kind. In: Hellbrügge, Theodor/Montessori, Mario sen.: Die Montessori-Pädagogik und das behinderte Kind. München 1978. S. 33–55.

25. **Ders.:** Montessori-Pädagogik und die kindliche Entwicklung. In: Fuchs, Birgitta/Harth-Peter, Waltraud (Hrsg.): Montessori-Pädagogik und die Erziehungsprobleme der Gegenwart. Würzburg 1989. S. 95–105.

26. **Ders.:** Pädagogik ohne Angst. In: Heilpädagogische Forschung. Berlin 7 (1977). S. 1–26.

27. **Ders.:** Schulen ohne Angst oder Angst und Angstprophylaxe im Schulalter. In: Meyer, Ernst (Hrsg.): Angstbewältigung als pädagogische Aufgabe. Ein Diskussions- und Arbeitsbuch. Wien 1977. S. 119–144.

28. **Ders.:** Unser Montessori-Modell: Erfahrungen mit einem neuen Kindergarten und einer neuen Schule. München 1977. Frankfurt/M. 1984.

29. **Hellbrügge, Theodor/Montessori, Mario sen. (Hrsg.):** Die Montessori-Pädagogik und das behinderte Kind. Referate und Ergebnisse des 18. Internationalen Montessori-Kongresses (München 4.–8. Juli 1977). München 1978.

30. **Holtstiege, Hildegard:** Erzieher in der Montessori-Pädagogik. Hrsg. von der Aktionsgemeinschaft Deutscher Montessori-Vereine e.V. Köln o.J. (Pädagogische Schriften H.4). [S. 20f.] [Kleinschrift]

31. **Dies.:** Erzieher in der Montessori-Pädagogik. Eltern, Erzieher, Lehrer. Bedeutung, Aufgaben und Probleme aus der Sicht Maria Montessoris und aus Praxisberichten. Freiburg 1991. [S. 123–125]

32. **Dies.:** Modell Montessori. Grundsätze und aktuelle Geltung der Montessori-Pädagogik. Freiburg (¹1977) ⁶1991. [S. 164–166]

33. **Dies.:** Soziale Integration. In: Holtstiege, Hildegard: Maria Montessoris Neue Pädagogik: Prinzip Freiheit – Freie Arbeit. Studien zur Montessori-Pädagogik. Bd. 2. Freiburg 1987. S. 129–165.

34. **Integrative Montessori-Schule Münsterland e.V. Borken (Hrsg.):** Gemeinsam leben lernen – Konzept und Erfahrungen. Borken 1985.

35. **Kerkhoff, Winfried:** Arbeitsmittel im 9. Schuljahr der Lernbehindertenschule – unter besonderer Berücksichtigung des Montessori-Materials. In: Kluge, Karl-Josef/Reinartz, Anton/Wittmann, Bernhard (Hrsg.): Das 9. Schuljahr in der Lernbehindertenschule. Probleme und Wege der Gestaltung. Berlin-Charlottenburg 1971. S. 226–249.

36. **Klaukien-Dames, Bärbel/Anderlik, Lore/Schumann, Brigitte:** Montessori-Therapie. In: Hellbrügge, Theodor (Hrsg.): Klinische Sozialpädiatrie. New York 1981. S. 403–412.

37. **Klein, Gerhard:** Montessori-Pädagogik in der Schule für Lernbehinderte. In: Die Sonderschule. Neuwied 37 (1992) H.2. S. 65–67.

38. **Klose, Edith:** Die Montessori-Pädagogik als Chance zur Integration. In: Behindertenpädagogik in Bayern. Bubenreuth 31 (1988) H.2. S. 206–214.

39. **Kohlberg, Lawrence:** Montessori für kulturell Benachteiligte. In: Hess, Robert/Meyer-Bear, Roberta (Hrsg.): Frühkindliche Erziehung. Weinheim; Basel 1972. S. 111–126.

40. **Kollmar-Masuch, Rita:** Hat der Lehrer in der stationären Kinder- und Jugendpsychiatrie eine Chance? Eine empirische Studie zur Situation von Lehrern an stationären kinder- und jugendpsychiatrischen Einrichtungen der BRD und sonderpädagogischen Konsequenzen. München 1987. [S. 129–154]

41. **Kollmer, Lucie:** Analyse des Sozial- und Arbeitsverhaltens mehrfach und verschiedenartig behinderter Kinder unter dem Aspekt der integrativen Erziehung: Beobachtungen in Modellkindergärten nach Maria Montessori des Instituts für soziale Pädiatrie und Jugendmedizin der Universität München. Dissertation München 1985.

42. **Kreiner, Ernst:** Beispiele aus der Schule für Lernbehinderte. In: Katein, Werner (Hrsg.): Maria Montessori. Langenau 1992. S. 123–131.

43. **Mönkemeyer, Karin:** Sind Sonderschulen sinnlos? In: Spielen und Lernen. Seelze (1971). S. 16–19.

44. **Montessori-Kreis e.V. Mönchengladbach (Hrsg.):** 30 Jahre Montessori-Arbeit in Mönchengladbach. Mönchengladbach 1986 [Kleinschrift]

45. **Montessori-Verein Krefeld e.V. (Hrsg.):** Verwirklichung einer Idee. 25 Jahre Montessori-Pädagogik in Krefeld. Krefeld 1986. [Kleinschrift]

46. **Ders. (Hrsg.):** Verwirklichung einer Idee. 20 Jahre Montessori-Pädagogik in Krefeld. Krefeld o.J. [Kleinschrift]

47. **Müller, Armin:** Der heilpädagogische Beitrag der Pädagogik Maria Montessoris zur Frage gemeinsamer Erziehung behinderter und nichtbehinderter Kinder. In: Sander, Alfred/Raidt, Peter (Hrsg.): Integration und Sonderpädagogik. St. Ingbert 1991. S. 78–85.

48. **Nandkisore, Erika:** Die Schulung der Sinne, dargestellt am Montessori-Sinnesmaterial. In: Milz, Ingeborg/Steil, Hedi (Hrsg.): Teilleistungsschwächen bei Kindern und Jugendlichen. Ein heilpädagogisches Problem in unseren Schulen. Frankfurt/M. 1982. S. 134–156.

49. **Neise, Karl:** Empirische Untersuchungen über Effekte Montessori-orientierten Unterrichts bei geistigbehinderten Schülern. In: Zeitschrift für Heilpädagogik. Nienburg/Weser 35 (1984) H.6. S. 389–397.

50. **Ders.:** Das lernbehinderte Kind und die Montessori-Pädagogik. In: Hellbrügge, Theodor/Montessori, Mario sen.: Die Montessori-Pädagogik und das behinderte Kind. München 1978. S. 156–174.

51. **Ders.:** Montessori und Heilpädagogik. In: Oswald, Paul/Schulz-Benesch, Günter (Hrsg.): Grundgedanken der Montessori-Pädagogik. Freiburg (^{1}1967) ^{11}1991. S. 161–166.

52. **Ders.:** Montessori-Erziehung bei Geistigbehinderten. In: Zeitschrift für Heilpädagogik. Nienburg/Weser 9 (1973). S. 737–754.

53. **Ders.:** Montessori-Erziehung in der Heilpädagogik. In: Zeitschrift für Heilpädagogik. Nienburg/Weser 25 (1974) H.12. S. 713–726.

54. **Neugebauer, Dieter/Werner, Siegfried:** Gemeinsam Sport lernen. In: Sportpädagogik. Ahrensburg (1992) H.2. S. 40–45.

55. **Ockel, Brigitte:** Integrierte Erziehung verschiedenartig und mehrfach behinderter Kinder mit nicht behinderten Kindern in einer zweizügigen Grund- und Sonderschule der Aktion Sonnenschein. Schulversuch nach Maria Montessori. In: Schindele, Rudolf (Hrsg.): Unterricht und Erziehung Behinderter in Regelschulen. Rheinstetten 1977. S. 2–17.

56. **Dies.:** Montessorischule – Die Selbsttätigkeit des Kindes als Fundament der Erziehung. In: Stein, Ekkehart (Hrsg.): Wir gründen eine freie Schule. Köln; Berlin; Bonn; München 1985. S. 27–36.

57. **Dies.:** Soziales Lernen durch gemeinsame Erziehung behinderter und nicht behinderter Kinder in einer Montessori-Schule. In: Hellbrügge, Theodor (Hrsg.): Klinische Sozialpädiatrie. New York 1981. S. 420–431.

58. **Dies.:** Warum die Montessori-Pädagogik geeignet ist, verschiedenartig und mehrfach behinderte Kinder mit nichtbehinderten Kindern in der Schule lernen zu lassen. In: Muth, Jacob [u.a.]: Behinderte in allgemeinen Schulen. Essen 1982. S. 83–91.

59. **Ortling, Peter:** Maria Montessori und die nach ihr benannten Schulen. In: Die Unterstufe. Berlin 37 (1990) H.12. S. 265–267.

60. **Ders.:** Maria Montessori und die nach ihr benannten Schulen. In: Pädagogik. Weinheim 44 (1992) H.1. S. 44–49.

61. **Oy, Clara M. von:** Montessori-Material zur Förderung des entwicklungsgestörten und des behinderten Kindes. Heidelberg 1987.

62. **Park, Suk-Don:** Die Montessori-Pädagogik in Verbindung mit den neuen Theorien und Tendenzen in der Sonderpädagogik im Hinblick auf die integrative Förderung und ihre Bedeutung für Koreas sonderpädagogische Praxis. Diss. Marburg 1989.

63. **Pavel, Annegret:** Über die Dauer von Aufmerksamkeitszuwendungen bei Kleinkindern: Beobachtungen über das Aufmerksamkeitsverhalten bei Kindern im Alter von 3 bis 6 Jahren während der freien Beschäftigung mit Spiel- und didaktischem Material in dem Modellkindergarten nach Maria Montessori der Forschungsstelle für soziale Pädiatrie und Jugendmedizin der Universität München. Diss. München 1972.

64. **Preil, Siegfried/Link, Paul:** Das Münchener Modell der schulischen Integration behinderter und nichtbehinderter Kinder. Schulversuch nach Maria Montessori. In: Zeitschrift für Heilpädagogik. Nienburg/Weser 25 (1974) H.10. S. 619–644.

65. **Riemer, Hartmut:** Unterricht nach Maria Montessori. Ein Profil beginnt zu greifen. In: Zeitschrift für Heilpädagogik. Nienburg/Weser 35 (1984) H.9. S. 658f.

66. **Ruthenberg, Klaus/Ockel, Brigitte/Gobbin, Heide-Christiane:** Das Münchener Montessori-Modell. In: Neue Sammlung. Göttingen 14 (1974) H.3. S. 289–310.

67. **Schatz, Helga:** Neue Entwicklungen (seit 1963, Stand 1.1.92). In: Helming, Helene: Montessori-Pädagogik. Freiburg ([1]1977) [14]1992. S. 171–185.

68. **Suffenplan, Wilhelm:** Empirische Untersuchungen über Effekte Montessori-orientierten Unterrichts bei lernbehinderten Schülern. In: Zeitschrift für Heilpädagogik. Nienburg/Weser 35 (1984) H.6. S. 398–413.

69. **Tratzki-Dangel, Christel:** Die Montessoripädagogik als Grundlage für die integrative Erziehung hörgeschädigter Kinder. In: Hörgeschädigte Kinder. Hamburg 18 (1981) H.2. S. 81–90.

70. **Vellmanns, Annegret:** „Hilf mir, es selbst zu tun!" Erinnerungen eines „Montessori-Kindes". In: Pädagogik extra. Wiesbaden 20 (1992) H.7/8. S. 26–27.

71. **Verein Integrative Montessori-Schule Münsterland e.V. (Hrsg.):** Gemeinsam leben lernen. Festschrift zum 10jährigen Bestehen. Borken 1989. [Kleinschrift]

72. **Vogl, Erich:** Heilpädagogische Aspekte der Montessori-Pädagogik. In: Igl, Josef/Vogl, Erich: Maria Montessori. Beiträge zur Bandbreite ihrer pädagogischen Methode. Rheinfelden; Berlin 1992. S. 1–93.

73. **Voss-Rauter, Helga:** Erziehung in den Montessori-Sonderschulen im Kinderzentrum München. In: Hellbrügge, Theodor (Hrsg.): Klinische Sozialpädiatrie. New York 1981. S. 432–438.

74. **Dies.:** Heterogene Klassen und die Montessori-Pädagogik. In: Hellmich, Achim/Teigeler, Peter (Hrsg.): Montessori-, Freinet-, Waldorfpädagogik. Konzeption und aktuelle Praxis. Weinheim; Basel 1992. S. 87–90.

75. **Dies.:** Hilfe für das MCD-Kind und das deprivierte Kind durch die Montessori-Pädagogik. In: Materialgeleitetes Lernen. München 1991. S. 79–86.

76. **Werner, Siegfried:** Motopädagogik und Montessori – mehr als Laut-Affinität. Dargestellt an der Zielsetzung und Arbeit der vorschulischen und schulischen Montessori-Einrichtungen in Borken/Westfalen. In: Motopäde. Bissendorf (1987) H.2. S. 16–18.

77. **Wörnle, Roman Christoph:** Auswirkungen der gemeinsamen Unterrichtung behinderter und nichtbehinderter Kinder nach den pädagogischen Prinzipien von Maria Montessori auf Konzentrationsverhalten, Schulangst, Schulunlust, Schulleistungen und soziale Integration. Diss. München 1984.

78. **Wörsinger, Karl:** Die „enge Kooperation" zwischen Sonder- und Hauptschule aus Sicht der Hermann-Merz-Schule (Grund-, Haupt- und Realschule). In: Lehren und Lernen. Villingen 14 (1988) H.12. S. 63–64.
79. **Wüstefeld, Walter:** Montessoripädagogik als Lebenshilfe für gesunde und behinderte Kinder. In: Rehabilitation lernbehinderter Kinder und Jugendlicher. Eine Aufsatzsammlung zusammengestellt von Kerkhoff, Winfried und Wüstefeld, Walter. Bonn; Bad Godesberg 1976. S. 126–130.
80. **Ders.:** Das Prinzip der freien Arbeit im 9. Schuljahr der Schule für Lernbehinderte nach den Grundsätzen der Montessori-Pädagogik. In: Kluge, Karl-Josef/Reinartz, Anton/Wittmann, Bernhard (Hrsg.): Das 9. Schuljahr in der Lernbehindertenschule. Probleme und Wege der Gestaltung. Berlin-Charlottenburg 1971. S. 198–225.

5. Weitere Beiträge, verzeichnet unter inhaltlichen Aspekten

5.1 Systematische Aspekte

1. **Berger, Manfred:** Zur Pädagogik Maria Montessoris. „Hilf mir, es allein zu tun". In: Unsere Jugend. München 40 (1988) H.5. S. 191–197.
2. **Bittner, Günther:** Spontanphänomene oder: Wie entsteht etwas Neues? In: Neue Sammlung. Stuttgart 29 (1989) H.1. S. 27–35.
3. **Böhm, Winfried:** Maria Montessori. Hintergrund und Prinzipien ihres pädagogischen Denkens. Bad Heilbrunn/Obb. ([1]1969) unveränderte Auflage [2]1991.
4. **Ders. (Hrsg.):** Maria Montessori. Texte und Diskussion. Bad Heilbrunn/Obb. 1971.
5. **Ders. (Hrsg.):** Maria Montessori. Texte und Gegenwartsdiskussion. Bad Heilbrunn/Obb. ([1]1984) [4]1990.
6. **Ders.:** Montessori aktuell – Theorie und Praxis der Montessori-Pädagogik. In: Welt des Kindes. München; Kempten 54 (1976). S. 355–361. [Vgl. 49]
7. **Ders.:** Die Montessori-Philosophie und ihre erziehungspraktische Relevanz. In: Röhrs, Hermann (Hrsg.): Die Schulen der Reformpädagogik heute. Handbuch der reformpädagogischen Schulideen und Schulwirklichkeit. Düsseldorf 1986. S. 129–142.
8. **Ders.:** Soziale Erziehung in der Montessori-Pädagogik. In: Pädagogische Rundschau. Bern 30 (1976). S. 826–835.
9. **Ders.:** Wie sozial ist Montessori-Lernen? Die Freude, ein Ungleicher unter Gleichen zu sein. Autorität, Disziplin und Befreiung des Kindes. In: Sozialmagazin. Weinheim 4 (1979) H.1. S. 23–27.
10. **Buytendijk, Frederik Jacobus Johannes:** Erziehung zur Demut. In: Montessori-Werkbrief 4. Beiheft (1990).
11. **Drücke, Paul:** Kunst und Kunsterziehung in der Montessori-Pädagogik. In: Montessori-Werkbrief 2. Beiheft (1988).
12. **Elkind, David:** Zwei Entwicklungspsychologische Ansätze: Piaget und Montessori. In: Steiner, Gerhard (Hrsg.): Psychologie des 20. Jahrhunderts. Bd. VII. Piaget und die Folgen. Zürich 1978. S. 584–594.
13. **Ewijk, Nico van:** Entwicklungsmaterial. Formgebung, Herstellung und Bewertung von Lernmitteln für den Montessori-Unterricht. Amsterdam 1986. Münster 1988.

14. **Eykmann, Walter:** Friedensverkündigung und Friedenserziehung: ein Versuch ihrer wechselseitigen Zuordnung. Würzburg 1991.

15. **Fuchs, Birgitta/Harth-Peter, Waltraud (Hrsg.):** Montessori-Pädagogik und die Erziehungsprobleme der Gegenwart. Würzburg 1989.

16. **Fend-Engelmann, Elsbeth:** Montessori-Pädagogik: Progressiv-aktuell. In: Hömig, Herbert/Tymister, Josef (Hrsg.): Wissenschaft in Hochschule und Schule. Studien und Beiträge zu Grundfragen und Gestaltungsproblemen. Köln 1972. S. 241–244.

17. **Hellmich, Achim/Teigeler, Peter (Hrsg.):** Montessori-, Freinet-, Waldorfpädagogik. Konzeption und aktuelle Praxis. Weinheim; Basel 1992.

18. **Helming, Helene:** Montessori-Pädagogik. Ein moderner Bildungsweg in konkreter Darstellung. Freiburg (¹1977) ¹⁴1992.

19. **Holtstiege, Hildegard:** Erzieher in der Montessori-Pädagogik. Hrsg. von der Aktionsgemeinschaft Deutscher Montessori-Vereine e.V. Köln o.J. (Pädagogische Schriften H.5) [Kleinschrift]

20. **Dies.:** Erzieher in der Montessori-Pädagogik. Eltern, Erzieher, Lehrer. Bedeutung, Aufgaben und Probleme aus Sicht Maria Montessoris und aus Praxisberichten. Freiburg 1991.

21. **Dies.:** Kindsein heute. Die Montessori-Pädagogik ein Angebot. Hrsg. von der Aktionsgemeinschaft Deutscher Montessori-Vereine e.V. Köln 1979. (Pädagogische Schriften H.2) [Kleinschrift]

22. **Dies.:** Modell Montessori. Grundsätze und aktuelle Geltung der Montessori-Pädagogik. Freiburg (¹1977) ⁶1991.

23. **Dies.:** Montessori-Pädagogik. In: Lenzen, Dieter (Hrsg.): Enzyklopädie Erziehungswissenschaft. Bd. 7. Erziehung im Primarschulalter, hrsg. von Peter Wudtke. Stuttgart 1985. S. 433–434.

24. **Hoverath, Beate:** Von Beginn an im Kreuzfeuer der Kritik. Kritische Anmerkungen zur Montessori-Pädagogik. In: Pädagogik extra. Wiesbaden 20 (1992) H.7/8. S. 16–18.

25. **Hoverath, Beate/Knauf, Tassilo:** Polarisation der Aufmerksamkeit, Normalisation und Deviation. Anthropologische Grundannahmen und pädagogische Konsequenzen der Montessori-Pädagogik. In: Pädagogik extra. Wiesbaden 20 (1992) H.7/8. S. 7–10.

26. **Jühlke, Karl Josef:** Montessori und Freud: Versuche einer Verhältnisbestimmung von Montessori-Pädagogik und pädagogisch relevanten Konzeptionen der Psychoanalyse Freudscher Tradition. Diss. Münster 1980.

27. **Kallert, Heide/Schleuning, Eva-Maria/Illert, Christa:** Der Aufbau der kindlichen Persönlichkeit in den Entwicklungslehren von Maria Montessori und Rudolf Steiner. In: Zeitschrift für Pädagogik. Weinheim 30 (1984) H.5. S. 633–645. [Vgl. 42.]

28. **Klaßen, Theodor F.:** Der Erzieher als Material. Zur Funktion des Lehrers in der Montessoripädagogik. In: Pädagogische Rundschau. Bern 29 (1975) H.7. S. 591–600.

29. **Kratochwil, Leopold:** Pädagogisches Handeln bei Hugo Gaudig, Maria Montessori und Peter Petersen. Donauwörth 1992.

30. **Lassahn, Rudolf:** Montessori-Pädagogik im Lichte neuerer Forschung. In: Pädagogische Rundschau. Bern 23 (1978). S. 480–491.

31. **Ludwig, Harald:** „Kosmische Erziehung". Zum Ansatz einer ökologisch orientierten Schulpädagogik bei Maria Montessori. In: Pädagogische Rundschau. Bern 46 (1992) H.4. S. 389–405 und in: Montessori-Werkbrief 30 (1992) H.1/2. S. 14–34.

32. **Montessori, Mario:** Erziehung zum Menschen. Montessori-Pädagogik heute. München 1977. Frankfurt/M. ⁸1992.

33. **Oswald, Paul:** Die Anthropologie Maria Montessoris. Münster 1970.
34. **Ders.:** Der anthropologische Ansatz der Erziehungskonzeption Montessoris. In: Pädagogische Rundschau. Bern 45 (1991) H.1. S. 11–117.
35. **Ders.:** Maria Montessori. In: Speck, Josef (Hrsg.): Geschichte der Pädagogik des 20. Jahrhunderts. Bd. 2. Stuttgart 1978. S. 21–34.
36. **Ders.:** Montessori-Pädagogik und religiöse Erziehung. In: Katechetische Blätter. München 112 (1987) H.2. S. 116–122.
37. **Ders.:** Montessoris Beitrag zu einer indirekt religiösen Erziehung. In: Katechetische Blätter. München 106 (1981) H.1. S. 28–34.
38. **Ders.:** Montessoris Konzeption einer „Kosmischen Erziehung". In: Katholische Bildung. Paderborn 90 (1989) H.12. S. 653–664.
39. **Ders.:** Montessoris Konzeption einer „Kosmischen Erziehung". In: Klehr, Franz Josef (Hrsg.): Gespräch mit Waldorfpädagogen. Hoheimer Symposium zur christlichen Pädagogik 1990. Stuttgart 1992.
40. **Ders.:** Der nichtendende Streit um Montessori. In: Welt des Kindes. München; Kempten 49 (1971). S. 85–94.
41. **Ders.:** Pädagogik als Wissenschaft nach der Auffassung Maria Montessoris. In: Vierteljahresschrift für wissenschaftliche Pädagogik. Bochum 46 (1970). S. 135–146.
42. **Ders.:** Die Pädagogik Maria Montessoris und Rudolf Steiners. (zu dem Aufsatz von Kallert/Schleuning/Illert). In: Zeitschrift Pädagogik. Weinheim 31 (1985) H.3. S. 385–396. [Vgl. 27.]
43. **Ders.:** Das Problem der sozialen Erziehung und der Beitrag Maria Montessoris zu seiner Lösung. In: Katholische Bildung. 81 (1980). S. 526–538.
44. **Ders.:** Zur Gegenwartsbedeutung der Montessori-Pädagogik. In: Katholische Bildung. Paderborn 79 (1978). S. 32–46.
45. **Oswald, Paul/Schulz-Benesch, Günter (Hrsg.):** Grundgedanken der Montessori-Pädagogik. Aus Maria Montessoris Schrifttum und Wirkkreis. Freiburg ([1]1967) [11]1991.
46. **Röhrs, Hermann:** Das pädagogische Konzept Maria Montessoris. Die permanente Diskussion. In: Internationale Zeitschrift für Erziehungswissenschaft. Salzburg (1979) H.1. S. 21–41.
47. **Scheid, Gernot (Hrsg.):** Festschrift zum 100. Geburtstag von Maria Montessori. Frankfurt/M. 1970. [Kleinschrift]
48. **Scheid, Paul/Weidlich, Herbert (Hrsg.):** Beiträge zur Montessori-Pädagogik 1977. Stuttgart 1977.
49. **Schulz-Benesch, Günther:** Diskussion: Montessori-Pädagogik. In: Welt des Kindes. München; Kempten (1977). S. 141–145. [Vgl. 6].
50. **Ders.:** Montessori. Darmstadt 1980. (Erträge der Forschung Bd. 129)
51. **Ders. (Hrsg.):** Montessori. Darmstadt 1970 (Wege der Forschung Bd. CC)
52. **Ders.:** Das Schweigen in der Pädagogik Montessoris. In: Katholische Bildung. Paderborn 83 (1982) H.6. S. 345–350.
53. **Steggemann, Rosemarie:** Die Bedeutung des Schweigens in der Pädagogik Maria Montessoris. Diplomarbeit. Münster 1977.
54. **Tielkes, Monika:** „Entsprechung". Ein pädagogisch-didaktisches Problem. Drei Vorträge. In: Montessori-Werkbrief 6. Beiheft (1991).
55. **Tomášek, František:** „Činná Škola". Die aktive Schule und die religiöse Unterweisung unter Berücksichtigung der Methode Maria Montessoris. Eschweiler 1991. [Kleinschrift]

56. **Tschalmer, Herbert:** Die Entwicklung des Kindes. Ein Vergleich zwischen Maria Montessori und Jean Piaget. In: Materialgeleitetes Lernen. München 1991. S. 55–78.
57. **Wild, Rebeca:** Sein zum Erziehen. Mit Kindern leben lernen. Heidelberg 1991.

5.2 Historische Aspekte

1. **Baumann, Harold:** Zeittafel zu Leben und Werk von Maria Montessori. Montessori-Pädagogik. Liebe zum Kind. In: Zeitschrift für Jugend, Familie und Gesellschaft. (1986) H.4. S. 32–35.
2. **Blaschke, Ursula/Knauf, Tassilo:** Wachsendes Interesse in Ost-Europa. Montessori-Einrichtungen in Europa. In: Pädagogik extra. Wiesbaden 20 (1992) H.7/8. S. 19–21.
3. **Börjes, Cornelia:** Die Rezeption der Pädagogik Maria Montessoris in den USA nach 1945: theoretische Konzepte, Probleme der Umsetzung in die Praxis, Forschungsschwerpunkte. Dissertation Frankfurt/M. 1981.
4. **Grundwald, Clara:** Montessori-Erziehung in Familie, Kinderhaus und Schule. Nachdruck vom Arbeitskreis für Montessori-Pädagogik e.V. Berlin 1990. [Kleinschrift]
5. **Günnigmann, Manfred:** Montessori-Pädagogik in Deutschland. Bericht über die Entwicklung nach 1945. Freiburg 1979.
6. **Heiland, Helmut:** Maria Montessori. Reinbek bei Hamburg 1991.
7. **Helmig, Helene:** Eine Montessori-Schule. In: Brinkmann, Günter [u.a.]: Theorie der Schule. Schulmodelle I: Reformpädagogik. Königstein 1980. S. 12–26.
8. **Holtstiege, Hildegard:** Maria Montessori und die „reformpädagogische Bewegung“. Studien zur Montessori-Pädagogik Bd. 1. Freiburg 1986.
9. **Kramer, Rita:** Maria Montessori: Leben und Werk einer großen Frau. München 1977. Frankfurt/M. 1984.
10. **Obitz, Karl:** Seit 40 Jahren Montessori-Pädagogik in Berlin-Tempelhof. In: VBE-Informationen. Berlin 19 (1990). S. 5–8.
11. **Orem, R. C.:** Montessori heute. Gedanken und Reports zur Montessori-Renaissance in den USA. Ravensburg 1975.
12. **Rudolf, Roland:** Maria Montessoris pädagogische Ideen und die Bildungsreform in der DDR. In: Vergleichende Pädagogik. Berlin 26 (1990) H.4. S. 387–398.
13. **Schulz-Benesch, Günter:** Maria Montessori. In: Hellmich, Achim/Teigeler, Peter (Hrsg.): Montessori-, Freinet-, Waldorfpädagogik. Konzeption und aktuelle Praxis. Weinheim; Basel 1992. S. 33–37.
14. **Ders.:** Zu Geschichte und Aktualität der Montessori-Pädagogik. In: Hellmich, Achim/Teigeler, Peter (Hrsg.): Montessori-, Freinet-, Waldorfpädagogik. Konzeption und aktuelle Praxis. Weinheim; Basel 1992. S. 61–75.
15. **Standing, Edwin Mortimer:** Maria Montessori: Leben und Werk. Stuttgart 1959. Oberursel o.J. [1970].
16. **Stein, Barbara:** Helene Helming – Sorge um den Menschen in unserer Zeit. In: Brehmer, Ilse (Hrsg.): Mütterlichkeit als Professorin? Lebensläufe deutscher Pädagoginnen in der ersten Hälfte dieses Jahrhunderts. Bd. 1. Pfaffenweiler 1990. S. 185–196.
17. **Waltuch, Margot:** Ein Montessori-Album. Erinnerungen von Margot Waltuch. Zürich o.J. [1992]. [Kleinschrift]

5.3 Institutionelle Aspekte

1. **Amelunxen, Hildegard:** Der Regenbogen hat einen Knoten. Beiträge aus einer Sendereihe des WDR. Köln 1972. [Kleinschrift]
2. **Appel, Ulrike:** Impressionen aus unserer Montessorischule. In: Materialgeleitetes Lernen. München 1991. S. 88–90.
3. **Blaschke, Ursula:** Der Umgang der Kinder untereinander war liebevoll. Eine Montessori-Schule in Rom. In: Pädagogik extra. Wiesbaden 20 (1992) H.7/8. S. 22f.
4. **Behr, Michael:** Die Montessori-Schulen – das selbsttätige Kind. In: Behr, Michael: Freie Schulen und Internate. Pädagogische Programme und rechtliche Stellung. Düsseldorf 1988. S. 92–121.
5. **Behr, Michael/Jeske, Werner:** Maria Montessori: Selbsttätige Erziehung. In: Behr, Michael/Jeske Werner: Schul-Alternativen. Modelle anderer Schulwirklichkeit. Düsseldorf 1982. S. 51–62.
6. **Berg, Hans Christoph:** Montessori-Schulen und Montessori-Pädagogik. In: Pädagogik. Weinheim; Basel 41 (1989) H.5. S. 36–39.
7. **Elsner, Hans:** Die Montessori-Pädagogik in der Schule von heute. In: Hellmich, Achim/Teigeler, Peter (Hrsg.): Montessori-, Freinet-, Waldorfpädagogik. Konzeption und aktuelle Praxis. Weinheim; Basel 1992. S. 76–86.
8. **Ders.:** Jeder hat ein Recht, er selbst zu sein. Montessori-Grundschule. In: Montessori-Werkbrief 1. Beiheft (1987) und in: Lichtenstein-Rother, Ilse (Hrsg.): Jedem Kind seine Chance. Individuelle Förderung in der Schule. Freiburg; Basel; Wien 1980. S. 14–28.
9. **Ders.:** Eine Schule ohne Klingel. Köln 1971. [Kleinschrift]
10. **Esser, Barbara/Wilde Christiane:** Montessori-Schulen. Zu Grundlagen und pädagogischer Praxis. Reinbek bei Hamburg 1989.
11. **Fels, Sabine:** Lernen durch Verstehen! Besuch einer Montessori-Klasse in Frankfurt. In: Pädagogik extra. Wiesbaden 20 (1992) H.7/8. S. 24–25.
12. **Kozdon, Baldur:** Kindgemäßheit und Sachanspruch in beispielhafter Koexistenz. Beobachtungen in einer niederländischen Montessori-Schule. In: Katholische Bildung. Paderborn 92 (1991) H.3. S. 173–175.
13. **Ludwig, Harald:** Ausländerkinder an Montessori-Schulen. Bericht über eine Umfrage und Eindrücke bei Schulbesuchen. In: Katholische Bildung. Paderborn 86 (1985) H.7/8. S. 394–402.
14. **Montessori, Renilde/Schneider-Henn, Karin:** Uns drückt keine Schulbank. Montessori-Erziehung im Bild. Stuttgart 1983.
15. **Montessori-Kreis e.V. Düsseldorf (Hrsg.):** Montessori-Pädagogik heute. Düsseldorf ³1989. [Kleinschrift]
16. **Oblinger, Hermann:** Maria Montessori: Ein Modell für selbständiges, freies Lernen. In: Klemm, Ulrich/Treml, Alfred (Hrsg.): Alternative Entwürfe zur Staatsschulpädagogik. München 1989. S. 151–157.
17. **Ders.:** Die Montessori-Schulen. In: Politische Studien. München 32 (1981) H.257. S. 287–1292.
18. **Renda, Ernst Georg:** Montessori-Pädagogik aus heutiger Sicht. In: Die höhere Schule. Düsseldorf 32 (1979) H.12. S. 503–505.
19. **Scheid, Gernot (Hrsg.):** Festschrift zum 100. Geburtstag von Maria Montessori. Frankfurt/M. 1970. [Kleinschrift]
20. **Stein, Barbara:** Ich freu mich schon auf morgen. Einblick in eine Montessorischule. Bonn 1983. [Kleinschrift]

21. **Stingl, Wolfgang:** Pädagogik ohne Streß. Am Beispiel der Montessori-Schule. In: Biermann, Gerd (Hrsg.): Kinder im Schulstreß. München 1977. S. 165–171.
22. **Strey, Monika:** Wie lernen unsere Kinder. Düsseldorf o.J. (Schriftenreihe des Montessori-Kreises Düsseldorf e.V.). [Kleinschrift]
23. **Strotzka, Inge:** Wie aktuell ist Montessori-Pädagogik. In: Erziehung und Unterricht. Wien (1991) H.1. S. 58–63.
24. **Werner, Andreas:** So macht Schule Spaß. In: Familienjournal der Kirchenzeitung des Bistums Aachen (1989) H.5.
25. **Wild, Rebeca:** Erziehung zum Sein. Erfahrungsbericht einer aktiven Schule. Heidelberg ³1989.
26. **Wittenbruch, Wilhelm/Werres, Walter:** Innenansichten von Grundschulen. Berichte – Portraits – Untersuchungen zu katholischen Grundschulen. Weinheim 1991.

5.4 Bibliographien

1. **Fischer, Reinhard/Thies, Antonia:** 30 Jahrgänge „Montessori-Werkbrief". Autoren- und Sachregister 1963–1992. In: Montessori. Zeitschrift für Montessori-Pädagogik. 7. Beiheft (1993).
2. **Schmutzler, Hans-Joachim/Schulz-Benesch, Günter:** Internationale Kurzbibliographie zur Montessori-Pädagogik. (Sekundärliteratur nach 1945). In: Montessori-Werkbrief 3. Beiheft (1989).

5.5 Periodika

1. **Das Kind:** seit 1967. Halbjahreszeitschrift
   Deutsche Montessori-Gesellschaft (Hrsg.)
   Postfach 5461
   97004 Würzburg
2. **Montessori.** Zeitschrift für Montessori-Pädagogik.
   (1963–1992 erschienen mit dem Titel: „Montessori-Werkbrief")
   Vierteljahreszeitschrift
   Montessori-Vereinigung e.V. (AMI) (Hrsg.)
   Geschäftsstelle Xantener Str. 9
   50733 Köln

III. Ausblick

1. Zum Einsatz der Montessori-Pädagogik in der Früherziehung

Die Montessori-Methode ist für den Bereich der Kindergarten- bzw. Kinderhauserziehung weitgehend theoretisch ausgearbeitet und praktisch erfolgreich erprobt. Für die Erziehung von Kindern bis zu drei Jahren in Kleinkindgruppen oder innerhalb der Familie liegen jedoch nur vereinzelte Ansätze vor. Diese gilt es weiter aufzuarbeiten.

In einigen neueren Beiträgen wird die Früherziehung nach Montessori zunehmend im Vergleich zu anderen Modellen der Früherziehung dargestellt und diskutiert. Darin wird einerseits der zunehmende Wunsch nach Innovationen in der aktuellen Früherziehung, insbesondere durch reformpädagogische Ansätze, sichtbar, andererseits zeigt sich ein Orientierungsbedürfnis angesichts der z.T. sehr unterschiedlichen Früherziehungsmodelle. Während für die Montessori- und Fröbelerziehung wie auch für die Montessori- und Agazzi-Methode bereits systematische Vergleichuntersuchungen vorliegen, stehen solche Studien zum Vergleich der Montessori-Früherziehung mit anderen Früherziehungsmodellen aus.

2. Zur Übertragung von „Elementen" der Montessori-Pädagogik auf die Regelschule

Gerade in der Primarstufe bieten die revidierten Richtlinien und Lehrpläne Freiräume für die Übernahme von Montessori-Prinzipien, insbesondere der Freiarbeit, in die Regelschule.

Dabei ist zu bedenken, daß die Konkretisierung von Freiarbeit im Sinne Montessoris an die Erfüllung grundlegender konzeptioneller Bedingungen geknüpft ist, um wirklich freie kindliche Arbeit zu gewährleisten.

Bei den zunehmenden Versuchen, die Montessori-Freiarbeit in der Regelschule zu verwirklichen, müßte deshalb geprüft werden, inwieweit dem Freiarbeitskonzept Montessoris tatsächlich entsprochen wird.

Ebenso ist zu überprüfen, ob solche didaktischen Materialien für die Freiarbeit, die als Weiterführungen der klassischen Montessori-Materialien vorgestellt werden, den von Montessori geforderten didaktischen Prinzipien und Materialkriterien gerecht werden.

Hinsichtlich der Aufarbeitung der Bedeutung und der Übungen der Stille nach Montessori, wie auch der aktualisierenden Erarbeitung der religionspädagogischen Impulse der Montessori-Pädagogik stellen sich weitere Aufgaben.

3. Zur Anwendung von Montessori-Prinzipien in der Sekundarstufe

Die Berichte über die Anwendung von Montessori-Prinzipien im Sekundarschulbereich zeigen, daß sich hinsichtlich der Weiterführung der Montessori-Pädagogik für das Jugendalter zahlreiche unterschiedliche Ansätze entwickelt haben.

Die weiter zu verfolgende Problematik liegt in einer jugendspezifisch zu gestaltenden Freiarbeit mit ihren didaktischen Implikationen sowie in einer entsprechenden Gestaltung von Schule und Unterricht.

4. Zur Anwendung der Montessori-Pädagogik in der Behinderten-, Heil- und Sonderpädagogik

Die Ergebnisse empirischer Untersuchungen wie auch positive Erfahrungen mit der Montessori-Erziehung an sonderpädagogischen oder integrativen Einrichtungen verweisen auf die Eignung der Montessori-Pädagogik für die Erziehung behinderter Kinder.

In neueren Veröffentlichungen wird das Bestreben sichtbar, die heil- und sonderpädagogische Relevanz der Montessori-Pädagogik historisch und systematisch herauszuarbeiten. Dieses Anliegen müßte verstärkt aufgegriffen werden.

Obwohl bereits erste Arbeiten vorliegen, in denen behinderungsspezifische Abwandlungen und Ergänzungen der didaktischen Montessori-Materialien vorgestellt werden, bedarf es einerseits der Intensivierung dieses Anliegens und andererseits einer didaktisch-reflexiven Überprüfung dieser adaptierten Materialien.

Hinsichtlich des modifizierten Erzieherverhaltens müßten differenzierte und praxisrelevante Untersuchungen vorgenommen werden.

D. Anhang

Sachregister

Personen-Register

Montessori-Pädagogik

Helene Helmig
Montessori-Pädagogik
Ein moderner Bildungsweg in konkreter Darstellung
208 Seiten
ISBN 3-451-22627-8

Hildegard Holtstiege
Erzieher in der Montessori-Pädagogik
Stellung – Aufgaben – Probleme
160 Seiten
ISBN 3-451-21998-0

Hildegard Holtstiege
Studien zur Montessori-Pädagogik 2:
Maria Montessoris Neue Pädagogik: Prinzip Freiheit –
Freie Arbeit
176 Seiten
ISBN 3-451-20919-5

Paul Oswald/Günther Schulz-Benesch
Grundgedanken der Montessori-Pädagogik
Aus Maria Montessoris Schrifttum und Wirkkreis
200 Seiten
ISBN 3-451-21626-4

Maria Montessori
Die Entdeckung des Kindes
384 Seiten
ISBN 3-451-14795-5

Maria Montessori
Das kreative Kind
Der absorbierte Geist
280 Seiten
ISBN 3-451-16277-6

herder

Das Kind im Mittelpunkt

Hans-Joachim Schmutzler
Fröbel und Montessori
Zwei geniale Erzieher –
Was sie unterscheidet,
was sie verbindet
160 Seiten, kartoniert
ISBN 3-451-22178-0

Fröbel und Montessori haben zur Entwicklung der
Kindergartenpädagogik einen entscheidenden Beitrag
geleistet. Beide erarbeiteten fundamentale, bis heute
gültige Erkenntnisse und Methoden zur ganzheitlichen,
musisch-kreativen Bildung und Erziehung des Kindes.
Aus der übersichtlichen Gegenüberstellung ihrer
pädagogischen Modelle ergeben sich aufschlußreiche
Unterschiede und – in weit größerem Maße –
Übereinstimmungen und Gemeinsamkeiten. Die
Synthese beider Ansätze liefert wertvolle Impulse von
hohem Gebrauchswert für die Praxis.

herder